Modern Spanish Prose

With a Selection of Poetry

Seventh Edition

Gustave W. Andrian

Emeritus, Trinity College

Pearson Education · Prentice Hall

PRENTICE HALL, UPPER SADDLE RIVER, NJ 07458

Library of Congress Cataloging-in-Publication Data

Modern Spanish prose : with a selection of poetry / Gustave W. Andrian
[editor]. —7th ed.
    p.   cm.
Includes bibliographical references.
ISBN   0-13-222677-4   (pbk.)
1. Spanish language—Readers.   I. Andrian, Gustave W.
PC4117. M53   2007
468.6—dc22

                                            2006033734

Sponsoring Editor, Spanish: *María F. García*
Editorial Assistant, Spanish: *Amanda Staab*
Director of Marketing: *Kristine Suárez*
Director of Editorial Development: *Julia Caballero*
Assistant Development Editor: *Debbie King*
Production Editor: *Manuel Echevarría*
Project Manager: *Jill Traut, ICC Macmillan Inc.*
Asst. Director of Production: *Mary Rottino*
Prepress and Manufacturing Buyer: *Brian Mackey*
Prepress and Manufacturing Assistant Manager: *Nick Sklitsis*
Cover Art Director: *Jayne Conte*
Manager, Cover Visual Research and Permissions: *Karen Sanatar*
Marketing Coordinator: *William J. Bliss*
Publisher: *Phil Miller*
Cover Art: *Carolyn Hubbard-Ford / City in Shards of Light / Private Collection / The
Bridgement Art Library International*

For permission to use copyrighted material, grateful acknowledgment is made to the
copyright holders starting on page 224, which are hereby made part of this copyright page.

This book was set in 10/13 AGaramond by ICC Macmillan Inc. and was printed and bound
by Courier/Stoughton. The cover was printed by Courier/Stoughton.

 © 2007, 2000,1996 by Prentice Hall, Inc., Upper Saddle River, NJ 07458
© 1987, 1977, 1969, 1964 by Gustave W. Andrian

Printed in the United States of America
10 9 8 7 6 5 4 3 2 1

ISBN 0-13-222677-4

Pearson Education LTD., *London*
Pearson Education Australia PTY, Limited, *Sydney*
Pearson Education Singapore, Pte. Ltd
Pearson Education North Asia Ltd., *Hong Kong*
Pearson Education Canada, Ltd., *Toronto*
Pearson Educación de México, S.A. de C.V.
Pearson Education-Japan, *Tokyo*
Pearson Education Malaysia, Pte. Ltd.
Pearson Education, *Upper Saddle River, New Jersey*

CONTENTS

A Selection of Poetry

SELECTED POINTS OF GRAMMAR

PREFACE

It is pleasing to know that after more than forty years and six editions, the original purpose of *Modern Spanish Prose* continues to be recognized by colleagues on both the college and secondary school levels. "Its aim is to provide the students as early as practicable with intellectually mature works whose length and simplicity of style obviate the need for abridgment, adaptation, or simplification [first edition]." A careful search uncovered linguistically suitable, brief, and appealing texts by distinguished writers from Spain. Now, *Modern Spanish Prose* also includes works by some of the best-known writers of the Hispanic world. This collection offers a glimpse into Hispanic life and cultures around the globe while providing enrichment to a language learning education.

Though the seventh edition includes many linguistic aids and an extensive end vocabulary, it is recommended for students who have already acquired a solid foundation of basic grammar and vocabulary. Introductions are now in Spanish, and there are more grammar and comprehension exercises that require students to return to the text. It is also worth noting that the organization of the contents is subjective, and the instructor may choose to present them in a different order.

The seventh edition comprises nineteen *cuentos:* eleven Latin-American and eight peninsular. Three of the new Latin-American writers—Silvina Ocampo, her husband Adolfo Bioy Casares, and his good friend Jorge Luis Borges—form what I call the Argentine triumvirate because of their collaborative work and close personal relationship. Other new contributors include Mercedes Salisachs of Spain and Mexican poet Rosario Castellanos. The writings of Isabel Allende and Borges appear in previous editions, but this book includes a different selection by each: *La venganza* and *Emma Zunz,* respectively.

I would like to thank the following colleagues, who have provided helpful suggestions, especially those professors who spent much time in evaluating the book.

Olga Casanova-Burgess, *Baruch College*
Kathleen Doyle, *Rhodes College*
Teel Evanse, *University of South Carolina*
Wayne Finke, *Baruch College*
Adine Golemba, *Madonna University*
Victoria Ketz, *Iona College*

I am also very grateful to María F. García, Sponsoring Editor for Spanish with Prentice Hall, for her encouragement and professional guidance. Finally, I wish to extend my gratitude especially to my wife, Margaret, for the preparation of the seventh edition.

G.W.A.

A
Selection
of
Prose

1

Pedro Espinosa Bravo

1934–

Escritor de cuentos y novelas, y director de una revista, Espinosa Bravo nació en Barcelona, y para la edad en que empezó sus estudios en la universidad de aquella ciudad, ya había publicado cuentos en varias revistas literarias. Sus libros *Vosotros desde cerca* (*All of You Up Close*) y *Todos somos accionistas* (*We Are All Shareholders*) recibieron mención honrosa en dos de las competencias literarias más prestigiosas de España.

Espinosa Bravo ha merecido su fama de novelista vanguardista. Conoce muy bien las técnicas de la novela moderna y las obras de escritores norteamericanos como Hemingway y Faulkner.

El cuento que sigue, "El limpiabotas", es de su colección *El viejo de las naranjas,* 1960. La historia es poco más que una simple escena cotidiana, escrita en frases cortas pero expresivas. Pero a pesar de su aparente aspecto ordinario, el cuento está teñido (*tinged*) de un delicado y poético aire de misterio. Este momento tan común de la vida normal se desarrolla (*evolves*) poco a poco en una meditación sobre la vida misma.

El limpiabotas[1]

—¿Limpio,[2] señor?

El hombre ha mirado con un poco de curiosidad al limpiabotas.

El limpiabotas no es ni alto, ni bajo, ni joven, ni viejo. Es flaco y rugoso al sol.[3] Lleva una boina[4] sucia y un pitillo[5] —a lo chulo[6]— en la oreja.

El hombre se mira ahora los zapatos. Unos zapatos corrientes[7] y negros, algo polvorientos   5
y cansados. Por fin, va hacia el limpiabotas y apoya un pie sobre la banqueta.[8]

El limpiabotas se ha dado por aludido.[9] En seguida, esgrime el cepillo[10] en el aire, con una exacta voltereta.[11] Y comienza a tantear el terreno.[12]

—¿Le pongo tinte?[13]

—Bueno...   10

El sol revienta[14] contra la pared que sirve de fondo. Se enrojece en sus ladrillos.[15] Y cae, al fin, suciamente en la acera,[16] cerca del limpiabotas. Es esa hora de la tarde en la que el sol empieza a tener importancia.

El limpiabotas sigue arrodillado frente al cliente.

Le ha mirado de manera furtiva. Y: 15

—Bonito sol, ¿eh?

—Bonito...

—Aquí, en esta esquina, siempre da[17] el sol. Es una suerte. Hay mucha luz...

—Sí.

El limpiabotas se ha dado cuenta de que molestaba. Y no continúa. Se limita a cepillar   20
con más fuerza y rapidez. Se cala[18] otro poco la boina. Oscura, gastada,[19] irónica. Y aplasta[20] los labios con desprecio.

Ha pasado una mujer. Alta y provocativa como el vino. Contonea[21] ligeramente. El limpiabotas:

—¡Anda!,[22] ya...   25

(Aquí una retahila[23] de palabras inconfundibles e inescuchables.)[24]

¡Anda, qué mujer!

1. **limpiabotas** shoeshine boy or man
2. **limpio** shine
3. **rugoso al sol** wrinkled by the sun
4. **boina** beret
5. **pitillo** cigarette
6. **a lo chulo** like a chulo (flashy, affected fellow of the lower classes of Madrid)
7. **corriente** common, ordinary
8. **banqueta** stool
9. **se ha dado por aludido** (here) saw that he had a customer
10. **esgrimir el cepillo** to wield or brandish the brush
11. **voltereta** circular motion
12. **tantear el terreno** to size up the terrain (i.e., the shoe)
13. **tinte** polish
14. **reventar** to smash, to burst
15. **ladrillo** brick
16. **acera** sidewalk
17. **dar** (here) to shine
18. **calar** to pull down
19. **gastada** worn
20. **aplastar** to flatten
21. **contonear** to sway
22. **¡Anda!** Wow!
23. **retahila** string, stream
24. **inconfundibles e inescuchables** unmistakable and unmentionable

El hombre parece más alto desde el suelo. No es joven, desde luego.[25] Pero tiene el pelo negro
y profundo. Aún sigue sin hablarle, sin inmutarse.[26] Mira hacia lo lejos, hacia el final de la calle,
30   hacia el final de alguna parte, con una seriedad respetable. Quizá, por eso, el limpiabotas ha
decidido callar de nuevo. Y continúa sacando brillo[27] a la piel arrugada del zapato.

Por cierto, ya ha terminado. Lo mira satisfecho. Con orgullo de artista. Y solicita el otro
pie al cliente.

—Estos zapatos... Estos zapatos han andado ya mucho... ¡Buenos zapatos!, ¿eh? ...
35   —Desde luego.

—Van a quedar como charol.[28]

—Eso espero.

De repente, el limpiabotas observa fijo el zapato, con un gesto contrariado,[29] firme.

—¿Oiga... ?
40   El hombre sigue sin hacerle caso. Sigue mirando lejos, indiferente. Tiene los ojos
despreocupados[30] y grises y una extraña sonrisa involuntaria.

—Perdone, señor... Sus zapatos están manchados.

—¿De veras?

—Sí.
45   El limpiabotas los tiñe afanosamente.[31] Hay una mancha de un rojo pardo[32] cerca de
los cordones. Parece sangre. El limpiabotas ha asombrado[33] los ojos con mucha intriga.[34]

—No se va... Parece sangre. ¡Es raro que no se vaya! ...

—¿A ver?

—¡Qué extraño! ...
50   —Déjeme ver.

El hombre se ha mirado el zapato. Para hacerlo, tiene que levantar cómicamente la
rodilla. Al fin, con sorpresa:

—¿Dónde?

—Cerca del cordón.
55   —No veo nada... ¡Oiga!, ¿me está tomando el pelo[35]?

—Señor, yo...

Ahora, el limpiabotas ha reprimido una exclamación. La mancha ha desaparecido, casi
tan misteriosamente como llegó.

—¡Le aseguro... !
60   —¡Limpie y déjese de cuentos[36]!

—Sí, sí...

---

25. **desde luego** evidently
26. **inmutarse** to change (expression)
27. **sacar brillo** to shine, to get a shine out of
28. **charol** patent leather
29. **contrariado** vexed, upset
30. **despreocupado** disinterested
31. **los tiñe afanosamente** polishes them painstakingly

32. **rojo pardo** reddish brown
33. **asombrar** to shade
34. **con mucha intriga** bewildered
35. **tomar el pelo** to make fun of, to "kid"
36. **déjese de cuentos** enough of this nonsense

Otra vez, el limpiabotas se inclina reverente hacia el zapato. Lo cepilla con fruición.[37] Parece como si estuviese rezando. En sus ojos hay un poco de sorpresa, de incomprensión.

El zapato tiene personalidad propia. Con arrugas simétricas y afiladas, parece algo vivo, caliente. Sin embargo, el limpiabotas no se fija en eso. Está muy azorado.[38] Cepilla sin rechistar.[39]

Descuelga el pitillo de la oreja. Aplastado, vulgar. Lo enciende con preocupación.

Mientras, el hombre ha vuelto a alejar la mirada. Sigue tranquilo. Sonríe aún involuntariamente.

El limpiabotas aseguraría que la calle ha quedado vacía y solemne. Casi silenciosa. Con un silencio extraño y terrible. Pero no se atreve a comentarlo.

Por fin, ha concluido. Ha tardado más con este zapato. Le ha nacido, de repente, un cariño inexplicable por él. Es una mezcla de compasión y miedo. No sabe a ciencia cierta[40] por qué, ni cómo.

Con indiferencia, el hombre busca la cartera. Le paga.

—¡Gracias, señor!

El hombre mira a un lado y a otro, con cierta indecisión. Al fin, va hacia el bordillo.[41]

Antes de que baje a la calzada,[42] el limpiabotas ha visto de nuevo la mancha. Parduzca, desparramada.[43] Y, ahora, brillante como los mismos zapatos. Va a decir algo. Levanta el brazo y señala. Pero, de súbito, un coche dobla a gran velocidad la esquina y embiste rabiosamente[44] a aquel hombre.

Se ha oído un frenazo,[45] un golpe tremendo...

El coche desaparece a la misma velocidad.

Todo ha sucedido en un momento. La calzada se está manchando de sangre. Es un rojo intensísimo y vivo, como el de los ladrillos al sol. El hombre yace de bruces[46] contra el suelo.

El limpiabotas no ha dicho nada. No puede decir nada. Sólo se ha sentado anárquicamente[47] sobre la banqueta.

Pronto, un grupo de gente rodea a la víctima.

—¡Estos coches, Dios mío, estos coches! ...

—¿Qué sucede?

—¡Pobre hombre!

---

37. **fruición** enjoyment
38. **azorar** to excite
39. **rechistar** to speak, to say a word
40. **a ciencia cierta** with certainty, for sure
41. **bordillo** curb
42. **calzada** road, street
43. **parduzca, desparramada** light brown, spreading
44. **embiste rabiosamente** strikes furiously
45. **frenazo** squealing of brakes
46. **yace de bruces** is lying face down
47. **anárquicamente** numbly

—¡Un atropello[48]!

95 —¿Quién es?

—¡Desgraciado!

El limpiabotas ha quedado sentado en la banqueta. Sin fuerza, sin voluntad para evitarlo. Se descubre[49] lenta y respetuosamente. Estrecha la boina con un gesto desconcertado entre sus manos. Y piensa. Tiene la mirada lejana. Hacia el final de la calle. Hacia

100 el final de alguna parte.

Y el sol continúa reventando contra la pared. Se enrojece en los ladrillos, como sangre. Es esa hora de la tarde en la que el sol empieza a tener importancia.

DESPUÉS DE LEER

A. Cuestionario

1. ¿Dónde y a qué hora tiene lugar esta escena?
2. ¿Tendrá la hora, repetida varias veces, alguna importancia?
3. Describa usted a los dos hombres.
4. ¿Qué le sorprende de repente al limpiabotas?
5. ¿Por qué se enfada el hombre?
6. ¿Hay un presentimiento (*foreboding*) de tragedia antes del final? Explique usted.
7. ¿Cuál es el simbolismo de la mancha de sangre?
8. ¿Es posible que el atropello fuese un accidente, causado por el sol? ¿O un acto deliberado? ¿Un acto predestinado?
9. ¿Qué le da al cuento una cualidad de irrealidad?
10. Al final del cuento, ¿en qué estará pensando el limpiabotas?

B. Sinónimos.
Escoja usted un sinónimo de la siguiente lista para las palabras en negrita de las frases.

darse cuenta de	solicitar	pitillo	lápiz
de nuevo	descubrirse	mirar hacia lo lejos	por cierto
de súbito	embestir	fijarse	en preguntar

1. **Se quita la boina** respetuosamente.
2. Le ha nacido, **de repente**, un cariño por el zapato.
3. El limpiabotas **ve** que molesta.
4. Tiene un **cigarrillo** en la oreja.
5. El hombre no **puso atención** en la mancha.

---

48. **atropello** collision *Cf.* **atropellar** to knock down, to run over

49. **Se descubre** He removes his cap

6. El hombre no es joven, **desde luego**.
7. El limpiabotas ha decidido callar **otra vez**.
8. Al terminar un zapato, el limpiabotas **pide** el otro pie al cliente.
9. El coche dobla la esquina y **choca con** aquel hombre.
10. Mientras, el hombre ha vuelto a **alejar la mirada**.

REPASO GRAMATICAL

Adverbs

Most adverbs of manner are formed by adding -**mente** to the feminine singular form of the adjective. The adverb retains the original accent mark (**rápido, rápidamente; fácil, fácilmente**).

When two or more adverbs that end in -**mente** modify the same word, -**mente** is omitted from all but the last word. The preceding adverbs remain in the feminine singular (see the third example below).

Examples:

suciamente (sucio)
misteriosamente (misterioso)
Se descubre lenta y respetuosamente.

C. Dé usted el adverbio de los adjetivos entre paréntesis.

1. (cómico) Tiene que levantar _____ la rodilla.
2. (tranquilo, involuntario) Sigue sonriendo _____ y aún _____.
3. (loco) Mi hermana está _____ enamorada de un torero.
4. (rabioso) Un coche embiste _____ a aquel hombre.
5. (cortés, frío) Su padre me trata _____ pero _____.
6. (anárquico) Sólo se ha sentado _____ sobre la banqueta.
7. (triste, profundo) Ha sido _____ y _____ afectado por la muerte del hombre.

Common meanings of *mismo* and *propio*

Mismo means (1) *(the) same* (preceding the noun); (2) *himself, herself, itself, themselves* with the noun (placed usually after the noun but also frequently before); (3) emphatic -*self* with subject and object pronouns; and (4) *very.*

brillante como los mismos zapatos	*gleaming like the shoes themselves*
Leemos la misma novela.	*We are reading the same novel.*
Ella misma me lo contó.	*She herself told me.*
Se lo mandé a ella misma.	*I sent it to her herself.*
Viven en el mismo centro de Madrid.	*They live in the very center of Madrid.*

Propio means (1) *one's own;* (2) *characteristic, typical, peculiar to;* (3) *appropriate, suitable;* (4) *very, exact, precise;* (5) *himself, etcetera.*

Example:

> **El zapato tiene personalidad propia.**   *The shoe has a personality of its own.*

Other examples:

mi propia casa	*my own house*
Es su propio pelo.	*It's her own hair.*
Eso es muy propio de ella.	*That is very typical of her.*
Esas fueron sus propias palabras.	*Those were his very words.*
Me lo dijo el propio rey.	*The king himself told me.*

D. Llene usted el espacio en blanco con *mismo* o *propio.* (En algunas frases se permite la una o la otra palabra.)

1. Es muy _____ de él marcharse sin despedirse.
2. El autor _____ ha firmado esta carta.
3. Fue muerto por mis _____ manos.
4. El autobús para en su _____ calle.
5. Ese traje no es _____ para ir al teatro.
6. Lo haré yo _____ .
7. El ministro fue asesinado por el _____ dictador.
8. Comprendo el poema porque el _____ poeta me lo ha explicado.
9. El ladrón fue condenado por su _____ confesión.
10. Murió en casa _____ .

E. Traduzca usted. Haga usted un repaso de las siguientes expresiones y luego traduzca las frases.

darse cuenta de	*to realize*	**tomar el pelo a uno**	*to "kid" someone*
hacer caso (a)	*to pay attention (to)*	**atreverse a** + infinitive	*to dare to*

1. The shoeshine boy himself realizes that life moves in mysterious ways.
2. He saw his customer struck by a car that had appeared unexpectedly (**inesperado**) and rapidly.
3. At first the customer paid no attention to him, but when he looked for the bloodstain, he told the shoeshine boy that he was crazy.
4. The people themselves did not dare approach the dead man.
5. The young woman passed by swaying (**contoneándose**) lightly and provocatively (**ligero, provocativo**).

2

Mercedes Salisachs

1916–

Entre las escritoras sobresalientes de España de la segunda mitad del siglo XX, se destaca Mercedes Salisachs como una de las más prolíficas y bien conocidas. Nació en Barcelona, donde se educó en un convento y luego en la Escuela de Comercio de aquella ciudad. Su carrera de escritora comenzó en 1955, y su producción desde entonces de más de veinte novelas y varias colecciones de relatos breves es excepcional.

En su obra Salisachs sigue primero la tendencia predominante del realismo social (como en *Una mujer llega al pueblo,* 1956, traducida a siete idiomas). Otros temas son la religión y el análisis introspectivo en, por ejemplo, *La gangrena,* l975, su novela mejor conocida. Ésta ganó el prestigioso Premio Planeta y se hizo un bestseller. Por el autoanálisis del protagonista mientras está encarcelado, Salisachs presenta un vasto fresco de la sociedad —la clase burguesa corrompida por la gangrena del poder y el dinero.

Mercedes Salisachs ha viajado mucho y ha dado conferencias tanto en España como en Francia, Inglaterra, Rusia y en muchas universidades de los Estados Unidos. En 1958 uno de sus hijos murió en un accidente, un suceso que la afectó profundamente. El eco de este incidente se halla muchas veces en sus obras, tal como "Feliz Navidad, señor Ballesteros", el cuento que se da a continuación. El final sorprendente los conmoverá muchísimo.

Feliz Navidad, señor Ballesteros

Se despertó como se despertaba todos los años al llegar la fecha señalada; entre emocionado, alegre y un poco incómodo: «Debo ir allí», se dijo, «no tengo más remedio», y venciendo la pereza,[1] saltó de la cama.

El rito de su traslado[2] había empezado hacía ya varias navidades. Era una costumbre
5 impuesta[3] que guardaba celosamente para que no se burlaran de él.

Pocos días antes del acontecimiento, lo iba preparando todo entre masaje y masaje. Había infinidad de cuerpos averiados,[4] obesos, deformes o simplemente aburridos, que los médicos se empeñaban en poner en sus manos: «hernia discal», «artrosis en las manos», «piernas recién desescayoladas...»[5]

10 —Ya sabe usted, Ballesteros; no es preciso indicarle cómo debe tratar al enfermo.

Ballesteros era ducho[6] en la materia:

—Descuide usted, doctor.

Tenía fama de ser el mejor masajista de la ciudad y él lo sabía. Pero no se vanagloriaba.[7]
Vivía solo y la soledad no suele prestarse a alentar soberbias y vanidades.[8]

15 Aquella mañana fue a la cocina y se preparó el desayuno sin prisas. Nada de «apresúrate, Rogelio, que vas a llegar tarde» Los clientes no ignoraban que los días de Navidad eran sagrados para él, y apenas se atrevían a solicitar sus servicios.

Después echó una ojeada al cesto.[9] Era preciso cerciorarse[10] de que no faltaba ningún ingrediente: pavo trufado, ensaladilla rusa, pastel de manzana, barquillos, turrón,[11] café,
20 champán... Como hacía frío no creyó conveniente meter la botella en la nevera. «Total...»

Se vistió despacio. El traje dominguero, la corbata de seda natural que le había regalado Catalina poco antes de abandonarlo, el pañuelo blanco asomando por el bolsillo de la chaqueta... Al mirarse al espejo, Rogelio Ballesteros torció el gesto. No era un hombre agraciado.[12] Nunca lo había sido: cuerpo abreviado, piernas cortas y arqueadas, brazos
25 excesivamente largos, rostro como hecho a pedazos y manos desmesuradamente desarrolladas.[13] Nada en su porte[14] justificaba el que una mujer bonita como Catalina se hubiera fijado en él.[15] Por eso, mucho antes de que Catalina se fuera, Ballesteros solía repetir a todo el mundo que su boda había sido un milagro.

---

1. **la pereza** laziness
2. **El rito de su traslado** The ritual of his going there
3. **impuesta** fixed
4. **averiados** damaged
5. **hernia discal... desescayoladas** herniated disk, arthrosis (bones joined together) . . . rid of casts
6. **ducho** skilled, experienced
7. **se vanagloriaba** he didn't boast
8. **no suele prestarse... vanidades** doesn't usually lend itself to encouraging arrogance and vanity
9. **echó... cesto** he glanced at the basket
10. **cerciorarse** to make sure
11. **pavo trufado... turrón** stuffed turkey, Russian salad, apple pastry, wafers, nougat
12. **agraciado** attractive
13. **desarrolladas** (uncommonly) large
14. **porte** bearing
15. **el que... se hubiera fijado en él** the fact that a pretty woman like Catalina would have noticed him

—Pero ¿Tú me quieres? —le preguntaba de buenas a primeras[16] entre asombrado e incrédulo.

Y ella, acaso para eludir la respuesta, rompía a reír. Tenía una risa sonora, un tanto burlona,[17] pero que se metía muy adentro y resultaba difícil olvidar:

—¿A ti qué te parece?

Lo que de verdad le parecía era que sólo aquella mujer podía hacerlo feliz. «Da lo mismo que me quiera o no me quiera. Yo no podría vivir sin ella.»

Luego nacieron los hijos: Luis, Federico y Lorenzo. Se parecían a su mujer y Ballesteros, cuando los miraba, volvía a decirse que aquello no podía ser verdad, y que si lo era, no podría durar demasiado. «Nadie tiene derecho a ser tan feliz mucho tiempo...»

Durante años y años fue llevando las fotografías de aquellos hijos en la cartera para enseñárselas a los clientes: «Este es Lorenzo, éste es Luis...» Los clientes lo felicitaban, le decían que sabía hacerlo todo muy bien y en seguida volvían al tema de sus dolencias[18]: «Esa pierna, ese hombro...»

Su trabajo era cansado, pero bien retribuido[19] y Ballesteros tenía posibilidades de ahorrar para que el día de mañana,[20] aquellos niños pudieran ser hombres de provecho.[21]

A veces Catalina estallaba en entusiasmos:

—Eres el mejor hombre del mundo. No hay masajista como tú.

Y los hijos, cuando la veían tan eufórica, sonreían. Así fueron aprendiendo a respetar y a admirar a su padre.

Casi todos los veranos, cuando el calor arreciaba,[22] Ballesteros se permitía unas vacaciones y se llevaba a la familia a un pueblecito de la costa. Allí dejaba de ser «el masajista» para ser únicamente don Rogelio Ballesteros.

Su mayor ilusión[23] era jugar con los hijos, bañarse con ellos y enseñarles a lanzar piedras contra el horizonte dejando redondeles en el mar.

—Algún día tendréis más fuerza que yo —les aseguraba cuando los redondeles que los chicos dejaban en el agua, se quedaban a medio camino de los que él provocaba[24] con sus piedras.

Catalina, desde la playa, los miraba complacida. De pronto la risa de siempre y el «preparaos para el almuerzo» y el «dejaros de juegos que hay que comer...»

Almorzaban bajo el toldo de lona[25] que habían instalado en la terraza: la piel sensible por la tostadura, los ojos chispeantes algo irritados y los proyectos apuntando[26] en cada palabra.

Pero lo que más regocijaba a Rogelio Ballesteros era la celebración de la Navidad. Solían reunirse los cinco en torno a la mesa de su casa, sin más testigos que las cuatro

---

16. **de buenas a primeras** suddenly
17. **un tanto burlona** somewhat mocking
18. **dolencias** their aches and pains
19. **retribuido** rewarding
20. **el día de mañana** someday
21. **de provecho** well-off
22. **arreciaba** got worse
23. **ilusión** dream; hope
24. **provocaba** caused, created
25. **toldo de lona** canvas canopy
26. **los proyectos apuntando** planning new projects

paredes del comedor, los muebles, los cuadros y el Belén[27] que Catalina preparaba, allá en el hueco de la chimenea.

Los niños rompían a cantar villancicos[28] y las horas pasaban sin que se dieran cuenta de que el tiempo se les iba.

Súbitamente un año dejó de tener relieves.[29] No hubo verano en la playa, ni brotes en los árboles de la calle, ni lluvias de otoño, ni frío de invierno ní, por supuesto, Navidad. Fue un año arrancado del calendario. Un año despegado del tiempo.[30]

Ballesteros dio un bajón[31] muy grande durante aquel año. Los clientes decían que ya no tenía la fuerza de antes y que sus masajes no eran los mismos... Sin embargo el desmoronamiento[32] del masajista no duró mucho tiempo. Todo fue cuestión de mentalizarse.[33] En fin de cuentas los niños eran ya mayores y su mujer, aunque todavía bonita, iba para vieja.

Por otro lado, ¿qué puede hacer un hombre si lo dejan solo? Rehacer su vida. No le quedaba más remedio. Lo primero que había que ahuyentar era el rencor.[34] Era preciso someterse y dejarse de venganzas inútiles. La vida era así y había que aceptarla tal cual era. «En fin de cuentas la felicidad no puede durar eternamente...»

Al principio alguno de sus clientes más antiguos, se atrevía a abordarlo[35]:

—Así que se han ido...

Y él, metiéndose el dolor alma adentro, esbozaba[36] una sonrisa resignada:

—Fue una fuga. Sí: una auténtica fuga.

—¿Se despidieron de usted?

—No. Sólo se fueron.

Para no herirlo, dejaron pronto de hablarle de aquella fuga en masa. Y el fraseo[37] se reducía a los temas de siempre: «El hombro me duele; esas malditas humedades...»

Ballesteros asentía. Se quitaba la chaqueta, se arremangaba las mangas de la camisa,[38] se colocaba el delantal y se abocaba al masaje con los bríos habituales.[39]

Al llegar a su casa se preparaba él mismo una cena frugal, se metía en la cama, pensaba en la injusticia de aquella huida y se perdía en seguida en los vahos del sueño.[40]

No tardó mucho en acostumbrarse a la soledad. Como era una soledad llena de recuerdos, resultaba bastante fácil soportarla. Incluso podía imaginar que los hijos lo seguían admirando y que la mujer, a pesar de haberse ido, lo continuaba queriendo.

---

27. **Belén** Christmas crèche
28. **villancicos** Christmas carols
29. **relieves** (the usual) reliefs
30. **despegado del tiempo** separated from time
31. **dio un bajón** suffered a fall, decline
32. **desmoronamiento** fall, collapse
33. **mentalizarse** to come to terms with it
34. **ahuyentar era el rencor** to avoid was bitterness
35. **abordarlo** to come up to him
36. **metiéndose... esbozaba** keeping his grief inside, gave a hint of
37. **fraseo** talk, conversation
38. **se arremangaba... camisa** he rolled up his shirtsleeves
39. **se abocaba... bríos habituales** he dedicated himself to the massage with his usual vigor
40. **los vahos del sueño** the vapors of sleep

Bastaba evocar los pasados años de unión perfecta para recuperar un poco aquella felici- 95
dad perdida. «Nada puede barrerse de la noche a la mañana[41] —se repetía una y otra vez
para convencerse de ello— siempre queda algo...»

Un buen día se le ocurrió hacer gestiones para[42] pasar la Navidad con ellos. No hubo
inconvenientes. Nadie le negó su deseo. Por eso, cuando algún cliente solicitaba sus servi-
cios en la jornada navideña, Ballesteros respondía que no, que lo sentía mucho, pero que 100
aquel día lo reservaba para la familia.

Lo cierto es que nadie se acordaba ya de que la familia lo había abandonado y que su
mujer y sus hijos se habían separado de él sin despedirse.

—Tiene usted razón, Ballesteros. La Navidad hay que pasarla en familia.

El recorrido desde su casa al lugar del encuentro, era largo, por eso, casi siempre lo 105
hacía en taxi. Se apeaba junto a la verja[43] y aguardaba a que le abrieran:

—Feliz Navidad, señor Ballesteros.

—Feliz Navidad —contestaba él casi sin mirar al que le franqueaba la entrada.[44]

Después, con el cesto colgado del brazo, Ballesteros rompía a andar jardín adentro[45]; el
paso cada vez más torpe, las piernas más arqueadas y la bufanda bien sujeta al cuello para 110
evitar que el frío quebrantara su precaria salud.

De pronto se detenía. Dejaba la cesta en el suelo. Extendía el mantel sobre un frag-
mento de grama[46] y leía la lápida[47]: «Aquí yacen en la paz del Señor Doña Catalina G. de
Ballesteros y sus tres hijos Lorenzo, Luis y Federico, víctimas de un accidente de circu-
lación ocurrido en...» 115

Comía despacio, hablaba con ellos y por último, alzando su copa de champán, brindaba[48]
por la felicidad de todos.

DESPUÉS DE LEER

A. Cuestionario

1. ¿En qué día tiene lugar la acción del cuento?
2. ¿Qué suele hacer Ballesteros aquel día?
3. ¿Cuál es la profesión de Ballesteros? ¿Tiene éxito con respecto a su trabajo?
4. ¿Cómo se explica que es él quien prepara la comida de Navidad?
5. Antes de que su familia se fuera, ¿por qué solía decir Ballesteros que su boda había
   sido un milagro?
6. ¿Quiere él de verdad a su esposa?
7. ¿Qué acciones indican que Ballesteros amaba sumamente a sus hijos?

41. **barrerse... mañana** can be erased
   overnight
42. **hacer gestiones para** to try to (spend)
43. **se apeaba... verja** he got off at the gate
44. **franqueaba la entrada** let him through
45. **rompía... adentro** started to walk in the
   grounds
46. **mantel... grama** tablecloth . . . grass
47. **lápida** gravestone
48. **brindaba por** drank a toast to

8. ¿Qué sucedió súbitamente que les quitó a la familia su euforia?
9. ¿Cómo hizo frente Ballesteros a su soledad? ¿Se resolvió a suicidarse?
10. ¿Cómo logró Ballesteros pasar la Navidad con su familia?
11. ¿Qué emociones ha sentido usted al terminar la historia?

B. En las frases que van a continuación, llene usted los espacios en blanco con las palabras apropiadas de la lista. Las frases están tomadas del cuento.

rito	fama	derecho	ahorrar	eufórica	fuerza
injusticia	porte	enseñárselas	brindaba	tardó	villancicos

1. El _____ de su traslado (*his annual trip*) había empezado hacía varias navidades.
2. Tenía _____ de ser el mejor masajista de la ciudad.
3. Nada en su _____ justificaba el que Catalina se hubiese fijado en él.
4. Nadie tiene _____ a ser tan feliz mucho tiempo.
5. Durante años fue llevando las fotografías de sus hijos para _____ a los clientes.
6. Ballesteros tenía posibilidades de _____ para el futuro.
7. Y los hijos, cuando veían a su madre tan _____, sonreían.
8. Los niños rompían a cantar _____.
9. En aquel año los clientes decían que Ballesteros ya no tenía la _____ de antes.
10. Al llegar a su casa se preparaba una cena frugal y pensaba en la _____ de aquella huida.
11. No _____ mucho en acostumbrarse a la soledad.
12. Ballesteros comía despacio, hablaba con ellos y _____ por la felicidad de todos.

REPASO GRAMATICAL

The subjunctive with *para que*

It is always used with this and other conjunctions that, by their nature, cannot introduce a fact.

para que	*in order that*
sin que	*without*
con tal (de) que	*provided*
en caso (de) que	*in case that*
a menos que	*unless*
antes de que	*before*

Examples:

1. Una costumbre que guardaba **para que** no se burlaran de él.
   A custom he guarded so that they would not make fun of him.
2. Por eso, mucho **antes de que** Catalina se fuera...
   Therefore, long before Catalina left...
3. ...las horas pasaban **sin que** se dieran cuenta de que el tiempo...
   . . . the hours passed without their realizing that the time . . .

Note that with **sin que** the subject usually follows the verb. If the subject in the clause remains the same, the preposition is used with the infinitive: **para, sin, con tal de, en caso de, a menos de.**

Entró en el cementerio sin ver al guardia.	*He entered the cemetery without seeing the guard.*
Entró en el cementerio sin que le viese el guardia.	*He entered the cemetery without the guard's seeing him.*

C. En el ejercicio siguiente, dé usted una respuesta empleando la conjunción entre paréntesis.

1. (**con tal que**) ¿Piensa Ud. asistir a una universidad el año que viene?
2. (**para que**) ¿Por qué preparó Ballesteros una comida tan grande y elegante aquel día?
3. (**a menos que**) ¿Le gustaría a usted ser masajista?
4. (**sin que**) ¿Te vieron tus padres cuando tomaste el coche?
5. (**en caso que**) ¿Por qué es preciso despertarse a veces más temprano de lo común?

D. Traduzca usted

1. No one can read this story without shedding (*verter*) a tear.
2. My mother took me to a masseur, but I left before he came in.
3. In case a client comes on Christmas Day, what shall I tell him?
4. Ballesteros will not enjoy his meal unless his family is with him.
5. He will take his children to the beach unless he has to work.
6. Ballesteros gives massages so that his clients will not suffer.
7. I will eat Christmas dinner provided that you take me to the cemetery.
8. He never made a promise without fulfilling (*cumplir*) it.

3

Silvina Ocampo

1903–1993

Argentina parece ser la cuna de muchos de los escritores más distinguidos de Hispanoamérica, encabezados por Jorge Luis Borges. Entre ellos Silvina Ocampo, como su hermana Victoria Ocampo, ocupa un lugar dominante. Sus libros iniciales son de versos, y más tarde en su carrera ganó fama por sus traducciones de la poesía francesa e inglesa, incluso muchos poemas de Emily Dickinson. Junto con sus volúmenes de relatos, Ocampo llegó a ser una de las escritoras más prolíficas de las letras españolas. Recibió dos veces el Premio Nacional de Literatura. Escribió con su esposo, el distinguido autor Adolfo Bioy Casares (también de Argentina), la novela policial *Los que aman, odian*. Y los dos, junto a Borges, prepararon la primera *Antología de la literatura fantástica* (1940) publicada en Argentina, y en igual colaboración, la *Antología poética argentina.*

Actualmente la fama de Silvina Ocampo se debe mayormente a sus colecciones de cuentos, sobre todo a dos de ellas: *La furia* (1959) y *Las invitadas* (1961). El cuento que sigue, "La casa de azúcar", es de la primera. Un matrimonio feliz empieza a desintegrar debido a la metamorfosis —un recurso (*device*) frecuente en Ocampo— de la esposa.

La casa de azúcar

Las supersticiones no dejaban vivir a Cristina. Una moneda con la efigie borrada,[1] una mancha de tinta, la luna vista a través de dos vidrios, las iniciales de su nombre grabadas por azar sobre el tronco de un cedro la enloquecían[2] de temor. Cuando nos conocimos llevaba puesto un vestido verde, que siguió usando hasta que se rompió,[3] pues me dijo que le traía suerte y que en cuanto se ponía otro, azul, que le sentaba mejor, no nos veíamos.[4] Traté de 5 combatir estas manías absurdas. Le hice notar que tenía un espejo roto en su cuarto y que por más que yo le insistiera en[5] la conveniencia de tirar los espejos rotos al agua, en una noche de luna, para quitarse la mala suerte, lo guardaba; que jamás temió que la luz de la casa bruscamente se apagara, y a pesar de que fuera un anuncio seguro de muerte, encendía con tranquilidad cualquier número de velas; que siempre dejaba sobre la cama el sombrero, 10 error en que nadie incurría.[6] Sus temores eran personales. Se infligía verdaderas privaciones; por ejemplo: no podía comprar frutillas en el mes de diciembre, ni oír determinadas músicas, ni adornar la casa con peces rojos, que tanto le gustaban. Había ciertas calles que no podíamos cruzar, ciertas personas, ciertos cinematógrafos que no podíamos frecuentar. Al principio de nuestra relación, estas supersticiones me parecieron encantadoras, pero des- 15 pués empezaron a fastidiarme[7] y a preocuparme seriamente. Cuando nos comprometimos[8] tuvimos que buscar un departamento nuevo, pues según sus creencias, el destino de los ocupantes anteriores influiría sobre su vida (en ningún momento mencionaba la mía, como si el peligro la amenazara sólo a ella y nuestras vidas no estuvieran unidas por el amor). Recorrimos todos los barrios de la ciudad; llegamos a los suburbios más alejados, en 20 busca de un departamento que nadie hubiera habitado: todos estaban alquilados o vendidos. Por fin encontré una casita en la calle Montes de Oca, que parecía de azúcar. Su blancura brillaba con extraordinaria luminosidad. Tenía teléfono y, en el frente, un diminuto jardín. Pensé que esa casa era recién construida, pero me enteré de que en 1930 la había ocupado una familia, y que después, para alquilarla, el propietario le había hecho algunos 25 arreglos. Tuve que hacer creer a Cristina que nadie había vivido en la casa y que era el lugar ideal: la casa de nuestros sueños. Cuando Cristina la vio, exclamó:

—¡Qué diferente de los departamentos que hemos visto! Aquí se respira olor a limpio. Nadie podrá influir en nuestras vidas y ensuciarlas[9] con pensamientos que envician[10] el aire. 30

En pocos días nos casamos y nos instalamos allí. Mis suegros[11] nos regalaron los muebles del dormitorio, y mis padres los del comedor. El resto de la casa lo amueblaríamos de

1. **la efigie borrada** the image worn off
2. **la enloquecían** drove her mad
3. **se rompió** it wore out
4. **en cuanto... no nos veíamos** as soon as she tried on another, a blue one, that suited her better, we wouldn't see each other
5. **por más que yo le insistiera en** however much I stressed
6. **en que nadie incurría** that no one would make
7. **fastidiarme** to annoy me
8. **nos comprometimos** we got engaged
9. **influir en... ensuciarlas** to interfere with . . . to soil them
10. **envician** poison
11. **suegros** in-laws

a poco. Yo temía que, por los vecinos, Cristina se enterara de mi mentira, pero felizmente hacía sus compras fuera del barrio y jamás conversaba con ellos. Éramos felices, tan felices
35 que a veces me daba miedo. Parecía que la tranquilidad nunca se rompería en aquella casa de azúcar, hasta que un llamado telefónico destruyó mi ilusión. Felizmente Cristina no atendió[12] aquella vez al teléfono, pero quizá lo atendiera en una oportunidad análoga. La persona que llamaba preguntó por la señora Violeta: indudablemente se trataba de la inquilina anterior.[13] Si Cristina se enteraba de que yo la había engañado, nuestra felicidad
40 seguramente concluiría: no me hablaría más, pediría nuestro divorcio, y en el mejor de los casos tendríamos que dejar la casa para irnos a vivir, tal vez, a Villa Urquiza, tal vez a Quilmes, de pensionistas[14] en alguna de las casas donde nos prometieron darnos un lugarcito para construir ¿con qué? (con basura, pues con mejores materiales no me alcanzaría el dinero[15]) un cuarto y una cocina. Durante la noche yo tenía cuidado de descolgar el
45 tubo,[16] para que ningún llamado inoportuno nos despertara. Coloqué un buzón[17] en la puerta de calle; fui el depositario de la llave, el distribuidor de cartas.

Una mañana temprano golpearon a la puerta y alguien dejó un paquete. Desde mi cuarto oí que mi mujer protestaba, luego oí el ruido del papel estrujado.[18] Bajé la escalera y encontré a Cristina con un vestido de terciopelo[19] entre los brazos.
50 —Acaban de traerme este vestido —me dijo con entusiasmo.

Subió corriendo las escaleras y se puso el vestido, que era muy escotado.[20]

—¿Cuándo te lo mandaste hacer?

—Hace tiempo. ¿Me queda bien? Lo usaré cuando tengamos que ir al teatro, ¿no te parece?
55 —¿Con qué dinero lo pagaste?

—Mamá me regaló unos pesos.

Me pareció raro, pero no le dije nada, para no ofenderla.

Nos queríamos con locura. Pero mi inquietud comenzó a molestarme, hasta para abrazar a Cristina por la noche. Advertí que su carácter había cambiado: de alegre se con-
60 virtió en triste, de comunicativa en reservada, de tranquila en nerviosa. No tenía apetito. Ya no preparaba esos ricos postres, un poco pesados, a base de cremas batidas[21] y de chocolate, que me agradaban, ni adornaba periódicamente la casa con volantes de *nylon*,[22] en las tapas de la letrina, en las repisas del comedor, en los armarios,[23] en todas partes, como era su costumbre. Ya no me esperaba con vainillas[24] a la hora del té, ni tenía ganas de ir al
65 teatro o al cinematógrafo de noche, ni siquiera cuando nos mandaban entradas de regalo.

---

12. **no atendió** didn't answer
13. **la inquilina anterior** the previous resident
14. **de pensionistas** as boarders
15. **(basura… dinero)** (with rubbish, since I couldn't afford better materials)
16. **descolgar el tubo** to unhook the phone
17. **buzón** mailbox
18. **estrujado** ripped off

19. **terciopelo** velvet
20. **escotado** low-cut
21. **cremas batidas** whipped cream
22. **volantes de nylon** nylon flounces, frills
23. **en las tapas de la letrina… armarios** on the toilet lids, the dining room shelves, in the closets
24. **vainillas** vanilla cakes

Una tarde entró un perro en el jardín y se acostó frente a la puerta de calle, aullando.[25] Cristina le dio carne y le dio de beber y, después de un baño, que le cambió el color del pelo, declaró que le daría hospitalidad y que lo bautizaría con el nombre Amor, porque llegaba a nuestra casa en un momento de verdadero amor. El perro tenía el paladar[26] negro, lo que indica pureza de raza.

Otra tarde llegué de improviso[27] a casa. Me detuve en la entrada porque vi una bicicleta apostada[28] en el jardín. Entré silenciosamente y me escurrí[29] detrás de una puerta y oí la voz de Cristina.

—¿Qué quiere? —repitió dos veces.

—Vengo a buscar a mi perro —decía la voz de una muchacha—. Pasó tantas veces frente a esta casa que se ha encariñado[30] con ella. Esta casa parece de azúcar. Desde que la pintaron, llama la atención de todos los transeúntes. Pero a mí me gustaba más antes, con ese color rosado y romántico de las casas viejas. Esta casa era muy misteriosa para mí. Todo me gustaba en ella: la fuente donde venían a beber los pajaritos; las enredaderas con flores, como cornetas[31] amarillas; el naranjo. Desde que tengo ocho años esperaba conocerla a usted, desde aquel día en que hablamos por teléfono, ¿recuerda? Prometió que iba a regalarme un barrilete.[32]

—Los barriletes son juegos de varones.

—Los juguetes no tienen sexo. Los barriletes me gustaban porque eran como enormes pájaros: me hacía la ilusión de volar sobre sus alas. Para usted fue un juego prometerme ese barrilete; yo no dormí en toda la noche. Nos encontramos en la panadería, usted estaba de espaldas y no vi su cara. Desde ese día no pensé en otra cosa que en usted, en cómo sería su cara, su alma, sus ademanes de mentirosa.[33] Nunca me regaló aquel barrilete. Los árboles me hablaban de sus mentiras. Luego fuimos a vivir a Morón, con mis padres. Ahora, desde hace una semana estoy de nuevo aquí.

—Hace tres meses que vivo en esta casa, y antes jamás frecuenté estos barrios. Usted estará confundida.

—Yo la había imaginado tal como es. ¡La imaginé tantas veces! Para colmo de la casualidad,[34] mi marido estuvo de novio con usted.

—No estuve de novia sino con mi marido. ¿Cómo se llama este perro?

—Bruto.

—Lléveselo, por favor, antes que me encariñe con él.

—Violeta, escúcheme. Si llevo el perro a mi casa, se moriría. No lo puedo cuidar. Vivimos en un departamento muy chico. Mi marido y yo trabajamos y no hay nadie que lo saque a pasear.

25. **aullaar** to howl
26. **paladar** palate
27. **de improviso** unexpectedly
28. **apostada** standing
29. **me escurrí** I slipped
30. **se ha encariñado** it became attached to it
31. **enredaderas...cornetas** twining plants . . . bugles
32. **barrilete** kite
33. **ademanes de mentirosa** expressions of a liar
34. **para colmo de la casualidad** to top it all off

—No me llamo Violeta. ¿Qué edad tiene?

—¿Bruto? Dos años. ¿Quiere quedarse con él? Yo vendría a visitarlo de vez en cuando, porque lo quiero mucho.

—A mi marido no le gustaría recibir desconocidos en su casa, ni que aceptara un perro
105   de regalo.

—No se lo diga, entonces. La esperaré todos los lunes a las siete de la tarde en la Plaza Colombia. ¿Sabe dónde es? Frente a la iglesia Santa Felicitas, o si no la esperaré donde usted quiera y a la hora que prefiera; por ejemplo, en el puente de Constitución o en el Parque Lezama. Me contentaré con ver los ojos de Bruto. ¿Me hará el favor de quedarse con él?

110   —Bueno. Me quedaré con él.

—Gracias, Violeta.

—No me llamo Violeta.

—¿Cambió de nombre? Para nosotros usted es Violeta. Siempre la misma misteriosa Violeta.

115   Oí el ruido seco de la puerta y el taconeo[35] de Cristina, subiendo la escalera. Tardé un rato en salir de mi escondite y en fingir que acababa de llegar. A pesar de haber comprobado[36] la inocencia del diálogo, no sé por qué, una sorda desconfianza comenzó a devorarme. Me pareció que había presenciado una representación de teatro y que la realidad era otra. No confesé a Cristina que había sorprendido la visita de esa muchacha. Esperé los
120   acontecimientos, temiendo siempre que Cristina descubriera mi mentira, lamentando que estuviéramos instalados en ese barrio. Yo pasaba todas las tardes por la plaza que queda frente a la iglesia de Santa Felicitas, para comprobar si Cristina había acudido[37] a la cita. Cristina parecía no advertir mi inquietud. A veces llegué a creer que yo había soñado. Abrazando el perro, un día Cristina me preguntó:

125   —¿Te gustaría que me llamara Violeta?

—No me gusta el nombre de las flores.

—Pero Violeta es lindo. Es un color.

—Prefiero tu nombre.

Un sábado, al atardecer, la encontré en el puente de Constitución, asomada sobre el
130   parapeto de fierro.[38] Me acerqué y no se inmutó.[39]

—¿Qué haces aquí?

—Estoy curioseando.[40] Me gusta ver las vías desde arriba.

—Es un lugar muy lúgubre y no me gusta que andes sola.

—No me parece tan lúgubre. ¿Y por qué no puedo andar sola?

135   —¿Te gusta el humo negro de las locomotoras?

—Me gustan los medios de transporte. Soñar con viajes. Irme sin irme. "Ir y quedar y con quedar partirse."

35. **taconeo** heel tapping
36. **comprobado** verified
37. **había acudido** had showed up, gone to
38. **asomada… fierro** looking out on the iron parapet
39. **no se inmutó** she didn't move
40. **Estoy curioseando** I'm just looking around

Volvimos a casa. Enloquecido de celos (¿celos de qué? De todo), durante el trayecto apenas le hablé.

—Podríamos tal vez comprar alguna casita en San Isidro o en Olivos, es tan desagra- *140* dable este barrio —le dije, fingiendo que me era posible adquirir una casa en esos lugares.

—No creas. Tenemos muy cerca de aquí el Parque Lezama.

—Es una desolación. Las estatuas están rotas, las fuentes sin agua, los árboles apestados.[41] Mendigos, viejos y lisiados[42] van con bolsas, para tirar o recoger basuras.

—No me fijo en esas coas. *145*

—Antes no querías sentarte en un banco donde alguien había comido mandarinas o pan.

—He cambiado mucho.

—Por mucho que hayas cambiado, no puede gustarte un parque como ése. Ya sé que tiene un museo con leones de mármol que cuidan la entrada y que jugabas allí en tu infancia, pero eso no quiere decir nada. *150*

—No te comprendo —me respondió Cristina. Y sentí que me despreciaba, con un desprecio que podía conducirla al odio.

Durante días, que me parecieron años, la vigilé, tratando de disimular mi ansiedad. Todas las tardes pasaba por la plaza frente a la iglesia y los sábados por el horrible puente negro de Constitución. Un día me aventuré a decir a Cristina: *155*

—Si descubriéramos que esta casa fue habitada por otras personas ¿qué harías, Cristina? ¿Te irías de aquí?

—Si una persona hubiera vivido en esta casa, esa persona tendría que ser como esas figuritas de azúcar que hay en los postres o en las tortas de cumpleaños[43]: una persona dulce como el azúcar. Esta casa me inspira confianza ¿será el jardincito de la entrada que *160* me infunde tranquilidad? ¡No sé! No me iría de aquí por todo el oro del mundo. Además no tendríamos adónde ir. Tú mismo me lo dijiste hace un tiempo.

No insistí, porque iba a pura pérdida.[44] Para conformarme[45] pensé que el tiempo compondría las cosas.

Una mañana sonó el timbre de la puerta de calle. Yo estaba afeitándome[46] y oí la voz *165* de Cristina. Cuando concluí de afeitarme, mi mujer ya estaba hablando con la intrusa.[47] Por la abertura de la puerta las espié. La intrusa tenía una voz tan grave y los pies tan grandes que eché a reír.

—Si usted vuelve a ver a Daniel, lo pagará muy caro, Violeta.

—No sé quién es Daniel y no me llamo Violeta —respondió mi mujer. *170*

—Usted está mintiendo.

—No miento. No tengo nada que ver con Daniel.

—Yo quiero que usted sepa las cosas como son.

—No quiero escucharla.

---

41. **apestados** diseased
42. **lisiados** disabled people
43. **postres… cumpleaños** desserts and birthday cakes
44. **iba a pura pérdida** she seemed completely lost

45. **conformarme** to adjust to this
46. **afeitándome** shaving
47. **la intrusa** the intruder
48. **disfrazado de** disguised as

175 Cristina se tapó las orejas con las manos. Entré en el cuarto y dije a la intrusa que se fuera. De cerca le miré los pies, las manos y el cuello. Entonces advertí que era un hombre disfrazado de[48] mujer. No me dio tiempo de pensar en lo que debía hacer; como un relámpago desapareció dejando la puerta entreabierta tras de sí.

No comentamos el episodio con Cristina; jamás comprenderé por qué; era como si *180* nuestros labios hubieran estado sellados[49] para todo lo que no fuese besos nerviosos, insatisfechos o palabras inútiles.

En aquellos días, tan tristes para mí, a Cristina le dio por[50] cantar. Su voz era agradable, pero me exasperaba, porque formaba parte de ese mundo secreto, que la alejaba de mí. ¡Por qué, si nunca había cantado, ahora cantaba noche y día mientras se vestía o se bañaba *185* o cocinaba o cerraba las persianas[51]!

Un día en que oí a Cristina exclamar con un aire enigmático:

—Sospecho que estoy heredando la vida de alguien, las dichas y las penas,[52] las equivocaciones y los ciertos. Estoy embrujada[53] —fingí no oír esa frase atormentadora. Sin embargo, no sé por qué empecé a averiguar en el barrio quién era Violeta, dónde estaba, *190* todos los detalles de su vida.

A media cuadra[54] de nuestra casa había una tienda donde vendían tarjetas postales, papel, cuadernos, lápices, gomas de borrar[55] y juguetes. Para mis averiguaciones, la vendedora de esa tienda me pareció la persona más indicada: era charlatana[56] y curiosa, sensible a las lisonjas.[57] Con el pretexto de comprar un cuaderno y lápices, fui una tarde a conver- *195* sar con ella. Le alabé[58] los ojos, las manos, el pelo. No me atreví a pronunciar la palabra Violeta. Le expliqué que éramos vecinos. Le pregunté finalmente quién había vivido en nuestra casa. Tímidamente le dije:

—¿No vivía una tal Violeta?

Me contestó cosas muy vagas, que me inquietaron más. Al día siguiente traté de averiguar *200* en el almacén algunos otros detalles. Me dijeron que Violeta estaba en un sanatorio frenopático[59] y me dieron la dirección.

—Canto con una voz que no es mía —me dijo Cristina, renovando su aire misterioso—. Antes me hubiera afligido, pero ahora me deleita. Soy otra persona, tal vez más feliz que yo.

Fingí de nuevo no haberla oído. Yo estaba leyendo el diario.

205 De tanto averiguar detalles de la vida de Violeta, confieso que desatendía[60] a Cristina.

Fui al sanatorio frenopático, que quedaba en Flores. Ahí pregunté por Violeta y me dieron la dirección de Arsenia López, su profesora de canto.

---

49. **sellados** sealed
50. **le dio por** she decided to take up
51. **persianas** blinds, curtains
52. **las dichas y las penas** the joys and the sorrows
53. **embrujada** bewitched
54. **a media cuadra** half a block
55. **gomas de borrar** erasers
56. **charlatana** gossip
57. **sensible a las lisonjas** susceptible to flattery
58. **alabé** I praised
59. **sanatorio frenopático** mental hospital
60. **desatender** to ignore

Tuve que tomar el tren en Retiro, para que me llevara a Olivos. Durante el trayecto una tierrita[61] me entró en un ojo, de modo que en el momento de llegar a la casa de Arsenia López, se me caían las lágrimas como si estuviese llorando. Desde la puerta de calle oí *210* voces de mujeres, que hacían gárgaras con las escalas,[62] acompañadas de un piano, que parecía más bien un organillo.

Alta, delgada, aterradora apareció en el fondo de un corredor Arsenia López, con un lápiz en la mano. Le dije tímidamente que venía a buscar noticias de Violeta.

—¿Usted es el marido? *215*

—No, soy un pariente —le respondí secándome los ojos con un pañuelo.

—Usted será uno de sus innumerables admiradores —me dijo entornando los ojos[63] y tomándome la mano—. Vendrá para saber lo que todos quieren saber, ¿cómo fueron los últimos días de Violeta? Siéntese. No hay que imaginar que una persona muerta, forzosamente haya sido pura fiel,[64] buena. *220*

—Quiere consolarme—le dije.

Ella, oprimiendo mi mano con su mano húmeda, contestó:

—Sí. Quiero consolarlo. Violeta era no sólo mi discípula, sino mi íntima amiga. Si se disgustó conmigo,[65] fue tal vez porque me hizo demasiadas confidencias y porque ya no podía engañarme. Los últimos días que la vi, se lamentó amargamente de su suerte. Murió *225* de envidia. Repetía sin cesar: "Alguien me ha robado la vida, pero lo pagará muy caro. No tendré mi vestido de terciopelo, ella lo tendrá; Bruto será de ella; los hombres no se disfrazarán de mujer para entrar en mi casa sino en la de ella; perderé la voz que transmitiré a esa otra garganta indigna; no nos abrazaremos con Daniel en el puente de Constitución, ilusionados con[66] un amor imposible, inclinados como antaño,[67] sobre la baranda de *230* hierro, viendo los trenes alejarse".

Arsenia López me miró en los ojos y me dijo:

—No se aflija. Encontrará muchas mujeres más leales. Ya sabemos que era hermosa ¿pero acaso la hermosura es lo único bueno que hay en el mundo?

Mudo, horrorizado, me alejé de aquella casa, sin revelar mi nombre a Arsenia López *235* que, al despedirse de mí, intentó abrazarme, para demostrar su simpatía.

Desde ese día Cristina se transformó, para mí, al menos, en Violeta. Traté de seguirla a todas horas, para descubrirla en los brazos de sus amantes. Me alejé tanto de ella que la vi como a una extraña. Una noche de invierno huyó. La busqué hasta el alba.

Ya no sé quién fue víctima de quién, en esa casa de azúcar que ahora está *240* deshabitada.[68]

---

61. **una tierrita** a speck of dirt
62. **hacían gárgaras… escalas** were gargling with the (musical) scales
63. **entornando los ojos** half-closing her eyes
64. **No hay que imaginar… haya sido pura fiel** you mustn't think that because a person is dead she was necessarily pure and faithful
65. **se disgustó conmigo** she became displeased with me
66. **ilusionados con** having hope for
67. **inclinados como antaño** leaning (on the iron railing) as long ago
68. **deshabitada** uninhabited

DESPUÉS DE LEER

A. Cuestionario

1. ¿Cómo se explica el título del cuento?
2. ¿Cuáles son algunas de las supersticiones de Cristina?
3. ¿Cómo es Cristina al principio del cuento? ¿Cómo es al final?
4. ¿Quién es Violeta? ¿Cuál es su papel (*role*) en la historia?
5. ¿Qué señales del cambio de carácter advierte el marido en su esposa?
6. ¿Fue por casualidad que el perro apareció en el jardín de la casa?
7. ¿De qué se quejó la muchacha cuando vino a la casa?
8. ¿Tiene un efecto en Cristina el que (*the fact that*) la muchacha la llame "Violeta" repetidamente?
9. ¿Qué es lo extraño de la intrusa que vino a la casa?
10. ¿Es Violeta una persona real o imaginada?
11. Parece que Violeta ha transferido su carácter a Cristina. ¿Lo hizo de buena voluntad o contra su voluntad? ¿Le parece a usted posible o es algo irreal?

B. Seleccione usted la palabra o palabras apropiadas según el cuento.

1. A pesar de que fuera un anuncio seguro de muerte, Cristina (**encendía/apagaba**) con tranquilidad cualquier número de velas.
2. Parecía que la tranquilidad nunca (**vendría/se rompería**) en aquella casa de azúcar.
3. Nos queríamos con locura. Pero mi (**amor/inquietud**) comenzó a molestarme.
4. Una tarde entró (**Violeta/un mendigo/un perro**) en el jardín y se acostó frente a la puerta.
5. Usted nunca me regaló aquel barrilete. Los árboles me hablaban de sus (**infidelidades/ mentiras/su avaricia**).
6. Si una persona hubiera vivido en esta casa, tendría que ser (**blanca/guapa/dulce**) como el azúcar.
7. Entonces advertí que la intrusa era un hombre (**enamorado/disfrazado**) de mujer.
8. En aquellos días, a Cristina le dio por cantar, lo que me exasperaba porque formaba parte de ese mundo secreto, que (**me daba miedo/la alejaba**) de mí.
9. Los últimos días que vi a Violeta, se lamentó amargamente de su (**suerte/voz/ enfermedad**).
10. Desde ese día Cristina se transformó en Violeta. Traté de (**abrazarla/odiarla/seguirla**) a todas horas.

REPASO GRAMATICAL

Some uses of the subjunctive

Observe the following examples from the text.

1. The formula **por** + either an adjective or an adverb + **que** generally expresses uncertainty and is followed by the verb in the subjunctive.

Por mucho que hayas cambiado, no puede gustarte este parque.	*However much you have changed, you can't possibly like this park.*
Por más que yo insistiera, ella guardaba el espejo roto.	*No matter how much I insisted, she kept the broken mirror.*

Other examples:

Por inteligente que sea, Juan no tiene empleo.	*However intelligent he may be, Juan doesn't have a job.*
Por hábilmente que ataquen la ciudad, no pueden destruirla.	*No matter how skillfully they attack the city, they can't destroy it.*

2. The subjunctive is used in a dependent clause following a negative or indefinite antecedent.

Negative:

No hay nadie que lo saque a pasear.	*There's no one who can take it (the dog) for a walk.*
No puede hallar ningún criado que quiera servirle.	*He can't find any servant who is willing to serve him.*

Indefinite antecedent: (Note change from definite to indefinite article.)

Busco a la mujer que se parece a Cristina.	*I'm looking for the woman who resembles Cristina. (a definite woman)*
Busco na mujer que se parezca a Cristina.	*I'm looking for a woman who resembles Cristina. (uncertain if there is one)*
¿Conoce usted al profesor que habla ocho idiomas?	*Do you know the teacher who speaks eight languages? (a specific person)*
¿Conoce usted un profesor que hable ocho idiomas?	*Do you know a teacher who speaks eight languages? (uncertain)*

3. The subjunctive is used in a conditional sentence that expresses something contrary to fact and uncertainty in the future. The verb in the *if*-clause is generally in the imperfect or past perfect subjunctive, and the main verb is in the conditional (or sometimes in the imperfect subjunctive in -**ra**) or conditional perfect.

Si descubriéramos que esta casa fue habitada por otras personas, ¿qué harías?	*If we discovered that . . . , what would you do?*
Si una persona hubiera vivido en esta casa, esa persona tendría que ser...	*If someone had lived in this house, he would have to be . . .*

Other examples:

Si lloviera mañana, no lo haría.	*If it rained (should rain) tomorrow, I wouldn't do it.*
Si él hubiera sido rico, yo habría heredado mucho dinero.	*If he had been rich, I would have inherited a lot of money.*

Note: The subjunctive is never used in the *if*-clause in the present tense.

Si viene, le daré la carta.	*If she comes, I'll give her the letter.*
Si vienes, trae el diccionario.	*If you come, bring the dictionary.*

Instead of uncertainty or improbability of fulfillment, the condition assumes a fact that has a logical result.

4. The subjunctive (imperfect or past perfect only) is always used in a clause introduced by **como si.**

...como si el peligro la amenazara sólo a ella.	*. . . as if the danger threatened only her.*
Era como si nuestros labios hubieran estado sellados.	*It was as if our lips had been sealed.*
Se me caían las lágrimas como si estuviese llorando.	*My tears were falling as if I were weeping.*

C. Seleccione usted el indicativo o el subjuntivo de los verbos entre paréntesis, según el caso.

1. Están hablando de la mujer que (**haya experimentado/ha experimentado,** *has undergone*) una transformación como ésta.
2. No hay casa que (**puede/pueda**) llamarse "de azúcar".
3. Deseamos un libro que (**explica/explique**) la teoría de Einstein.
4. Por difícil que (**era/fuera**) para el marido, no pudo cambiar a Cristina.
5. Si usted no (**sea/es**) Violeta, ¿por qué está aquí mi perro?
6. Si usted (**había sido/hubiera sido**) el marido en este cuento, ¿qué habría hecho con Cristina?
7. En aquellos días le dio a Cristina por cantar, como si (**acababa/acabara**) de descubrir su voz.
8. Por horrorizado que (**se sintió/se sintiese**) el marido, no dejó de amar a su esposa.
9. No hay explicación satisfactoria que nos (**hace/haga**) creer en tales metamorfosis.
10. Me dice que si yo (**leo/lea**) mil libros, no encontraré un caso como el de Cristina.

D. Traduzca usted

1. I am looking for a woman who can bewitch (**embrujar**) another woman, no matter how much the other resists (**resistir**).
2. If you lived in a "sugar house," would you feel as if you were king of the street?

3. There is nothing that the husband can do, however compassionate (**compasivo**) he may be.
4. I want to meet a great singer (**cantor**) who will transfer his voice to me, but I don't believe that that is possible.
5. If you had suddenly (**de repente**) discovered that your whole life was changing, would you have believed, like Cristina, that you were inheriting (**heredar**) another person's life?
6. No matter how many times you repeat it, I won't believe you if I live a hundred years.

4

Marco Denevi

1922 – 1998

Cuentista brillante y pensador agudo e irónico, Marco Denevi, argentino, se destaca por la originalidad y la madurez de sus obras. Su primera y siempre recordada novela, *Rosaura a las diez* (1955), una novela policial en la que introduce el perspectivismo (por el cual cada protagonista narra la misma historia desde su propio punto de vista), obtuvo el Premio Kraft en 1955. En 1960, Denevi recibió el Primer Premio de la revista *Life en castellano* para escritores latinoamericanos, por el cuento "Ceremonia secreta". Este relato fue traducido al inglés, francés, italiano y otros idiomas. Denevi ganó otros premios y, en 1987, llegó a ser miembro de la Academia Argentina de Letras, un gran honor.

Marco Denevi es quizás más conocido por lo que él llama *falsificaciones*, las cuales son bosquejos (*sketches*), comedias, anécdotas e historias, todos muy cortos, basados en personas y acontecimientos de la historia, de la mitología y de la literatura. Estos minicuentos revelan la rica imaginación de Denevi, irónica y caprichosa (*whimsical*), porque los finales resultan ser lo opuesto de sus modelos históricos (así la falsificación). Por ejemplo, Don Quijote y su idealizada Dulcinea se transponen (*are transposed*), de modo que es él quien existe en la imaginación de ella.

La selección que sigue, "Los fracasados", es típica de estos minicuentos. Es una irónica versión modernizada de una famosa traición bíblica.

Los fracasados[1]

Una casa pobre. La mujer barre[2] enérgicamente el piso con una escoba medio calva.[3] Entra el hombre. Parece muy abatido.[4] Se sienta sin pronunciar palabra. Ella ha dejado de barrer y lo mira. Pregunta:

—¿Y bien? ¿No dices nada?

—¿Qué tengo que decir?   *5*

—Miren la contestación.[5] ¿Tres días que faltas de casa y no tienes nada que decir? Marido, te previne[6] que no volvieras con las manos vacías.

—Ya lo sé. Si he vuelto es porque cumplí[7] tus órdenes.

—Mis órdenes. Mis consejos, diría yo. Y entonces ¿por qué estás así, hecho un trapo[8]?

—¿Acaso debería estar alegre?   *10*

—Me parece a mí.

—Pues ya ves. No estoy alegre. Estoy arrepentido.

—Vaya. Te duró poco el valor.

—¿Qué valor? Lo hice porque tú me obligaste.

—Porque yo lo obligué. Oigan el tono. Cualquiera pensaría que lo obligué a cometer   *15* un crimen. ¿Y a qué te obligué, veamos? A darte tu lugar. A demostrar que eres un hombre, no un títere.[9] Pero estás arrepentido. Preferirías seguir como hasta ahora. El último de la fila.[10] El que recoge los huesos[11] que arrojan los demás. Aquel a quien se llama para que, cuando todos ya se han ido, limpie la mesa y apague las luces. Siempre serás el mismo mediocre. Ignoras[12] lo que es tener ideales, alguna noble ambición. El fracaso es tu atmósfera.   *20* Y yo, tu víctima. Mira a las mujeres de tus amigos: cubiertas de joyas, con sirvienta, con automóvil y un palco[13] en el teatro. Ahora mírame a mí: una fregona[14] dedicada día y noche a los quehaceres domésticos.[15] En lugar de alhajas, callos.[16] No voy al teatro, voy al mercado. Y porque pretendo[17] que mi marido levante cabeza y le doy buenos consejos, óiganlo, me lo echa en cara.   *25*

—Siempre tuve mala suerte.

—¿Ahora también, mala suerte?

—Un presentimiento[18] me dice que sí.

—Un presentimiento. Llamas presentimientos a los pujos de vientre de tu cobardía.[19]

—Nada bueno saldrá de todo esto.   *30*

1. **los fracasados** the failures
2. **barrer** to sweep
3. **una escoba medio calva** a half-bald broom
4. **abatido** downcast
5. **miren la contestación** (*sarcastic*) that's some answer!
6. **previne (prevenir)** I warned you
7. **cumplir** to carry out
8. **hecho un trapo** looking like a wet rag
9. **un títere** a puppet
10. **de la fila** in line
11. **recoge los huesos** picks up the bones
12. **ignoras** you don't know
13. **palco** box
14. **fregona** scrubwoman
15. **quehaceres domésticos** household chores
16. **alhajas, callos** jewels, (I have) calluses
17. **pretender** to want
18. **presentimiento** premonition
19. **los pujos... cobardía** the butterflies in your stomach

—Eso es. Regodéate[20] en tu pesimismo. Serías capaz de verme embarazada[21] y creer que estoy hidrópica.[22] Encontrar una moneda de oro en la calle y confundirla con el escupitajo de un tísico.[23] Oír la voz de Dios que te llama y ponerte a correr por miedo de que sea la voz de un acreedor.[24] Cómo que nada bueno saldrá de todo esto. ¿Y la recompensa? Me lo imagino: la rechazaste.[25] Y, como siempre, el premio[26] se lo llevó otro.

—No. Me pagaron.

—¿Cuánto?

Él le entrega unas pocas monedas.

—¿Esta miseria?

—¿Qué esperabas? ¿Millones?

—Un cargo.[27] Eso es lo que ambiciono para ti. Un cargo en el gobierno, bien remunerado y que nos permita asistir desde el palco oficial a los desfiles[28] militares. Te lo deben. Al fin y al cabo les prestate un buen servicio. Más de uno habría querido hacerlo, pero lo hiciste tú. Y a ellos tu pequeña acción les reportará[29] enormes beneficios. Volverás y les exigirás que te den un empleo. Un empleo en el que no tengas que matarte trabajando pero que te haga ganar un buen sueldo, cierto prestigio social y algunas ventajas adicionales. No hablo de coimas.[30] Hablo de un automóvil oficial. Si fuese con chofer incluido, mejor todavía. Siempre quise pasearme en uno de esos inmensos automóviles negros conducidos por un chofer de uniforme azul y gorra.[31]

—No me darán ni el puesto de ordenanza.[32]

—¿Por qué? ¿No saben que fuiste tú quien les hizo ese favor?

—Cómo no van a saberlo. Ya ves que me pagaron.

—Los grandes, digo. Los que firman los nombramientos y manejan los teléfonos secretos. No lo saben. Trataste el negocio con algún subalterno que te quitó del medio[33] con estas moneditas para hacerse pasar él por el autor y conseguir que lo asciendan de categoría.[34]

—Todos lo saben. Del primero al último.

—¿Qué más quieres? Y entonces ¿por qué dices que no te nombrarán ni siquiera ordenanza?

—Nada les gusta menos que mostrarse agradecidos.[35]

—Son envidiosos.

—Además, no quieren aparecer como mis instigadores. Quieren que se crea que lo hice por mi propia iniciativa.

—Envidiosos y cobardes.

---

20. **Regodéate** Take pleasure
21. **embarazada** pregnant
22. **hidrópica** dropsical, retaining water
23. **escupitajo de un tísico** spit of a tubercular person
24. **acreedor** creditor
25. **rechazar** to refuse, reject
26. **premio** reward
27. **cargo** position, job
28. **desfiles** parades

29. **reportar** to bring, get
30. **coimas** bribes
31. **gorra** cap
32. **puesto de ordenanza** a clerk's job
33. **te quitó del medio** got rid of you
34. **conseguir... categoría** getting them to promote him
35. **Nada les gusta... agradecidos** the last thing they want to do to show their gratitude

—Pero todo el mundo ya está enterado.[36] En la calle me señalaban con el dedo. 65

—No me digas. ¿Te señalaban con el dedo? ¿En la calle? ¿La gente? Qué bien. Eso significa que no te debe importar la ingratitud de los de arriba. El pueblo reconoce tus méritos. ¿Creen que lo hiciste por tu propia iniciativa? Mejor. Serás famoso, llegarás lejos.

—No me asustes.[37]

—¿Asustarte, tonto? Ya veo: la gloria te produce terror. Acostumbrado a la oscuridad, 70 la luz te hace arder los ojos. Felizmente yo estoy a tu lado. Yo te sostendré, te guiaré. Apóyate en mí y avanza.

Se oye, afuera, el rumor de una muchudumbre. El hombre tiembla.

—¿Qué son esos gritos?

—Te lo dije: el pueblo. Viene a felicitarte, a traerte regalos. Querrán que seas su 75 caudillo. Pero por ahora tú no salgas. Los grandes hombres no deben dejarse ver por la multitud. Envueltos[38] en el misterio, siempre lejanos, siempre inaccesibles, parecen dioses. Vistos de cerca defraudan mucho.[39] Tú, ni qué hablar.[40] Además te falta experiencia. Todavía no dominas tu papel[41] de personaje célebre. Tengo miedo de que, si los recibes, los trates de igual a igual. Déjame a mí. Yo hace rato[42] que me preparo para estas cosas. 80 Saldré yo. Yo sé cómo manejarlos.

—¿Oyes? Gritan ¡viva nuestro rey!

—¿Rey? ¿Y yo reina? Francamente, es más de lo que yo esperaba.[43] ¿Más? ¿Por qué más? No permitiré que me contagies con tu modestia.[44] Lo que ocurre es que cuando la justicia tarda en llegar la confundimos con la buena suerte. Reina. Bien, acepto. Otra que un em- 85 pleo de morondanga[45] y un automóvil usado. Tendremos palacios, carruajes, un ejército de sirvientes. La primera medida[46] que tomarás: aumentar los impuestos.[47]

—¡Gritan cada vez más alto! ¡Se impacientan!

—Está previsto.[48]

—¡Apúrate![49] 90

—¿Te parezco que estoy presentable? ¿No debería ponerme otro vestido?

—¡Derribarán la puerta!

—¡Y yo sin maquillarme![50]

—No les digas que estoy aquí.

—Les diré que estás con los embajadores extranjeros. Y si desean una audiencia, que la 95 supliquen[51] por escrito con diez días de anticipación. Pensar que todo esto me lo debes a mí.

---

36. **enterado** informed
37. **asustar** to frighten
38. **envueltos (envolver)** wrapped up
39. **defraudan mucho** they are very disappointing
40. **ni qué hablar** not a word (from you)
41. **Todavía... papel** You haven't yet mastered your role
42. **Yo hace rato que...** For some time I've been . . .
43. **más de lo que esperaba** more than I expected

44. **que me... modestia** that you infect me with your modesty
45. **Otra que... morondanga** something other than a worthless job
46. **medida** step, measure
47. **aumentar los impuestos** raise taxes
48. **Está previsto** that's to be expected
49. **¡Apúrate!** Hurry!
50. **sin maquillarme** without makeup on
51. **que la supliquen** let them request it

La mujer sale. El hombre, inmóvil y aterrado, espera. Al cabo de unos minutos ella reaparece, se sienta. Él la mira. Afuera se ha hecho el silencio. Él pregunta:

—¿Qué querían?

100 —Cállate. Eres un fracasado. Los dos somos unos fracasados.

—¿Por qué? ¿Qué pasó?

La mujer se pone de pie de un salto, empieza a gritar:

—¿Y todavía lo preguntas? ¿Qué pasó? Pasó que otra vez te dejaste ganar.[52]

—Hice lo que tú me pediste.

105 —Y qué es lo que yo te pedí, imbécil. Que hicieras algo como la gente. Algo que nos salvara de la pobreza. Y has elegido bien, tú. Te has lucido.[53] Pero se terminó. Basta. ¡Fuera de aquí! ¡Quítate de mi vista! ¡No quiero verte más!

El hombre empieza a salir. Al llegar a la puerta se vuelve y mira a la mujer. La mujer llora. Él pregunta:

110 —¿Me dirás por lo menos qué sucedió?

Ella deja de llorar. Levanta la cabeza. Y por fin, después de un silencio, dice secamente:

—Resucitó.[54]

Entonces Judas Iscariote sale de su casa y va a colgarse de la higuera.[55]

DESPUÉS DE LEER

A. Cuestionario

1. ¿Cómo se difieren la mujer y su marido?
2. ¿Por qué está arrepentido el marido al volver a su casa?
3. Según la mujer, ¿por qué obligó a su marido hacer lo que hizo?
4. ¿Por qué envidia ella a las esposas de los amigos de su esposo?
5. ¿Qué tipo de recompensa desea la mujer para su marido?
6. ¿Por qué no la conseguirá él?
7. ¿Qué es lo que hizo el marido para merecer esta recompensa?
8. ¿Para quién son los gritos de "viva nuestro rey"?
9. Explíquese el título del cuento "Los fracasados".
10. ¿Fue el final totalmente inesperado (*unexpected*)?

B. Llene usted los espacios en blanco con una selección apropiada de la lista siguiente.

cumplir	moneda	barrer	arrepentido
fracasar	mala suerte	faltar de casa	faltar
regalos	un cargo en el gobierno		

---

52. **te dejaste ganar** you ruined it, "you blew it"
53. **Te has lucido** You've done quite a job!
54. **Resucitó** He was resurrected
55. **colgarse de la higuera** hang himself on a fig tree

1. Ella _____ con la escoba cuando entra su marido.
2. Aunque él _____ tres días, no tiene nada que decir.
3. Sin embargo, él la asegura que _____ sus órdenes.
4. En vez de alegre, él está _____.
5. Como dice ella, los otros triunfan pero su marido _____.
6. Él echa la culpa a su _____.
7. Ella está enfadada porque la recompensa consiste en _____ y no en _____.
8. Ella cree que el pueblo viene a traer _____ e insiste a salir ella misma porque a él le _____ experiencia.

REPASO GRAMATICAL

Translations of *than*

1. As you know, in simple comparisons between two things or persons, *than* is translated as **que**.

Ella es más avara que su marido.	*She is greedier than her husband.*
El profesor sabe más que yo.	*The teacher knows more than I.*

2. Before a number or numerical expression, *than* is usually **de**.

Esta escuela tiene menos de mil alumnos.	*This school has fewer than a thousand pupils.*
El tren se retrasa más de una hora.	*The train is more than an hour late.*

Note: **Que** precedes a number only in the expression **no… más que** meaning.

No tengo más que dos hermanos.	*I have only two brothers.*

3. If the comparison is to an adjective or adverb, the neuter article **lo** follows **de**.

Trabajamos más de lo que crees.	*We work more than you think.*
Mi primo pinta mejor de lo que yo suponía.	*My cousin paints better than I thought.*
—¿Y yo reina? Francamente, es más de lo que yo esperaba.	*—And I queen? Frankly, it's more than I hoped for.*

Exceptions:

In special cases when two actions are being directly compared, **que** alone is used.

Juega más que estudia.	*He plays more than he studies.*
Come más que trabaja.	*He eats more than he works.*

If the second clause begins with a relative pronoun, **que** plus the pronoun is used for *than*.

Su casa tiene más habitaciones que la que acabo de comprar.	*Her house has more rooms than the one I just bought.* (not **de las que**: the comparison is not to **habitaciones**)
Mis padres tienen más compasión que los que no dan nada a los pobres.	*My parents have more compassion than those who give nothing to the poor.*

4. When the second part of a comparison is a clause (a subject and verb), *than* is translated by **de** + definite article + **que**. If the object being compared is a noun, the definite article that agrees with the noun follows **de**.

> **Compramos más libros de los que**　　　*We buy more books than we need.*
> **necesitamos.**

(i.e., you are saying **más libros de los libros que necesitamos:** *more books than the books we need.* Dropping the noun **libros,** you are left with **de los que:** *more than we need,* or *more than those we need.*)

> **El marido tiene más dinero del que**　　*The husband has more money than his*
> **la esposa se figura.**　　　　　　　　*wife imagines.*

Try translating these two sentences before checking your answer below.

> **Pilar has more intelligence than she shows.***
> **He buys more cars than he can sell.†**

C. Llene usted el espacio en blanco con el equivalente de *than.*

1. Este libro tiene más páginas _____ puedo leer en una noche.
2. Tengo una hermana mayor _____ yo.
3. Trabaja más _____ creíamos.
4. Me dio menos cerveza _____ yo había pedido.
5. Su educación les costó más _____ cien mil dólares.
6. Lee más rápidamente _____ se figura.
7. Mi hijo duerme más _____ trabaja.
8. Este libro tiene más errores _____ el mío.
9. Su país nativo no tiene más _____ un millón de habitantes.
10. Pedro tiene menos dinero _____ lo que dice.
11. Los hijos heredaron (*inherited*) mucho menos _____ esperaban.
12. El novio le envió más flores _____ ella necesita.

D. Traduzca usted

1. Don't do more than what I ask (you).
2. There is more sand on the beach than you think.
3. He is crazier than I because he works harder (**más duro**) than he needs (to).
4. His sister has more faith (**fe**) than he thought.
5. This cafe is bigger than what you told me yesterday.
6. He has committed (**cometer**) fewer crimes than you think.
7. The horse had more defects (**defectos**) than they had said.
8. He arrived a little later than eight o'clock.

---

* Pilar tiene más inteligencia de la que muestra.
† Compra más coches de los que puede vender.

5

Mercedes Abad

1961 –

Entre los escritores de la segunda mitad del siglo XX y sobre todo desde el último cuarto, Mercedes Abad se destaca como una de las más talentosas. Nativa de Barcelona, en que es periodista, ella ya ha publicado novelas, varias colecciones de relatos cortos, y muchos artículos de la crítica literaria. Su primer libro de cuentos ganó el premio Sonrisa Vertical, que se confiere para la ficción erótica. (La corriente erótica ha adquirido cierta popularidad en la novela de los últimos años.) Lo escribió, dice Abad, no sólo para ganar el premio sino también para vengarse de la moralidad severa y puritana de su madre.

En el antiguo drama griego, los desenlaces (*endings*) trágicos se deben a ciertos defectos de carácter. En las obras de Abad, estos defectos conducen a situaciones absurdas y hasta grotescas, las cuales, por el humor y la ironía, resultan más bien lo contrario al final trágico. En su colección **Felicidades conyugales** (1989), los catorce cuentos reflejan una vista escéptica de la felicidad. En el relato que sigue, "Una bonita combinación", Abad describe un matrimonio "perfecto", un modelo para todas las jóvenes parejas. Pero cuando este estado ideal es amenazado por la infidelidad del marido, la esposa se determina a asegurar (*to secure*) el matrimonio y su imagen con una solución original.

Una bonita combinación

Después de veinte largos años de matrimonio ininterrumpido, Louise y Albert Cromdale eran más felices que nunca. Extraordinariamente felices. E infinitamente más felices que cualquiera de las parejas casadas a las que frecuentaban. Tanto es así que habían dado origen a una nueva y curiosa tradición: cuando una joven pareja contraía matrimonio, era frecuente que, durante la ceremonia religiosa y a guisa de[1] bendición, exigieran[2] que el sacerdote les deseara una felicidad tan intensa y duradera como la que unía a Louise y Albert Cromdale.

En el círculo de sus amistades se comentaba este hecho como algo sorprendente, de naturaleza casi mágica. A todos se les antojaba[3] incomprensible e inverosímil[4] hallarlos cada día un poco más felices, más sonrientes y más unidos. Algunos habían llegado incluso[5] a sospechar que acaso tanta felicidad no fuera sino mero artificio. Otros, llevados por su envidia y su mala fe, habíanse formulado secretamente el deseo de que aquel matrimonio se hiciera añicos[6] de la manera más dolorosa posible para ambos cónyuges.[7] Los más ingenuos les pedían constantemente la fórmula de aquella felicidad indestructible, y tan bien invertida que sus rentas[8] no dejaban de trazar una curva ascendente. En semejantes casos, Louise y Albert Cromdale se encogían de hombros[9] con una sonrisa de infinita modestia pintada en los labios, tersos aún[10] los de Louise, sumamente apetecibles también los de Albert. Y ninguno de los dos añadía explicación alguna a aquel mudo comentario.

Lo cierto es que no había fórmulas ni fingimientos.[11] Louise y Albert Cromdale poseían la infrecuente virtud de entenderse a la perfección, como dos piezas amorosamente fabricadas para encajar[12] sin esfuerzos. No sólo sus virtudes convivían armónicamente, sino que sus defectos parecían necesitarse mutuamente. Ya desde los albores[13] de su matrimonio, ambos habían tenido inmejorables oportunidades para mostrar su inagotable[14] capacidad de comprensión. Cuando Louise, una mujer harto[15] enigmática, exigió que le fuera concedida una habitación privada a la que sólo ella tuviera acceso, un lugar donde poder retirarse cuando apeteciera[16] de soledad, Albert no hizo objeción alguna a lo que se le antojó un deseo más que razonable. Respetaba gustoso los secretos de su mujer y jamás inquiría acerca de la naturaleza de los mismos. También Louise tuvo una acertada actuación[17] cuando, muy poco después de la boda, advirtió que en la mirada de

1. **a guisa de** by way of
2. **exigir** to ask
3. **A todos se les antojaba** They all thought it
4. **inverosímil** improbable
5. **incluso** even
6. **se hiciera añicos** (the marriage) would be shattered
7. **cónyuges** spouses
8. **invertida... rentas** so well invested that their income
9. **se encogían de hombros** shrugged
10. **tersos aún** still smooth
11. **fingimientos** pretenses
12. **encajar** to fit
13. **albores** dawn
14. **inagotable** inexhaustible
15. **harto** very
16. **apeteciera** she longed for
17. **tuvo una acertada actuación** acted wisely

Albert habían empezado a formarse sombras que la empañaban[18] con un halo de tristeza. Interrogado por su esposa acerca de las causas de su congoja,[19] Albert no tuvo reparo alguno[20] en confesarle —ni un solo momento dejó Louise de manifestar una infinita comprensión— su relación amorosa con una joven que había huido del hogar paterno en Manchester, y había llegado a Londres sola, sin dinero, sin trabajo y sin un solo amigo en quien confiar. Al principio, explicó Albert, ambos se habían enamorado perdidamente, pero ahora los sentimientos de Albert hacia la muchacha se habían apagado y ella no parecía dispuesta a aceptarlo. Lo agobiaba[21] con mil y una súplicas y, si él hacía la menor insinuación acerca de un posible abandono, el sincero dolor de la muchacha lo disuadía de sus propósitos. Albert era un hombre extraordinariamente sensible al sufrimiento ajeno,[22] y aquella situación lo apesadumbraba[23] hasta el punto de no poder apartarla de su mente. Louise, que conocía perfectamente la naturaleza delicada y depresiva[24] de su marido decidió hacerse cargo personalmente de aquel problema, tan desagradable para Albert. Ella era mucho más fuerte, más resuelta y eficiente en algunas cuestiones, de modo que informó a Albert de sus intenciones; en adelante, él quedaba aliviado de toda responsabilidad en tan enojoso[25] episodio. Albert agradeció con notable pasión la providencial intervención de su esposa y se felicitó por haberse casado con una mujer dotada de semejantes aptitudes prácticas.

El enojoso episodio de la muchacha de Manchester se repetiría en el futuro con muchísimas otras muchachas, en su mayoría escapadas de sus hogares, solas y desamparadas. Compadecido[26] —Albert Cromdale solía confundir la compasión con el amor—, el marido de Louise se entregó a un sinfín[27] de relaciones amorosas —cuyo número exacto se desconoce— al término de las cuales, la colaboración de su esposa resultaba siempre de incalculable valor. Cuando se hartaba de sus amantes, Albert no tenía más que notificárselo con aire contrito a su mujer; siempre comprensiva,[28] discreta y eficiente, Louise invitaba a las muchachas a su casa para tomar el té y charlar amigablemente con ellas. Nadie presenció jamás aquellas conversaciones tras las cuales ninguna de las muchachas —el poder de persuasión de Louise era infalible— volvía a incomodar[29] a Albert Cromdale con el desagradable espectáculo de sus ruegos y lamentos. Huelga[30] decir que Albert desconocía el método empleado por Louise pero, sea como fuere,[31] contaba con su aprobación incondicional.

Sólo Louise Cromdale conocía el precio que pagaba a cambio de la inestimable felicidad de su esposo, precio que de ninguna manera juzgaba excesivo. Sólo Louise Cromdale sabía lo que encerraban las paredes, silenciosas y cómplices, de su habitación privada.

---

18. **empañaban** clouded
19. **congoja** distress, anguish
20. **no tuvo reparo alguno** had no hesitation
21. **Lo agobiaba** She burdened him
22. **ajeno** someone else's
23. **apesadumbraba** grieved
24. **depresiva** depressive (*i.e.*, given to depression)
25. **enojoso** annoying
26. **Compadecido** Feeling sorry for them
27. **sinfín** endless number
28. **comprensiva** understanding
29. **incomodar** to inconvenience, annoy
30. **Huelga (holgar)** It's needless
31. **sea como fuere** whatever it was

65 Ella era la única que visitaba los cadáveres pulcramente[32] embalsamados de aquellas muchachas antaño[33] desgraciadas a las que[34] ella, en su infinita generosidad y gracias a un cursillo[35] de taxidermia por correspondencia, había proporcionado el eterno descanso.

Cuando alguno de sus amigos mas ingenuos pedía a Louise y Albert Cromdale la fórmula secreta de su indestructible felicidad, éstos se encogían de hombros con una 70 sonrisa de infinita modestia pintada en los labios.

DESPUÉS DE LEER

A. Cuestionario

1. ¿De qué fama gozan Louise y Albert?
2. ¿Qué prueba extraordinaria hay del impacto de esta fama en las jóvenes parejas?
3. Dé un ejemplo de la envidia de algunos hacia el feliz matrimonio.
4. ¿Qué le confiesa Albert a su esposa, lo cual debe enfurecerla?
5. ¿Cómo se explica que Albert se enamora de las jóvenes?
6. ¿Cómo va Louise a solucionar el problema de su marido?
7. ¿Por cuál método ha podido silenciar Louise a las muchachas?
8. Al final sabemos el secreto de la habitación. Explíquelo.
9. El cuento se acaba con las mismas palabras que están escritas cerca del principio. ¿Le parece que esta sonrisa expresa más que la modestia?
10. ¿Es inesperado el final? ¿Lo encuentra Ud. macabro? ¿Humorístico? ¿Otra reacción?

B. Comprensión. Corrija usted las oraciones que son falsas.

1. El tema del cuento es la felicidad fantástica de esta pareja.
2. En realidad su felicidad no es sino artificio.
3. Este matrimonio nunca hace nada en secreto.
4. Louise espera la oportunidad de envenenar (*to poison*) a su marido por su infidelidad.
5. La primera amante de Albert es una muchacha sola y sin amigos.
6. Esta muchacha se da cuenta de su error y le deja plantado (*jilts him*).
7. Albert es un hombre extraordinariamente sensible al sufrimiento de otros.
8. Louise es una mujer débil que teme confrontar un problema grave.
9. Las amantes de Albert dejan de incomodarle por la persuasión de Louise.
10. En realidad Louise se libra de las muchachas por un método infalible y duradero.

---

32. **pulcramente** neatly
33. **antaño** long ago, formerly
34. **a las que** whom (object of *proporcionar*, to furnish)

35. **cursillo** short course

REPASO GRAMATICAL

A brief review of relative pronouns

A relative pronoun (*who, which, whom,* etc.) is used to join (relate) the subordinate clause it introduces to a preceding noun or pronoun to which it refers.

1. Que is the most frequently used relative pronoun. It is used as a subject or object of a verb and refers to both persons and things. Unlike popular English usage, in Spanish the preposition cannot remain removed from the relative pronoun.

Louise es la mujer que ayuda a su esposo.	*Louise is the woman who helps her husband.*
¿De qué estás hablando?	*What are you talking about?*

2. Quien (quienes) refers only to persons.

Es una mujer en quien tengo confianza.	*She is a woman whom I trust.*

When **quien** is the direct object of a verb, it must be preceded by the personal **a; que** does not require the **a.**

Son dos casados a quienes (que) todos admiran.	*They're a married couple whom everyone admires.*

3. El que, la que, los que, las que

El que, etc., means *he who, she who, the one who, those who.*

Dé el dinero al que (a la que) está sentado (a).	*Give the money to the one who is seated.*
Los que no creen que son felices están locos.	*Those who don't believe they are happy are crazy.*

4. El cual, la cual, los cuales, las cuales

El cual and **el que,** etc., are substituted for **quien** and **que** in order to avoid ambiguity.

La esposa de Albert, la cual (la que) es sumamente feliz, tiene una habitación secreta.	*Albert's wife, who is extremely happy, has a secret room.*

El cual and **el que,** etc., referring to persons and things, are required instead of **que** or **quien** after long (two or more syllables) prepositions.

Una hora pasó, durante la cual (la que) fumó cuatro cigarrillos.	*An hour went by, during which he smoked four cigarettes.*

However, the short prepositions **por, sin,** and **tras** are also followed by the long forms (normally **el cual**) and not **que** to refer to things.

Se me olvidaron las llaves, sin las cuales estoy perdido.	*I forgot my keys, without which I'm lost.*

5. Lo que and lo cual

Both **lo que** and **lo cual** may be used as the equivalent of *which* when referring back to a whole idea and not to a specific noun.

Salió sin su abrigo, lo que (lo cual) **me preocupa.**	*She left without her coat, which* *worries me.*

However, **lo que** (and not **lo cual**) is the equivalent of the English relative pronoun *what = that which.*

Lo que dices me sorprende.	*What you say surprises me.*
No sé lo que Louise hace en su **habitación.**	*I don't know what Louise does in* *her room.*

6. Cuyo (cuya, cuyos, cuyas)

The relative possessive adjective **cuyo**, *whose*, precedes the noun it modifies and agrees with it in gender and number (masculine or feminine, singular or plural). Do not confuse it with **¿de quién?** meaning *whose?* in a direct or indirect question.

Me casé con una chica cuyos padres **me odian.**	*I married a girl whose parents* *hate me.*
¿De quién son estas joyas?	*Whose jewels are these?*
Me preguntó de quién son estas **joyas.**	*He asked me whose jewels these* *are.*

C. Una usted las dos frases con un pronombre relativo.

Modelos:

Éste es el traje. Lo voy a comprar.	*Éste es el traje que voy a comprar.*
Viven en una casa grande. Detrás de **ella está el mar.**	*Viven en una casa grande detrás de la* *cual está el mar.*

1. Es el médico. Lo necesito.
2. He perdido mis gafas. No puedo leer sin ellas.
3. Es el hermano de mi madre. Aquél viene a vernos hoy.
4. Albert se enamora de muchachas jóvenes y solas. Esto no le gusta a Louise.
5. Tenemos una buena enciclopedia. Estoy perdido sin ella.
6. Ésta es mi novia. Hablo de ella día y noche.
7. Mi profesora de historia es mi favorita. Su esposo, sin embargo, no es muy simpático.
8. Louise y Albert gozan de una felicidad extraordinaria. Yo tengo envidia de esa felicidad.
9. Es lástima que las paredes no hablen. Hay cosas raras que suceden detrás de ellas.
10. La felicidad de Albert es lo más importante para Louise. Ella daría su vida por su felicidad.

D. Traduzca usted los pronombres relativos entre paréntesis.

1. (What) _____ Louise propone es imposible.
2. La muchacha (whom) _____ ves es la amante de Albert.
3. La joven pareja desea una felicidad como (that) _____ une a Louise y Albert.
4. La gramática (that) _____ estudio es difícil.
5. La habitación, (without which) _____ no habría solución, sirve bien a Louise.
6. ¿Serán castigados (those who) _____ cometen asesinatos?
7. Albert se entregó a un sinfín de relaciones amorosas, al término de (which) _____ la colaboración de Louise resultaba de gran valor.
8. Cuando Louise pidió una habitación particular, Albert no hizo objeción a (what) _____ pareció ser un deseo razonable.
9. Los envidiosos de su felicidad, (who) _____ existen aquí y en todas partes, les desean mala suerte.
10. Louise y Albert, para (whom) _____ la felicidad es importante, han ganado la admiración de los demás.

6

Adolfo Bioy Casares

1914 – 1999

Bioy Casares es uno de los primeros escritores responsables por el surgimiento de las letras latinoamericanas en la literatura mundial. Nació en Buenos Aires de una familia rica, lo que le permitió viajar a Europa y a los Estados Unidos desde una edad temprana. Inició su carrera literaria con novelas y cuentos, pero fue con su novela *La invención de Morel* (1940), cuya trama Borges calificó de "perfecta", que Bioy se dio a conocer en la escena literaria. Cincuenta años más tarde Bioy fue honrado con el prestigioso Premio Cervantes.

En 1932, gracias a Victoria Ocampo, distinguida escritora y figura influyente en la vida cultural de Argentina, él llegó a conocer a Borges, con quien estableció una amistad íntima, y con quien colaboró en varios proyectos literarios. Y también por Victoria, Bioy conoció y luego se casó con la hermana de ésta, Silvina Ocampo. Las obras de Bioy Casares incluyen siete novelas, muchas colecciones de cuentos y de ensayos y artículos misceláneos, además de una novela policial escrita con su esposa.

La complejidad de amor es uno de los temas predominantes en la mayoría de sus cuentos, demostrado, por ejemplo, en su colección *Historias de Amor* (1972), de la cual sigue el cuento "Una aventura". En él, una mujer casada, mientras que está de vacaciones, conoce a un señor guapo y rico, quien cae locamente enamorado de ella. Su dilema: quedarse con su esposo o casarse con el amante.

Una aventura

Creo que fue Mildred quien descubrió el mejor lugar para tomar el té. Ahora me acuerdo: era de tarde, caminábamos por el vasto y abandonado parque de Marly, me cansé inopinadamente,[1] sentí que la sangre se me enfriaba en las venas y dije, en tono de broma, que una taza de té sería providencial.[2] Mildred gritó, y señaló algo por encima de mi hombro. Me volví. Yo debía de estar muy débil, porque me incliné[3] a pensar que por voluntad de mi amiga había surgido,[4] en ese momento, en pleno bosque, el pabellón de La Trianette. Instantes después una muchacha, llamada Solange, nos condujo hasta nuestra mesa, en un jardín minuciosamente florido, encuadrado[5] en un muro bajo, descascarado, cubierto de hiedra, que parecía muy antiguo. Había poca gente. En una mesa próxima conversaban una señora, rodeada de niños, y un cura. Por una de las ventanas de los cuartos de arriba se asomaba[6] una pareja abrazada, que miraba lánguidamente a lo lejos. Fue aquél uno de esos momentos en que la extrema belleza de la luz de la tarde glorifica todas las cosas y en los que un misterioso poder nos mueve a las confidencias. Mildred, con una vehemencia que me divertía, hablaba de Interlaken y de lo feliz que había sido allí. Afirmaba:

—Nunca vi tantos hombres guapos. Quizás no fueran sutiles ni complejos,[7] pero eran gente más limpia, de alma y de cuerpo, que los escritores. Yo les digo a mis amigas: Cuídense de los escritores. Son como los sentimentales que define —¿lo recuerdas?— el tonto de Joyce.[8] No había escritores en Interlaken: tal vez por eso el aire era tan puro. Pasábamos el día afuera, en la nieve, al sol, y volvíamos a beber tazones[9] de humeante Glühwein, a comer junto al fuego donde crepitaban troncos de pino.[10] Bailábamos todas las noches. Si te dijera que una vez me besaron, mentiría. Tú no lo creerás ni los comprenderás: la gente era limpia de espíritu.

A ella la cortejaba[11] Tulio, el más guapo de todos. Respetuoso y enamorado, se resignaba a las negativas[12] y hallaba consuelo describiendo las fiestas que ofrecería para que los amigos la conocieran, si ella condescendía a bajar a Roma. Mildred volvió a Londres, al hogar y al marido. ¡Cómo la recibieron! Diríase que para el color del rostro del marido las vacaciones de Mildred en Interlaken resultaron perjudiciales.[13] Nunca lo vio tan pálido, ni tan enclenque,[14] ni tan colérico, ni tan preocupado con problemas pequeños.

1. **inopinadamente** suddenly
2. **providencial** heavenly
3. **me incliné** I was tempted
4. **había surgido** (the café) had sprung up
5. **encuadrado... descascarado** shut in by a low, peeling wall
6. **se asomaba** could be seen
7. **no fueran sutiles ni complejos** they may not have been subtle or complex
8. **los sentimentales... Joyce** the romantics that stupid Joyce describes
9. **tazones de humeante** big mugs of steaming
10. **donde crepitaban troncos de pino** of crackling pine logs
11. **cortejar** to court
12. **las negativas** her refusals
13. **perjudiciales** harmful (for him)
14. **enclenque** sickly

30   Una cuenta impaga había enmudecido el teléfono.[15] No sé qué percance[16] de un flotante había dejado las cañerías sin agua. La cocinera se había incomodado[17] con la criada y ambas habían abandonado la casa. El marido formuló brevemente la pregunta "¿Cómo te fue?", para en seguida animarse con otras: ¿Ella creía que eran millonarios? Gastaron tantas libras y tantos chelines en leña.[18] ¿La pesaron[19]? Y tantas libras en el mercado. La

35   cocinera llevaba todas las noches envoltorios repelentes.[20] ¿Alguien exigió alguna vez que mostrara el contenido? Por cierto, no. Sin embargo, aun los países más atrasados fijan controles en la frontera. ¿Quién no tuvo, en la aduana, alguna experiencia desagradable? Nuestra cocinera, por lo visto. ¿Qué comería él esa noche? No importaba que él comiera o no; importaba que trabajara en las pruebas de Gollancz, pródigas en erratas,[21] y que

40   pagara las cuentas. Sobre todo, que pagara las cuentas. ¿Tres vestidos largos y una capita de colas de astracán,[22] eran indispensables? ¿Ella creía que si no hablaba de las cuentas y las dejaba para que él las pagara mientras en Interlaken se acumulaban otras, todo se olvidaría? Nada se olvidó. El monólogo concluyó en portazos[23] y a la tarde Mildred visitó la compañía de aviación y las oficinas del telégrafo. A la mañana siguiente partió para Roma.

45   En el aeródromo la esperaba Tulio. Con ropa de ciudad parecía otra persona; era notable la rapidez con que había perdido el tinte bronceado.[24] Mientras los funcionarios trataban de valijas y de pasaportes, Tulio inquirió:

—¿Cómo van los trámites del divorcio[25]?

—No hice nada, no pensé en eso.

50   —No volverás a tu marido —prometió Tulio, con firme ternura—. Pondremos todo en manos de un abogado de mi familia. Obrará en el acto.[26] Nos casaremos cuanto antes. Hoy mismo te llevaré a nuestra propiedad de campo.

Algo debió ocurrir en la expresión de Mildred, porque Tulio aclaró rápidamente:

—En la propiedad de campo, muy cercana a Roma, más allá del lago Albano, a unos

55   cuarenta minutos, a treinta y cinco en mi nuevo Lancia, a treinta y dos, vivirás en ambiente hogareño,[27] junto a buena parte de la familia de tu amado: la *mamma*,[28] el *babbo*, el *nonno*, *sorellas* y *fratelli*, que van y vienen, la *cugina carnale*, Antonietta Loquenzi, que está firme,[29] por así decirlo, la *zia* Antonia, y la alegre banda de *nipoti*.

Cargaron las valijas y Mildred subió en el automóvil.

60   —¿No miras la joya mecánica? ¿no felicitas al feliz propietario? —inquirió Tulio, fingiéndose ofendido—. Te ruego que me des tu aprobación.

---

15. **cuenta impaga... teléfono** an unpaid bill had silenced the telephone
16. **No sé qué percance... sin agua** I don't know what accident with a plunger had left the pipes dry
17. **se había incomodado** had quarreled
18. **Gastaron... leña** they spent so many pounds and shillings on firewood
19. **¿La pesaron?** Did that mean anything to her?
20. **envoltorios repelentes** disgusting packages
21. **pruebas... erratas** the proofs, full of errors

22. **una capita... astracán** a cape of Astrakhan (*city in former USSR*) tails
23. **portazos** slamming of doors
24. **el tinte bronceado** his tan
25. **trámites del divorcio** divorce proceeding
26. **Obrará en el acto.** He'll get going right away.
27. **vivirás... hogareño** you'll feel right at home
28. **mamma,** etc. Mom, dad, grandpa, sisters and brothers, first cousin, aunt, nephews and nieces
29. **que está firme** who is a fixture

Como le abrieron la puerta, Mildred bajó.

—Está muy nuevo —dijo, y volvió a subir.

Tulio, mientras manejaba, precisaba pormenores técnicos: sistema de cambios, caballos de fuerza, kilómetros por hora.[30] Al rato interrogó:

—Dime una cosa, mi amada ¿qué te decidió a venir a Roma?

Aunque la cuestión era previsible, se encontró poco preparada para responder. La verdad es lo mejor, se dijo; pero la verdad ¿no suponía ser[31] desleal con uno y descortés con otro? En ese instante, un automóvil los pasó; Tulio sólo pensó en alcanzarlo y dejarlo atrás. Mildred reflexionó que debía agradecer el respiro que le daban; sin embargo, estaba un poco resentida.[32] Cuando dejaron atrás al otro automóvil, Tulio, sonriendo, exclamó:

—¡Convéncete! ¡No hay rival! ¡Este es el automóvil de la juventud deportiva!

Hubo un largo silencio. Tulio preguntó:

—¿De qué hablábamos?

—No sé —contestó ella, brevemente.

Mientras buscaba una respuesta —porque Tulio insistía— advirtió que estaban cerca del lago Albano y que no faltaría mucho para llegar a la propiedad donde esperaba la familia. Bajando los ojos, murmuró:

—Yo prefiero que hoy no me lleves a tu casa. Les dices que llego, tal vez, mañana, que no llegué.

Bruscamente, Tulio detuvo el automóvil.

—Y... —balbuceó,[33] mirándola— ¿pasarás la noche conmigo en Roma?

—Es claro.

—Gracias, gracias —prorrumpió él, besándole las manos.

Sin entender el fenómeno, Mildred notó que las manos se le mojaban.[34] Cuando comprendió que Tulio estaba llorando, se dijo que ella debía conmoverse y le dio el primer beso cariñoso.

Con evoluciones[35] espectaculares, casi temerarias, emprendieron el regreso, rumbo a Roma.

—Iremos a un restaurante donde nadie nos vea —afirmó Tulio, recuperando, luego de enjugadas las lágrimas,[36] su agradable seguridad varonil.

El olor a comida los recibió en la calle y se espesó[37] en el interior de la fonda, que era bastante desaseada.[38]

Tulio habló por teléfono con la familia. Sentada a la mesa, lo esperaba Mildred, pensando: Debo agradecerle que me haya traído aquí. Quiere protegerme. No es como tantos otros que se divierten en exhibir a sus amigas. Ese gusto mío porque me exhiban[39] tiene

---

30. **precisaba...** pointed out technical details: the gear ratios, horsepower, kilometers per hour
31. **¿no suponía ser...?** wouldn't it result in her being . . . ?
32. **resentida** irritated
33. **balbuceó** he babbled
34. **las manos se le mojaban** her hands were getting wet

35. **evoluciones... temerarias** maneuvers . . . reckless
36. **luego de enjugadas las lágrimas** once the tears were dried
37. **se espesó** grew heavier
38. **fonda... desaseada** cheap café . . . grubby
39. **Ese... porque me exhiban** That fondness of mine for being shown off

mucho de vulgar. En cuanto a mi preferencia por el comedor blanco y dorado de cualquier hotel, sobre el *bistró* más encantador, es un capricho de malcriada.[40]

En la sobremesa,[41] Tulio conversó animadamente, como si quisiera postergar[42] algo.

—¿Vamos? —preguntó Mildred y recordó a las muchachas que en las calles de Londres
100   acosaban[43] a su marido.

—Es claro, vamos —convino Tulio, sin levantarse—. Vamos, pero ¿dónde?

—A un hotel —contestó Mildred, ocupada con los guantes y la cartera.

—¿A un hotel? ¿A un albergo[44]?

—Es claro. A un albergo.

105   —¿Y tu reputación?

—Esta noche no me importa mi reputación —declaró Mildred, tratando de mostrarse contenta.

Como reparó que Tulio quería besarle las manos, se quitó los guantes; pero cuando pensó que su amigo nuevamente lloraría de gratitud, le dijo, para distraerlo y también para
110   que no se repitiera con el hotel la experiencia del restaurante:

—Quiero que me lleves al mejor hotel de Roma. Al más tradicional, al más lujoso, al más caro. Al Grand Hotel.

—¡Al Grand Hotel! —exclamó Tulio, como si el entusiasmo lo inflamara; en seguida inquirió—. ¿Qué dirán, si se enteran, mis relaciones? ¿Qué dirán de mi futura esposa, la
115   nobleza blanca y la nobleza negra?

—Si nos casamos —respondió Mildred— todo quedará en orden y si no nos casamos, pronto me olvidarán.

—¡Nos casaremos! —prometió Tulio.

En el Grand Hotel, porque Tulio no pidió cuartos contiguos, Mildred se disgustó y se
120   contuvo apenas[45] de intervenir en el diálogo con el señor del *jaquet* negro. Subieron al primer piso. El señor del *jaquet* los condujo por anchos corredores hasta unas habitaciones amplias, muy hermosas, con vista a la plaza de la Esedra y a las termas de Diocleciano.[46] El mismo señor abrió la puerta que comunicaba un departamento con otro. Por fin quedaron solos. Se asomaron a una ventana. La belleza de Roma la conmovió y de pronto se sintió
125   feliz. Con mano segura, Tulio la llevó hacia el interior de la habitación. Aquella primera y acaso única infidelidad de Mildred a su marido fue delicadamente breve. Después del amor, Tulio se durmió como un niño, se dijo Mildred, como un ángel, quiso pensar. ¿Y ahora por qué la invadía esa congoja[47]? Procuró ahuyentarla[48]: ¿No estaba en Italia, con su amante? ¿Algo mejor podía anhelar? Si ella siempre se había entendido[49] con los italianos,

---

40. **es un capricho de malcriada** is a perverse whim
41. **en la sobremesa** over dessert
42. **postergar** to put off, to postpone
43. **acosar** to pursue
44. **albergo** hotel, inn, lodging
45. **se disgustó... apenas** felt annoyed and could hardly keep herself from

46. **las termas de Diocleciano** the baths of Diocletian
47. **congoja** anguish, dismay
48. **Procuró ahuyentarla** She tried to drive it away
49. **se había entendido con** had gotten along with

pueblo hospitalario e inteligente, que vive en la claridad de la belleza ¿cómo no se enten- *130*
dería con Tulio? Trató de dormir y lo consiguió. Las emociones del día la hundieron en un
sueño profundo, que duró poco. Al despertar se creyó en la casa de Londres, junto al
marido. Entrevió de repente una duda que la asustó.[50] Examinó las tinieblas y halló ano-
malías en el cuarto. Con angustia se preguntó dónde estaba. Cuando recordó todo, echó a
temblar. El hermoso cuarto del hotel le pareció monstruoso y el hermoso muchacho que *135*
dormía a su lado le pareció un extraño. "Algo atroz" dijo Mildred. "Un cocodrilo. Como si
yo estuviera en cama con un cocodrilo. Te aseguro que le vi la piel áspera y rugosa[51] y que
tenía olor a pantanos."[52] Comprendió que no podía seguir allí un instante más. Con ex-
tremas precauciones, para no despertar a Tulio, salió de la cama, recogió la dispersa ropa y,
en el otro cuarto, se vistió. Dejó una nota, que decía: *Por favor, manda las valijas a Londres.* *140*
Perdona, si puedes. Huyó por los corredores, bajó la escalera; con visible aplomo[53] cruzó
ante el único portero y, por fin, salió a la noche. Corriendo, en la medida que lo permitían
los tacos,[54] volviendo la mirada hacia atrás, llegó a la estación, que no queda lejos. Cambió
libras por liras; compró un boleto para Londres, vía París, Calais y Dover; con miedo de
que apareciera Tulio, esperó hasta las cinco de la mañana, que era la hora de la partida. *145*
Cuando el tren se movió, Mildred, muy silenciosa, empezó a llorar; sin embargo, estaba
feliz. Como si un escrúpulo la obligara, reconoció[55]: "Nunca he sido tan feliz después de
cumplir una buena acción". Desde luego, la frase es ambigua.

DESPUÉS DE LEER

A. Cuestionario

1. ¿Qué movió a Mildred a relatar su "aventura"?
2. ¿Se fue ella a Interlaken a buscar un amante? Según ella, ¿cómo son los hombres allí?
3. Al volver Mildred a su casa en Londres, ¿cómo es recibida por su marido? ¿Por qué?
4. ¿Cuánto tiempo se quedó ella en su casa? ¿Por qué?
5. ¿Quién la esperaba en el aeropuerto de Roma?
6. ¿Cómo caracterizaría usted a Tulio? ¿Qué aspecto o acciones de Tulio encuentra Ud. humorísticos?
7. ¿Por qué se ha decidido Mildred a pasar la noche con Tulio?
8. ¿Cómo se siente ella tras su única infidelidad?
9. Al despertar de un sueño corto, ¿cómo le parece a ella Tulio?
10. Con rumbo a su casa en Londres, Mildred empezó a llorar; sin embargo, estaba feliz. ¿Cómo se explica esta ambigüedad?

---

50. **Entrevió... asustó** Suddenly a glimmer of doubt alarmed her
51. **áspera y rugosa** rough and wrinkled
52. **pantanos** swamps
53. **visible aplomo** studied nonchalance
54. **en la medida... los tacos** to the extent that her high heels would allow
55. **la obligara, reconoció** compelled her, she admitted

B. Llene usted los espacios en blanco con una palabra apropiada o frase apropiada de la siguiente lista.

la compañía de aviación	cuanto antes	mi reputación
monstruoso	infidelidad	en exhibir
el pabellón de Trianette	limpia de espíritu	la cortejaba Tulio
desleal y descortés	cocodrilo	besándole las manos
se quitó los guantes		

1. Yo pensé que por voluntad de mi amiga había surgido, en pleno bosque, _____.
2. Nunca vi tantos hombres guapos. Tú no lo creerás: la gente era _____.
3. A ella _____, el más guapo de todos.
4. El monólogo concluyó en portazos y a la tarde Mildred visitó _____.
5. —No volverás a tu marido— prometió Tulio. Nos casaremos _____.
6. —¿Qué te decidió a venir a Roma? Mildred se encontró poco preparada para responder. La verdad es que sería _____ con uno y _____ con otro.
7. —y... balbuceó Tulio— ¿Pasarás la noche conmigo en Roma? Gracias, gracias— prorrumpió él, _____.
8. Sentada a la mesa, Mildred esperaba a Tulio, pensando: No es como tantos otros que se divierten _____ a sus amigas.
9. —Esta noche no me importa _____ —declaró Mildred, tratando de mostrarse contenta.
10. Como ella reparó que Tulio quería besarle las manos, _____.
11. Aquella primera y acaso única _____ de Mildred a su marido fue delicadamente breve.
12. Cuando ella recordó todo, echó a temblar. El hermoso cuarto del hotel le pareció _____ y el hermoso muchacho un _____.

REPASO GRAMATICAL

The imperative

Examples:

Cuídense de los escritores.	*Watch out for writers.*
Dime una cosa.	*Tell me something.*
¡Convéncete! ¡No hay rival!	*Be convinced! There's none like it!*

Formation: a brief review. The formal or polite (**usted**) commands, both affirmative and negative, use the corresponding form of the present subjunctive.

Abra usted la puerta. No la abra usted.
Siéntense ustedes. No me digan ustedes.

In familiar (**tú**) commands, the affirmative singular is the same as the third person singular of the present indicative of all verbs except those listed below.

> **Abre (tú) la puerta.**
> **Siéntate aquí.**

Exceptions:

decir: di	salir: sal
hacer: haz	ser: sé
ir: ve	tener: ten
poner: pon	venir: ven
Dime una cosa. (*above*)	
Ten calma, Mildred.	

For the *negative* familiar command, however, the second person subjunctive is used.

> **No digas esas cosas.**   *Don't say those things.*
> **No comáis (vosotros) tan de prisa.**   *Don't eat so fast.*

The affirmative familiar plural (**vosotros**) is formed by changing the final **r** of the infinitive to **d**. (In most of Spanish America the polite commands with **ustedes** are normally used for these forms in familiar plural address.)

> **hablad, poned, id, comed,** etc.

In the case of reflexive verbs, the final **d** is dropped before **os** in all verbs except **ir** (**idos**). Verbs ending in **ir** require a written accent on the last **i**.

> **Levantaos.**   *Get up.*
> **Sentaos.**   *Sit down.*
> **Vestíos.**   *Get dressed.*

The second person plural subjunctive is used in the negative of this command.

> **No os levantéis.**   *Don't get up.*
> **No os vistáis.**   *Do not get dressed.*

The first person plural command (*let's, let us*) is expressed by the first person plural of the present subjunctive.

> **Entremos ahora.**   *Let's go in now.*
> **No lo dejemos allí.**   *Let's not leave it there.*
> **Vamos a casa.**   *Let's go home.*

Note that **vamos**, and not **vayamos**, is used for the positive *let's go*. However, **vayamos** must be used in the negative. When the reflexive pronoun **nos** is attached to the affirmative command, the final **s** is dropped from the verb. A written accent is added to retain the original stress.

> **Sentémonos (Sentemos nos).**   *Let's sit down.*
> **Levantémonos temprano.**   *Let's get up early.*

Let's is also expressed by **vamos a** + the infinitive, but only in the affirmative.

Vamos a sentarnos aquí.	*Let's sit down here.*
No nos sentemos aquí.	*Let's not sit down here.*

C. Traduzca usted al español los imperativos entre paréntesis.

1. (**dar un paseo**) (*Let's take a walk*) en el parque, Mildred.
2. (**sentarse**) (*Don't sit*) en este banco.
3. (**tener**) (*Have*) la bondad de escribirme.
4. (**Perdonar**) (*Pardon*), señora, mi intrusión.
5. (**levantarse**) (*Let's not get up*) tan temprano mañana.
6. (**ir**) (*Go*) con Dios, mi querida.
7. (**decir**) (*Tell*) a su familia que no he llegado todavía.
8. (**besar**) No me (*kiss*) las manos, Tulio.
9. (**traer**) (*Bring me*) algo de beber.
10. (**negar**) La culpa es mía, Tulio; (*don't deny it*).

D. Traduzca usted, empleando el imperativo de la segunda persona.

1. Estás engañándome, Mildred, (*don't say*) esas cosas.
2. (*Come*) acá. ¿Cómo te sientes?
3. (**ocultar**) ¿Qué hacías en Interlaken? (*Don't hide it from me.*)
4. (*Have*) calma, Mildred. (**culparse**) (*Don't blame yourself.*)
5. Mis queridos amigos, (*sit down*) cerca de mí.
6. Mildred, (*go*) a descansar un rato.
7. Hijos, (*get dressed*) antes de que vuelva vuestro papá.
8. Tulio, (*don't continue*) besándome los guantes.
9. (**acostarse**) Hijos, (*don't go to bed*) todavía.
10. Carmen y José, (*go out*) por la puerta de atrás.

7

Gregorio López y Fuentes

1897 – 1967

Desde niño López y Fuentes llegó a conocer bien a los campesinos e indios que frecuentaban la tienda de su padre en un pueblo de Veracruz, México. Luego, siendo un hombre joven, los conoció aun mejor cuando participó en la Revolución Mexicana de 1910. Como resultado, López y Fuentes escribía con frecuencia de los problemas sociales y humanos de esos campesinos en novelas como *Campamento* (1931) y *El indio* (1935), que fue el primer libro que ganó el Premio Nacional de México para la literatura. Es una historia conmovedora de la explotación del indio por el hombre blanco tras la Revolución. La Revolución sirvió de tema frecuente en la obra de López y Fuentes, como *Tierra*, una de sus novelas mejor conocidas, que es la historia novelesca del líder revolucionario Emilio Zapata y sus partidarios.

Los cuentos y las novelas de López y Fuentes presentan un panorama fiel del México del siglo XX. Su conocimiento de la vida y las costumbres de los indios y campesinos se ve en el siguiente cuento, "Una carta a Dios", el cual es sin duda uno de los cuentos más leídos y admirados de la lengua española. Su popularidad se debe a su humor e ironía, y al excelente cuadro de un campesino humilde cuya fe se enfrenta a una naturaleza hostil.

Una carta a Dios

La casa —única en todo el valle— estaba subida en uno de esos cerros truncados[1] que, a manera de pirámides rudimentarias, dejaron algunas tribus[2] al continuar sus peregrinaciones... Entre las matas del maíz, el frijol[3] con su florecilla morada,[4] promesa inequívoca de una buena cosecha.

Lo único que estaba haciendo falta a[5] la tierra era una lluvia, cuando menos un fuerte aguacero,[6] de esos que forman charcos entre los surcos.[7] Dudar de que llovería hubiera sido lo mismo que dejar de creer en la experiencia de quienes,[8] por tradición, enseñaron a sembrar[9] en determinado día del año.

Durante la mañana, Lencho —conocedor del campo, apegado a[10] las viejas costumbres y creyente a puño cerrado[11]— no había hecho más que examinar el cielo por el rumbo del[12] noreste.

—Ahora sí que se viene el agua,[13] vieja.

Y la vieja, que preparaba la comida, le respondió:

—Dios lo quiera.

Los muchachos más grandes limpiaban de hierba la siembra,[14] mientras que los más pequeños correteaban cerca de la casa, hasta que la mujer les gritó a todos:

—Vengan que les voy a dar en la boca[15]...

Fue en el curso de la comida cuando, como lo había asegurado Lencho, comenzaron a caer gruesas gotas de lluvia.

Por el noreste se veían avanzar grandes montañas de nubes. El aire olía a jarro nuevo.[16]

—Hagan de cuenta,[17] muchachos —exclamaba el hombre mientras sentía la fruición de mojarse[18] con el pretexto de recoger algunos enseres[19] olvidados sobre una cerca de piedra[20]—, que no son gotas de agua las que están cayendo: son monedas nuevas: las gotas grandes son de a diez[21] y las gotas chicas son de a cinco...

Y dejaba pasear sus ojos satisfechos por la milpa a punto de jilotear,[22] adornada con las hileras frondosas del frijol,[23] y entonces toda ella cubierta por la transparente cortina de la lluvia. Pero, de pronto, comenzó a soplar un fuerte viento y con las gotas de agua

1. **subida... cerros truncados** built on one of those low hills
2. **tribus** tribes (subject of *dejaron*)
3. **matas... el frijol** stalks of corn, the bean
4. **morada** purple
5. **hacer falta a** to be lacking, to need
6. **fuerte aguacero** a heavy shower
7. **charcos entre los surcos** puddles in the ruts
8. **quienes** those who
9. **enseñaron a sembrar** always seeded
10. **apegado a** fond of, attached to
11. **creyente a puño cerrado** a firm believer
12. **por el rumbo del** in the direction of
13. **Ahora... agua** Now it's really going to rain
14. **limpiaban de hierba la siembra** were weeding out the sown field
15. **dar en la boca** to feed
16. **olía a jarro nuevo** smelled of fresh wine
17. **Hagan de cuenta** Just imagine
18. **la fruición de mojarse** the enjoyment of getting wet
19. **enseres** implements
20. **cerca de piedra** stone fence
21. **son de a diez** are ten-centavo coins
22. **milpa... jilotear** cornfield ready to yield
23. **hileras... frijol** leafy rows of beans

comenzaron a caer granizos tan grandes como bellotas.[24] Ésos sí que parecían monedas de plata nueva. Los muchachos, exponiéndose a la lluvia, correteaban y recogían las perlas heladas de mayor tamaño.

—Esto sí que está muy mal —exclamaba mortificado el hombre—; ojalá que pase pronto...

No pasó pronto. Durante una hora, el granizo apedreó[25] la casa, la huerta, el monte, y todo el valle. El campo estaba tan blanco que parecía una salina.[26] Los árboles, deshojados. El maíz, hecho pedazos. El frijol, sin una flor. Lencho, con el alma llena de tribulaciones. Pasada la tormenta, en medio de los surcos, decía a sus hijos:

—Más hubiera dejado una nube de langosta[27]... El granizo no ha dejado nada: ni una sola mata de maíz dará una mazorca, ni una mata de frijol dará una vaina[28]...

La noche fue de lamentaciones:

—¡Todo nuestro trabajo, perdido!

—¡Y ni a quién acudir![29]

—Este año pasaremos hambre...

Pero muy en el fondo espiritual de cuantos convivían[30] bajo aquella casa solitaria en mitad del valle, había una esperanza: la ayuda de Dios.

—No te mortifiques tanto, aunque el mal es muy grande. ¡Recuerda que nadie se muere de hambre!

—Eso dicen: nadie se muere de hambre...

Y mientras llegaba el amanecer, Lencho pensó mucho en lo que había visto en la iglesia del pueblo los domingos: un triángulo y dentro del triángulo un ojo, un ojo que parecía muy grande, un ojo que, según le habían explicado, lo mira todo, hasta lo que está en el fondo de las conciencias.

Lencho era hombre rudo[31] y él mismo solía decir que el campo embrutece,[32] pero no lo era tanto que no supiera escribir.[33] Ya con la luz del día y aprovechando la circunstancia de que era domingo, después de haberse afirmado en su idea de que sí hay quien vele por todos,[34] se puso a escribir una carta que él mismo llevaría al pueblo para echarla al correo.

Era nada menos que una carta a Dios.

"Dios —escribió—, si no me ayudas pasaré hambre con todos los míos, durante este año: necesito cien pesos para volver a sembrar y vivir mientras viene la otra cosecha, pues el granizo..."

Rotuló el sobre[35] "A Dios", metió el pliego[36] y, aún preocupado, se dirigió al pueblo. Ya en la oficina de correos, le puso un timbre a la carta y echó ésta en el buzón.

Un empleado, que era cartero y todo en la oficina de correos, llegó riendo con toda la boca[37] ante su jefe: le mostraba nada menos que la carta dirigida a Dios. Nunca en su existencia de repartidor[38] había conocido ese domicilio. El jefe de la oficina —gordo y bonachón[39]— también se puso a reír, pero bien pronto se le plegó el entrecejo[40] y, mientras daba golpecitos en su mesa con la carta, comentaba:

—¡La fe! ¡Quién tuviera[41] la fe de quien escribió esta carta! ¡Creer como él cree! ¡Esperar con la confianza con que él sabe esperar! ¡Sostener correspondencia[42] con Dios!

Y, para no defraudar aquel tesoro de fe, descubierto a través de una carta que no podía ser entregada, el jefe postal concibió una idea: contestar la carta. Pero una vez abierta, se vio que contestar necesitaba algo más que buena voluntad, tinta y papel. No por ello se dio por vencido:[43] exigió a su empleado una dádiva,[44] él puso parte de su sueldo y a varias personas les pidió su óbolo[45] "para una obra piadosa".

Fue imposible para él reunir los cien pesos solicitados por Lencho, y se conformó con[46] enviar al campesino cuando menos lo que había reunido: algo más que la mitad. Puso los billetes en un sobre dirigido a Lencho y con ellos un pliego que no tenía más que una palabra, a manera de firma: DIOS.

Al siguiente domingo Lencho llegó a preguntar, más temprano que de costumbre, si había alguna carta para él. Fue el mismo repartidor quien le hizo entrega de[47] la carta, mientras que el jefe, con la alegría de quien ha hecho una buena acción, espiaba a través de un vidrio raspado,[48] desde su despacho.[49] Lencho no mostró la menor sorpresa al ver los billetes —tanta era su seguridad—, pero hizo un gesto de cólera al contar el dinero... ¡Dios no podía haberse equivocado, ni negar lo que se le había pedido!

Inmediatamente, Lencho se acercó a la ventanilla para pedir papel y tinta. En la mesa destinada al público, se puso a escribir, arrugando mucho la frente[50] a causa del esfuerzo que hacía para dar forma legible a sus ideas. Al terminar, fue a pedir un timbre el cual mojó con la lengua y luego aseguró de un puñetazo.[51]

En cuanto la carta cayó al buzón, el jefe de correos fue a recogerla. Decía:

"Dios: Del dinero que te pedí, sólo llegaron a mis manos sesenta pesos. Mándame el resto, que me hace mucha falta; pero no me lo mandes por conducto de la oficina de correos,[52] porque los empleados son muy ladrones.[53] Lencho."

---

35. **rotuló el sobre** he addressed the envelope
36. **pliego** sheet of paper
37. **riendo... boca** laughing as hard as he could
38. **repartidor** sorter, distributor
39. **gordo y bonachón** fat and good-natured
40. **se le plegó el entrecejo** wrinkled his brow, frowned
41. **¡Quién tuviera...!** Would that I had . . . !
42. **¡Sostener correspondencia con...!** To correspond with . . . !
43. **No por ello... vencido** He didn't give up because of that

44. **exigió... dádiva** he demanded a gift of his employee
45. **óbolo** contribution
46. **se conformó con** he resigned himself to
47. **le hizo entrega de** delivered to him
48. **vidrio raspado** scratched glass
49. **despacho** office
50. **arrugando... frente** frowning
51. **aseguró de un puñetazo** he made it stick with a blow of his fist
52. **por conducto... correos** through the mail
53. **muy ladrones** a bunch of thieves

DESPUÉS DE LEER

A. Cuestionario

1. ¿Cómo se ganaba Lencho la vida? ¿Recibe un sueldo que le permita vivir bien?
2. ¿Qué tipo de hombre era Lencho?
3. ¿Se preocupa él por la falta de agua? ¿Por qué?
4. ¿Por qué la lluvia deja de ser una bendición para convertirse en una maldición?
5. ¿Por qué no pierden la esperanza?
6. ¿Adónde se dirige Lencho el domingo después de la misa? ¿Para qué?
7. ¿Qué escribe Lencho en su carta?
8. ¿Qué idea concibe el jefe de la oficina de correos? ¿Por qué?
9. ¿Qué se necesitaba para cumplir con la petición de Lencho?
10. ¿Se alegra Lencho al abrir la "respuesta de Dios"?
11. ¿En qué consiste la ironía de la respuesta de Lencho?
12. ¿Le parece a usted extraordinaria la fe de este campesino?

B. Reemplace las palabras en negrita con un equivalente apropiado de la siguiente lista.

cesar	ojalá	quien	todos los que
necesitar	considerarse	empezar	de nuevo

1. Lo que le **hacía falta** a la tierra era lluvia.
2. Se suele decir que **el que** vive en el campo es rudo.
3. Es imposible creer que Lencho **dejará de** tener fe en Dios.
4. En la mesa, Lencho **se puso** a escribir.
5. La fe de **cuantos** convivían bajo aquella casa era extraordinaria.
6. ¡**Quién** tuviera (*I wish I had*) la fe de aquel hombre!
7. Al ver el revólver, **se dio por** muerto.
8. Lencho necesita cien pesos para **volver a** sembrar.

REPASO GRAMATICAL

Lo + adjective or past participle

The neuter article **lo** is very frequently used with an adjective or a past participle to form a noun. Note the various ways of translating this construction.

Examples:

lo único que...   *the only thing that...*
lo mismo que...   *the same (thing) as...*

Other examples:

Devuelva lo robado.   *Return what was stolen.*
Lo mío es mío.   *What's mine is mine.*

No podemos hacer lo imposible.   *We can't do the impossible.*
Lo extraño es que no estudia mucho.   *The strange thing is that he doesn't study much.*

C. Traduzca usted las palabras entre paréntesis.

1. (*The difficult thing*) es tener fe.
2. Esa fue (*the best part*) del viaje.
3. (*What is learned*) no se olvida.
4. Es (*the only thing*) que sé.
5. Durmieron (*the little bit*) que les quedaba de la noche.
6. Esa no tiene nada que ver con (*what occurred*).
7. (*The boring* [**aburrido**] *thing*) de la clase son los exámenes.
8. (*The strange part* [**raro**]) de todo esto para Lencho es la respuesta de Dios.

D. Analice usted las siguientes expresiones y luego traduzca las frases.

echar (al correo)	*to mail*	oler a	*to smell of, like*
pasar hambre	*to go hungry*	pensar en	*to think of, about*
ni	*not even*	al + infinitive	*on (doing, etc.)*
cuando menos	*at least*	lo que	*what, that which*

1. The sad thing is that they will go hungry this year.
2. The post office smelled of paper and ink.
3. They laughed, but they sent Lencho at least what they had accumulated (**reunir**).
4. The funniest (**divertido**) thing was the letter Lencho mailed in the village.
5. All farmers suffer the same thing as Lencho.
6. Lencho thought a lot about what he had seen in the church.
7. Upon seeing only sixty pesos, Lencho considered himself cheated (**defraudado**).

8

José Donoso

1924 – 1996

La obra de José Donoso ha logrado un lugar de preeminencia en las letras hispanoamericanas del siglo XX. Era uno de los célebres escritores de las décadas de los sesenta y setenta (el periodo del "boom" en la literatura latinoamericana), con García Márquez, Cortázar, Vargas Llosa, Fuentes y otros.

Donoso nació en Santiago de Chile, y después de cursar la carrera de Pedagogía en inglés, obtuvo una beca para continuar sus estudios en los Estados Unidos. Se graduó de Princeton University y años después, en 1975, dio clases en aquella Universidad tan bien como en Dartmouth College.

En sus primeras publicaciones, Donoso cultivó el relato corto, y entre sus mejores colecciones se destaca *El Charleston* (1960). Logra mucho éxito también con sus novelas, y su obra más ambiciosa de este género es *El obsceno pájaro de la noche* (1970), una novela compleja y difícil. Otra novela, *Casa de Campo* (1978), se difiere de su obra anterior, siendo una alegoría política. Hay claras alusiones a la vida política durante el gobierno de Salvador Allende y el golpe militar de 1973. A partir de estos años, Donoso vive como escritor profesional, gozando de algunas becas como la Guggenheim (1968 y 1973), y como profesor visitante, sobre todo en Estados Unidos.

En los cuentos de Donoso los elementos misteriosos o mágicos se funden imperceptiblemente con la vida cotidiana. Así, el cuento que va a continuación, "Una señora", presenta la obsesión freudiana de un hombre neurótico que induce la muerte de una señora sólo por su propia voluntad. Es un buen ejemplo de la preocupación de Donoso con la realidad.

Una señora

NO RECUERDO CON certeza cuándo fue la primera vez que me di cuenta de su existencia. Pero si no me equivoco, fue cierta tarde de invierno en un tranvía que atravesaba un barrio popular.

Cuando me aburro de mi pieza[1] y de mis conversaciones habituales, suelo tomar algún
5 tranvía, cuyo recorrido desconozca y pasear así por la ciudad. Esa tarde llevaba un libro por si se me antojara leer,[2] pero no lo abrí. Estaba lloviendo esporádicamente y el tranvía avanzaba casi vacío. Me senté junto a una ventana, limpiando un boquete[3] en el vaho del vidrio para mirar las calles.

No recuerdo el momento exacto en que ella se sentó a mi lado. Pero cuando el tranvía
10 hizo alto en una esquina, me invadió aquella sensación tan corriente y, sin embargo, misteriosa, que cuanto veía,[4] el momento justo y sin importancia como era,[5] lo había vivido antes, o tal vez soñado. La escena me pareció la reproducción exacta de otra que me fuese conocida: delante de mí, un cuello rojizo vertía sus pliegues sobre una camisa deshilachada;[6] tres o cuatro personas dispersas ocupaban los asientos del tranvía; en la esquina
15 había una botica de barrio con su letrero luminoso, y un carabinero bostezó junto al buzón[7] rojo, en la oscuridad que cayó en pocos minutos. Además, vi una rodilla cubierta por un impermeable verde junto a mi rodilla.

Conocía la sensación, y más que turbarme me agradaba. Así, no me molesté en indagar[8] dentro de mi mente dónde y cómo sucediera[9] todo esto antes. Despaché la sensación
20 con una irónica sonrisa interior, limitándome a volver la mirada para ver lo que seguía de esa rodilla[10] cubierta con un impermeable verde.

Era una señora. Una señora que llevaba un paraguas mojado[11] en la mano y un sombrero funcional en la cabeza. Una de esas señoras cincuentonas, de las que hay por miles en esta ciudad: ni hermosa ni fea, ni pobre ni rica. Sus facciones regulares mostraban los
25 restos de una belleza banal. Sus cejas se juntaban[12] más de lo corriente sobre el arco de la nariz, lo que era el rasgo más distintivo de su rostro.

Hago esta descripción a la luz[13] de hechos posteriores, porque fue poco lo que de la señora observé entonces. Sonó el timbre, el tranvía partió haciendo desvanecerse[14] la escena conocida, y volví a mirar la calle por el boquete que limpiara en el vidrio. Los

---

1. **pieza** room
2. **por si... leer** in case I felt like reading
3. **limpiando un boquete** an opening in the fogged window
4. **cuanto veía** all that I saw
5. **el momento... era** however normal and unimportant a moment it was
6. **un cuello rojizo... deshilachada** the folds of a reddish neck fell over a frayed shirt
7. **buzón** mailbox
8. **indagar** to investigate, to search
9. **sucediera** had happened
10. **lo que seguía** what that knee was doing
11. **paraguas mojado** wet umbrella
12. **Sus cejas se juntaban** Her eyebrows met
13. **a la luz... posteriores** in light of later events
14. **desvanecerse** to disappear

faroles se encendieron. Un chiquillo salió de un despacho[15] con dos zanahorias[16] y un pan
en la mano. La hilera[17] de casas bajas se prolongaba a lo largo de la acera: ventana, puerta,
ventana, puerta, dos ventanas, mientras los zapateros, gasfíteres y verduleros[18] cerraban sus
comercios exiguos.

Iba tan distraído que no noté el momento en que mi compañera de asiento se bajó del
tranvía. ¿Cómo había de notarlo si después del instante en que la miré ya no volví a pen-
sar en ella?

No volví a pensar en ella hasta la noche siguiente.

Mi casa está situada en un barrio muy distinto a aquel por donde me llevara[19] el tran-
vía la tarde anterior. Hay árboles en las aceras[20] y las casas se ocultan a medias detrás de
rejas y matorrales.[21] Era bastante tarde, y yo estaba cansado, ya que pasara gran parte de la
noche charlando con amigos ante cervezas y tazas de café. Caminaba a mi casa con el
cuello del abrigo muy subido. Antes de atravesar una calle divisé[22] una figura que se me
antojó familiar, alejándose bajo la oscuridad de las ramas. Me detuve, observándola un in-
stante. Sí, era la mujer que iba junto a mí en el tranvía la tarde anterior. Cuando pasó bajo
un farol reconocí inmediatamente su impermeable verde. Hay miles de impermeables
verdes en esta ciudad, sin embargo no dudé de que se trataba del suyo, recordándola a
pesar de haberla visto sólo unos segundos en que nada de ella me impresionó. Crucé a la
otra acera. Esa noche me dormí sin pensar en la figura que se alejaba bajo los árboles por
la calle solitaria.

Una mañana de sol, dos días después, vi a la señora en una calle céntrica. El
movimiento de las doce estaba en su apogeo.[23] Las mujeres se detenían en las vidrieras[24]
para discutir la posible adquisición de un vestido o de una tela. Los hombres salían de sus
oficinas con documentos bajo el brazo. La reconocí de nuevo al verla pasar mezclada con
todo esto, aunque no iba vestida como en las veces anteriores. Me cruzó una ligera ex-
trañeza de por qué[25] su identidad no se había borrado de mi mente, confundiéndola con
el resto de los habitantes de la ciudad.

En adelante comencé a ver a la señora bastante seguido. La encontraba en todas partes
y a toda hora. Pero a veces pasaba una semana o más sin que la viera. Me asaltó la idea
melodramática de que quizás se ocupara en seguirme. Pero la deseché al constatar[26] que
ella, al contrario que yo, no me identificaba en medio de la multitud. A mí, en cambio, me
gustaba percibir su identidad entre tanto rostro desconocido. Me sentaba en un parque y

15. **despacho** store
16. **zanahorias** carrots
17. **hilera** row, line
18. **gasfíteres y verduleros... exiguos**
plumbers, grocers . . . tiny
19. **llevara** had taken me. *In literary style the
past perfect subjunctive is often used as the
past perfect indicative; it is common in this
story, e.g.,* **pasara,** I had spent.
20. **en las aceras** along the sidewalks

21. **rejas y matorrales** grillwork and bushes
22. **divisar** to make out; to spy, see
23. **en su apogeo** at its height, apogee
24. **las vidrieras... tela** shop windows . . .
material, fabric
25. **Me cruzó... de por qué** I thought it
somewhat strange that
26. **la deseché al constatar** I dismissed it
upon realizing

ella lo cruzaba llevando un bolsón con verduras.[27] Me detenía a comprar cigarrillos, y estaba ella pagando los suyos. Iba al cine, y allí estaba la señora, dos butacas más allá. No me miraba, pero yo me entretenía observándola. Tenía la boca más bien gruesa. Usaba un anillo[28] grande, bastante vulgar.

Poco a poco la comencé a buscar. El día no me parecía completo sin verla. Leyendo un libro, por ejemplo, me sorprendía haciendo conjeturas acerca de la señora en vez de concentrarme en lo escrito. La colocaba en situaciones imaginarias, en medio de objetos que yo desconocía. Principié a reunir datos[29] acerca de su persona, todos carentes[30] de importancia y significación. Le gustaba el color verde. Fumaba sólo cierta clase de cigarrillos. Ella hacía las compras para las comidas de su casa.

A veces sentía tal necesidad de verla, que abandonaba cuanto me tenía atareado[31] para salir en su busca. Y en algunas ocasiones la encontraba. Otras no, y volvía malhumorado a encerrarme en mi cuarto, no pudiendo pensar en otra cosa durante el resto de la noche.

Una tarde salí a caminar. Antes de volver a casa, cuando oscureció, me senté en el banco de una plaza. Sólo en esta ciudad existen plazas así. Pequeña y nueva, parecía un accidente en ese barrio utilitario,[32] ni próspero ni miserable. Los árboles eran raquíticos,[33] como si se hubieran negado a crecer, ofendidos al ser plantados en terreno tan pobre, en un sector tan opaco y anodino.[34] En una esquina, una fuente de soda aclaraba las figuras de tres muchachos que charlaban en medio del charco de luz.[35] Dentro de una pileta seca,[36] que al parecer nunca se terminó de construir, había ladrillos trizados, cáscaras[37] de fruta, papeles. Las parejas apenas conversaban en los bancos, como si la fealdad de la plaza no propiciara[38] mayor intimidad.

Por uno de los senderos[39] vi avanzar a la señora, del brazo de otra mujer. Hablaban con animación, caminando lentamente. Al pasar frente a mí, oí que la señora decía con tono acongojado[40]:

—¡Imposible!

La otra mujer pasó el brazo en torno a los hombros de la señora para consolarla. Circundando la pileta inconclusa se alejaron por otro sendero.

Inquieto, me puse de pie y eché a andar con la esperanza de encontrarlas, para preguntar a la señora qué había sucedido. Pero desaparecieron por las calles en que unas cuantas personas transitaban en pos[41] de los últimos menesteres del día.

No tuve paz la semana que siguió de este encuentro. Paseaba por la ciudad con la esperanza de que la señora se cruzara en mi camino, pero no la vi. Parecía haberse extinguido,

27. **un bolsón con verduras** bag full of groceries
28. **Usaba un anillo** she wore a ring
29. **reunir datos** put together facts
30. **carentes de** lacking
31. **cuanto me tenía atareado** everything I was doing
32. **utilitario** working class
33. **raquíticos** scrawny
34. **opaco y anodino** dull and unremarkable

35. **charco de luz** pool of light
36. **pileta seca** empty swimming pool
37. **ladrillos trizados, cáscaras** broken bricks, fruit peels
38. **no propiciara** was not conducive to
39. **senderos** paths
40. **acongojado** distressed, anguished
41. **transitaban en pos... día** moving about to complete the last errands of the day

y abandoné todos mis quehaceres,[42] porque ya no poseía la menor facultad de concen- *95* tración. Necesitaba verla pasar, nada más, para saber si el dolor de aquella tarde en la plaza continuaba. Frecuenté los sitios en que soliera divisarla, pensando detener a algunas personas que se me antojaban sus parientes o amigos para preguntarles por la señora. Pero no hubiera sabido por quién preguntar[43] y los dejaba seguir. No la vi en toda esa semana.

Las semanas siguientes fueron peores. Llegué a pretextar una enfermedad para *100* quedarme en cama y así olvidar esa presencia que llenaba mis ideas. Quizás al cabo de varios días sin salir la encontrara de pronto el primer día y cuando menos lo esperara.[44] Pero no logré resistirme, y salí después de dos días en que la señora habitó[45] mi cuarto en todo momento. Al levantarme, me sentí débil, físicamente mal. Aun así tomé tranvías, fui al cine, recorrí el mercado y asistí a una función de un circo de extramuros.[46] La señora no *105* apareció por parte alguna.

Pero después de algún tiempo la volví a ver. Me había inclinado para atar un cordón de mis zapatos y la vi pasar por la soleada acera de enfrente, llevando una gran sonrisa en la boca y un ramo de aromo[47] en la mano, los primeros de la estación que comenzaba. Quise seguirla, pero se perdió en la confusión de las calles. *110*

Su imagen se desvaneció de mi mente después de perderle el rastro en aquella ocasión. Volví a mis amigos, conocí gente y paseé solo o acompañado por las calles. No es que la olvidara. Su presencia, más bien, parecía haberse fundido[48] con el resto de las personas que habitan la ciudad.

Una mañana, tiempo después, desperté con la certeza de que la señora se estaba *115* muriendo. Era domingo, y después del almuerzo salí a caminar bajo los árboles de mi barrio. En un balcón una anciana tomaba el sol con sus rodillas cubiertas por un chal peludo.[49] Una muchacha, en un prado, pintaba de rojo los muebles de jardín, alistándolos[50] para el verano. Había poca gente, y los objetos y los ruidos se dibujaban con precisión en el aire nítido.[51] Pero en alguna parte de la misma ciudad por la que yo caminaba, la señora iba a morir. *120*

Regresé a casa y me instalé en mi cuarto a esperar.

Desde mi ventana vi cimbrarse en la brisa los alambres del alumbrado.[52] La tarde fue madurando lentamente más allá de los techos, y más allá del cerro,[53] la luz fue gastándose más y más. Los alambres seguían vibrando, respirando. En el jardín alguien regaba el pasto con una manguera.[54] Los pájaros se aprontaban para la noche, colmando[55] de ruido y *125* movimiento las copas de todos los árboles que veía desde mi ventana. Rió un niño en el jardín vecino. Un perro ladró.

---

42. **quehaceres** tasks
43. **no hubiera sabido... preguntar** I wouldn't have known about whom to ask
44. **cuando menos lo esperara** when I least expected it
45. **habitar** to inhabit, to occupy
46. **una función... extramuros** a performance of an out-of-town circus
47. **un ramo de aromo** a bouquet of flowers
48. **fundir** to fuse, blend

49. **chal peludo** furry shawl
50. **alistándolos** getting them ready
51. **se dibujaban... nítido** were outlined . . . clear
52. **cimbrarse... alumbrado** the electric wires swaying in the breeze
53. **techos... cerro** roofs . . . hill
54. **regaba... manguera** was watering the grass with a hose
55. **se aprontaban... colmando** were getting ready . . . filling

Instantáneamente después, cesaron todos los ruidos al mismo tiempo y se abrió un pozo[56] de silencio en la tarde apacible. Los alambres no vibraban ya. En un barrio
130 desconocido, la señora había muerto. Cierta casa entornaría su puerta esa noche, y arderían cirios[57] en una habitación llena de voces quedas y de consuelos.[58] La tarde se deslizó[59] hacia un final imperceptible, apagándose todos mis pensamientos acerca de la señora. Después me debo de haber dormido, porque no recuerdo más de esa tarde.

Al día siguiente vi en el diario que los deudos[60] de doña Ester de Arancibia anunciaban
135 su muerte, dando la hora de los funerales. ¿Podría ser?... Sí. Sin duda era ella.

Asistí al cementerio, siguiendo el cortejo lentamente por las avenidas largas, entre personas silenciosas que conocían los rasgos y la voz de la mujer por quien sentían dolor. Después caminé un rato bajo los árboles oscuros, porque esa tarde asoleada me trajo una tranquilidad especial.

140 Ahora pienso en la señora sólo muy de tarde en tarde.

A veces me asalta la idea,[61] en una esquina por ejemplo, que la escena presente no es más que reproducción de otra, vivida anteriormente. En esas ocasiones se me ocurre que voy a ver pasar a la señora, cejijunta[62] y de impermeable verde. Pero me da un poco de risa, porque yo mismo vi depositar su ataúd en el nicho,[63] en una pared con centenares de
145 nichos todos iguales.

DESPUÉS DE LEER

A. Cuestionario

1. ¿Cuándo fue la primera vez que el narrador se dio cuenta de la existencia de la mujer?
2. ¿Qué sensación misteriosa siente él en ese momento?
3. ¿Cómo es la mujer? ¿Cuál es el rasgo más distintivo de su rostro?
4. Al volver a su cuarto, ¿volvió el narrador a pensar en ella?
5. Describa usted algunas otras ocasiones en las cuales él vio a la mujer.
6. Hubo un rato en que el hombre "la encontraba en todas partes y a toda hora." ¿Fue por casualidad?
7. Luego el hombre pasó un largo periodo sin ver a la mujer. ¿Qué efecto tiene esto en él?
8. Una mañana él despertó con la certeza de que la mujer se estaba muriendo. ¿Fue un sueño o la realidad?
9. ¿Cómo se explica que en aquella tarde cesaron instantáneamente todos los ruidos al mismo tiempo?

---

56. **un pozo** a well
57. **entornaría... arderían cirios** would leave open . . . candles would burn
58. **voces quedas y de consuelos** hushed and consoling voices
59. **se deslizó** slipped by
60. **los deudos** relatives
61. **me asalta la idea** I'm seized with the idea
62. **cejijunta** with eyebrows meeting in the middle
63. **nicho** niche (for the coffin)

10. Al final del cuento, siguiendo el cortejo al cementerio, el narrador siente una tranquilidad especial. ¿Por qué?
11. ¿En qué consiste la cualidad surreal del cuento?

B. Comprensión. Llene usted los espacios en blanco con una frase o palabra de la siguiente lista.

hizo alto	se aburre	toda una semana
malhumorado	reconoció	el anuncio
tranquilidad	se había borrado	impermeable
cejas	le parecía	le invadió
iba a morir		

Cuando _____ el narrador de sus tareas habituales, suele tomar algún tranvía. Esta tarde cuando el tranvía _____ en una esquina, _____ la sensación que cuanto veía, lo había vivido antes. En aquella otra visión vio una rodilla cubierta por un _____ verde junto a su rodilla. Era una señora cuyas _____ se juntaban sobre el arco de la nariz. Dos días después, en una calle céntrica, _____ a la señora entre tantas otras, y se preguntó por qué su identidad no _____ de su mente. Poco a poco comenzó a buscarla. El día no _____ completo sin verla. En algunas ocasiones no la encontraba, y volvía _____ a su cuarto. No la vio en _____ . Una mañana, algún tiempo después, el señor salió a caminar por la ciudad, pensando que la señora _____ . Al día siguiente vio en el diario _____ de su muerte, y esa tarde asoleada le trajo una _____ especial.

REPASO GRAMATICAL

Indirect questions

All interrogative adjectives and pronouns (like ¿qué? ¿cuál? ¿quien? ¿cómo? ¿dónde? ¿por qué?, etc.) retain the accent mark when the clause is the object of a verb.

¿Cuándo leyó Ud. aquella novela?   *When did you read that novel?*
Me preguntó cuándo leí aquella novela.   *He asked me when I read that novel.*
¿Qué vas a hacer esta noche?   *What are you going to do tonight?*
José no sabe qué voy a hacer esta noche.   *José doesn't know what I'm going to do tonight.*

Example:

Así, no me molesté en indagar dónde y cómo sucediera todo esto antes.   *So, it didn't bother me to investigate where and how all this had happened before.*

A. Traduzca usted

1. Ask me what the capital of Chile is.
2. Do you know how many times I have seen that woman?

3. Tell me, who the woman who died is.
4. I want you to explain what literature is.
5. He found out why she carries a green raincoat.
6. She wondered (asked herself) where she was and when she got there.

Note: Do not confuse interrogative *whose* with the relative adjective *whose*.

Es la chica cuyo padre es médico.	*She is the girl whose father is a doctor.*
¿De quién es el padre médico?	*Whose father is a doctor?* (lit.: *Of whom is the father a doctor?*)
Salinas es el poeta cuya poesía me encanta.	*Salinas is the poet whose poetry delights me.*
¿De quién es la poesía que me encanta?	*Whose poetry delights me?*

B. Traduzca usted

1. Whose hats are these?
2. She is the woman whose features (**facciones**) are ordinary.
3. Would you read a story whose narrator is neurotic (**neurótico**)?
4. I don't know whose friend he is.
5. In whose house do you live?

Possessive pronouns

Possessive pronouns are stressed forms of the possessive adjective (**mío, tuyo, suyo, nuestro, vuestro**) with the definite article: **el mío, la mía, los suyos, las nuestras**, etc. They agree in gender and number with the noun to which they refer.

Examples:

Reconocí su impermeable verde.	*I recognized her green umbrella.*
No dudé de que se trataba del suyo.	*I didn't doubt that it was hers.* (The agreement is with the noun **impermeable** and not with the woman.)
Me detenía a comprar cigarrillos, y estaba ella pagando los suyos.	*stopped to buy cigarettes and she was paying for hers.*

Other examples:

Su casa cuesta más que la nuestra.	*Your house costs more than ours.*
Pero la suya es más grande.	*But yours is bigger.*

The possessive pronoun, like the stressed possessive adjective, is also used after the verb **ser**.

¿Cuales (de los libros) son los suyos?	*Which (of the books) are yours?*

The pronoun is used to indicate a choice or selection of one or more objects from among a group; the adjective merely indicates possession.

Ese coche es mío.	*I am the owner of that car.*
Ese coche es el mío.	*That car is mine.* (There are several, and that one belongs to me.)

For clarity, **el suyo,** etc., may be replaced by the proper form of the definite article and the phrase **de él, de ella, de ellos,** etc.

No tengo pluma. ¿Quiere usted prestarme la suya (or la de Ud.)?	*I don't have a pen. Will you lend me yours?*
¡Qué anillos tan hermosos! ¿Cuáles son los suyos (or los de ella)?	*What beautiful rings! Which* (ones) *are hers?*

C. Traduzca usted

1. I don't like their attitude. I hope that his is better.
2. Give them that doll. It's theirs.
3. What's mine (**lo mío**) is yours.
4. Whose dictionary is this? It's hers.
5. These tickets are not mine but theirs.

9

Horacio Quiroga

1878 – 1937

Horacio Quiroga nació en Uruguay, donde vivió hasta la edad de veintidós años. El resto de su vida lo pasó en Buenos Aires. Empezó su carrera como periodista, pero se dio a conocer cultivando el relato corto, el cual ha llegado a ser un género literario mayor de la literatura hispanoamericana. Quiroga publicó más de doscientos cuentos, y la mayoría de ellos contienen sus temas predilectos de horror, muerte, violencia, anormalidades psicológicas y otros, elementos en los que se reconoce la influencia de Edgar Allan Poe y Guy de Maupassant, muy leídos en aquella época.

Como Poe, Quiroga acentúa la importancia de la forma y el efecto de sorpresa en el cuento. El impacto de sus relatos se siente hasta después del final. Como precursor del llamado realismo mágico, Quiroga crea una realidad doble en la cual la fantasía coexiste con la cotidianidad de la vida real.

En el cuento que sigue, de su colección *Cuentos de amor, de locura y de muerte* (1917), se verá la afición de Quiroga a lo extraordinario y lo monstruoso, siempre con la muerte al fondo.

El almohadón de plumas

Su luna de miel fue un largo escalofrío.[1] Rubia, angelical y tímida, el carácter duro de su marido heló sus soñadas niñerías[2] de novia. Ella lo quería mucho, sin embargo, a veces con un ligero estremecimiento cuando volviendo de noche juntos por la calle, echaba una furtiva mirada a la alta estatura de Jordán, mudo desde hacía una hora. Él, por su parte, la amaba profundamente, sin darlo a conocer. 5

Durante tres meses —se habían casado en abril— vivieron una dicha especial.

Sin duda hubiera ella deseado menos severidad en ese rígido cielo de amor, más expansiva e incauta[3] ternura; pero el impasible semblante de su marido la contenía siempre.

La casa en que vivían influía no poco en sus estremecimientos. La blancura del patio silencioso —frisos,[4] columnas y estatuas de mármol— producía una otoñal impresión de 10 palacio encantado. Dentro, el brillo glacial del estuco,[5] sin el más leve rasguño[6] en las altas paredes, afirmaba aquella sensación de desapacible[7] frío. Al cruzar de una pieza a otra, los pasos hallaban eco en toda la casa, como si un largo abandono hubiera sensibilizado[8] su resonancia.

En ese extraño nido[9] de amor, Alicia pasó todo el otoño. No obstante había concluido 15 por echar un velo sobre sus antiguos sueños, y aún vivía dormida en la casa hostil, sin querer pensar en nada hasta que llegaba su marido.

No es raro que adelgazara.[10] Tuvo un ligero ataque de influenza que se arrastró insidiosamente días y días; Alicia no se reponía[11] nunca. Al fin una tarde pudo salir al jardín apoyada en el brazo de su marido. Miraba indiferente a uno y otro lado. De pronto 20 Jordán, con honda ternura, le pasó muy lento la mano por la cabeza, y Alicia rompió en seguida en sollozos[12] echándole los brazos al cuello. Lloró largamente todo su espanto callado, redoblando el llanto[13] a la menor tentativa de caricia. Luego los sollozos fueron retardándose, y aún quedó largo rato escondida en su cuello,[14] sin moverse ni pronunciar una palabra. 25

Fue ése el último día en que Alicia estuvo levantada. El día siguiente amaneció desvanecida.[15] El médico de Jordán la examinó con suma atención, ordenándole cama y descanso absolutos.

—No sé —le dijo a Jordán en la puerta de calle con la voz todavía baja—. Tiene una gran debilidad que no me explico. Y sin vómitos, nada... Si mañana se despierta como hoy, 30 llámeme en seguida.

1. **escalofrío** chill	9. **nido** nest
2. **heló sus soñadas... novia** chilled her silly dreams of bridehood	10. **adelgazar** to lose weight
3. **incauta** naïve; innocent	11. **no se reponía** never fully recovered
4. **frisos** (*arch.*) friezes	12. **sollozos** sobs
5. **estuco** stucco	13. **llanto** crying, weeping
6. **el más leve rasguño** the slightest scratch	14. **escondida en su cuello** clinging to his neck
7. **desapacible** unpleasant	15. **amaneció desvanecida** she woke up in a faint
8. **hubiera sensibilizado** had heightened	

Al otro día Alicia seguía peor. Hubo consulta. Constatóse[16] una anemia de marcha agudísima, completamente inexplicable. Alicia no tuvo más desmayos, pero se iba visiblemente a la muerte. Todo el día el dormitorio estaba con las luces prendidas[17] y en pleno
35 silencio. Pasábanse horas sin que se oyera el menor ruido. Alicia dormitaba. Jordán vivía en la sala, también con toda la luz encendida. Paseábase sin cesar de un extremo a otro, con incansable[18] obstinación. La alfombra ahogaba sus pasos. A ratos entraba en el dormitorio y proseguía su mudo vaivén[19] a lo largo de la cama, deteniéndose un instante en cada extremo a mirar a su mujer.
40 Pronto Alicia comenzó a tener alucinaciones, confusas y flotantes al principio, y que descendieron luego a ras del suelo.[20] La joven, con los ojos desmesuradamente[21] abiertos, no hacía sino mirar la alfombra a uno y otro lado del respaldo de la cama. Una noche quedó de repente mirando fijamente. Al rato abrió la boca para gritar, y sus narices y labios se perlaron de sudor.[22]
45 —¡Jordán! ¡Jordán! —exclamó, rígida de espanto, sin dejar de mirar la alfombra.

Jordán corrió al dormitorio, y al verlo aparecer Alicia lanzó un alarido[23] de horror.

—¡Soy yo, Alicia, soy yo!

Alicia lo miró con extravío,[24] miró la alfombra, volvió a mirarlo, y después de largo rato de estupefacta confrontación, se serenó. Sonrió y tomó entre las suyas la mano de su
50 marido, acariciándola por media hora, temblando.

Entre sus alucinaciones más porfiadas,[25] hubo un antropoide,[26] apoyado en la alfombra sobre los dedos, que tenía fijos en ella sus ojos.

Los médicos volvieron inútilmente. Había allí delante de ellos una vida que se acababa, desangrándose[27] día a día, hora a hora, sin saber absolutamente cómo. En la última
55 consulta Alicia yacía en estupor,[28] mientras ellos pulsaban, pasándose de uno a otro la muñeca inerte. La observaron largo rato en silencio, y siguieron al comedor.

—Pst... —se encogió de hombros[29] desalentado su médico—. Es un caso serio... Poco hay que hacer.

—¡Sólo eso me faltaba![30] —resopló Jordán. Y tamborileó[31] bruscamente sobre la mesa.
60 Alicia fue extinguiéndose en subdelirio de anemia, agravado de tarde, pero remitía siempre en las primeras horas.[32] Durante el día no avanzaba su enfermedad, pero cada mañana amanecía lívida, en síncope[33] casi. Parecía que únicamente de noche se le fuera la

---

16. **constatóse** it was diagnosed
17. **prendidas** (lights) on
18. **incansable** untiring
19. **proseguía... vaivén** continued his silent pacing
20. **a ras del suelo** level with the floor
21. **desmesuradamente** inordinately
22. **sus narices... sudor** her nostrils and lips gleamed with perspiration
23. **lanzó un alarido** let out a scream
24. **con extravío** unrecognizably
25. **porfiadas** persistent
26. **antropoide... dedos** ape on the rug on its toes

27. **desangrándose** bleeding to death
28. **yacía... pulsaban** lay . . . took her pulse
29. **se encogió de hombros desalentado** he shrugged discouraged
30. **¡Sólo eso... resopló Jordán** That's the last straw, Jordán muttered hoarsely
31. **tamborileó bruscamente** he gave a hard bang
32. **agravado... horas** worse at night, but it slackened in the morning
33. **síncope** faint

vida en nuevas oleadas[34] de sangre. Tenía siempre al despertar la sensación de estar desplomada[35] en la cama con un millón de kilos encima. Desde el tercer día este hundimiento[36] no la abandonó más. Apenas podía mover la cabeza. No quiso que le tocaran la cama, ni aun que le arreglaran el almohadón. Sus terrores crepusculares[37] avanzaban ahora en forma de monstruos que se arrastraban hasta la cama, y trepaban dificultosamente por la colcha.[38]

Perdió luego el conocimiento. Los dos días finales deliró sin cesar a media voz. Las luces continuaban fúnebremente encendidas en el dormitorio y la sala. En el silencio agónico[39] de la casa, no se oía más que el delirio monótono que salía de la cama, y el sordo retumbo[40] de los eternos pasos de Jordán.

Alicia murió, por fin. La sirvienta, cuando entró después a deshacer la cama, sola ya, miró un rato extrañada el almohadón.

—¡Señor! —llamó a Jordán en voz baja—. En el almohadón hay manchas que parecen de sangre.

Jordán se acercó rápidamente y se dobló sobre aquél. Efectivamente, sobre la funda,[41] a ambos lados del hueco[42] que había dejado la cabeza de Alicia, se veían manchitas oscuras.

—Parecen picaduras[43] —murmuró la sirvienta después de un rato de inmóvil observación.

—Levántelo a la luz —le dijo Jordán.

La sirvienta lo levantó pero en seguida lo dejó caer y se quedó mirando a aquél, lívida y temblando. Sin saber por qué, Jordán sintió que los cabellos se le erizaban.[44]

—¿Qué hay? —murmuró con voz ronca.

—Pesa mucho —articuló la sirvienta, sin dejar de temblar.

Jordán lo levantó; pesaba extraordinariamente. Salieron con él, y sobre la mesa del comedor Jordán cortó funda y envoltura de un tajo.[45] Las plumas superiores volaron, y la sirvienta dio un grito de horror con toda la boca abierta, llevándose las manos crispadas a los bandós. Sobre el fondo, entre las plumas, moviendo lentamente las patas velludas,[46] había un animal monstruoso, una bola viviente y viscosa.[47] Estaba tan hinchado que apenas se le pronunciaba la boca.[48]

Noche a noche, desde que Alicia había caído en cama, había aplicado sigilosamente su boca —su trompa,[49] mejor dicho— a las sienes[50] de aquélla, chupándole la sangre. La picadura era casi imperceptible. La remoción diaria[51] del almohadón sin duda había

34. **oleadas** surges
35. **desplomada** weighed down
36. **hundimiento** sinking, collapse
37. **crepusculares** evening
38. **trepaban... colcha** climbed laboriously over the bedspread
39. **agónico** of death, funereal
40. **retumbo** reverberation
41. **funda** pillowcase
42. **hueco** hollow, indentation
43. **picaduras** bites
44. **los cabellos se le erizaban** his hair was standing on end
45. **envoltura de un tajo** cover with one swipe
46. **patas velludas** hairy paws
47. **una bola... viscosa** a live, sticky ball
48. **tan hinchado... boca** so inflated you could hardly see its mouth
49. **sigilosamente... trompa** silently . . . snout
50. **las sienes** temples
51. **la remoción diaria** the daily shifting

impedido al principio su desarrollo; pero desde que la joven no pudo moverse, la succión fue vertiginosa.[52] En cinco días, en cinco noches, había vaciado a Alicia.

Estos parásitos de las aves, diminutos en el medio habitual,[53] llegan a adquirir en ciertas condiciones proporciones enormes. La sangre humana parece serles particularmente favorable, y no es raro hallarlos en los almohadones de pluma.

100

DESPUÉS DE LEER

A. Cuestionario

1. Brevemente, ¿en qué consiste el contraste entre Alicia y su esposo?
2. ¿Cómo es la casa una prolongación del carácter de Jordán?
3. ¿A qué atribuye el médico la debilidad de Alicia?
4. Una noche Jordán encontró a Alicia, rígida de espanto, que miraba fijamente la alfombra. ¿Por qué la miraba?
5. Alicia no quiso que le tocaran la cama, ni el almohadón. ¿Cuál es la ironía de esto?
6. ¿Cuál es la primera clave (*clue*) en cuanto a la causa de la muerte de Alicia?
7. ¿Qué emociones le causó a Ud. la explicación de la muerte de Alicia?
8. Quiroga no concluye con la horrorosa revelación final, sino con una observación sobre aquel extraño animal. ¿Le parece a Ud. necesaria esta información, o, al contrario, sirve de inquietarnos más que el mismo final?
9. El tema del vampiro aparece en varios cuentos de Quiroga. Algunos críticos creen que el verdadero monstruo de este cuento es el propio Jordán, por su "carácter duro", su "impasible semblante". ¿Está usted de acuerdo?

B. Llene usted los espacios en blanco con las palabras apropiadas de la siguiente lista.

sangre	extinguiéndose	desmayos
conocimiento	semblante	alucinaciones
monstruoso	sollozos	influenza
severidad	influía	
incansable	se paseaba	

1. Sin duda hubiera ella deseado menos _____ en el impasible _____ de su marido.
2. La casa en que vivían _____ no poco en sus estremecimientos.
3. No es raro que ella adelgazara. Tuvo un ataque de _____ .
4. Alicia lloró largamente todo su espanto callado; luego los _____ fueron retardándose.
5. Alicia no tuvo más _____ , pero se iba visiblemente a la muerte.

---

52. **vertiginosa** rapid

53. **aves... habitual** birds, small in their normal environment

6. Jordán _____ sin cesar de un extremo a otro, con _____ obstinación.

7. Pronto Alicia comenzó a tener _____ .

8. Alicia fue _____ en subdelirio de anemia. Perdió luego el _____ .

9. —Señor— llamó la sirvienta. En el almohadón hay manchas que parecen de _____ .

10. Sobre el fondo, entre las plumas, había un animal _____ .

REPASO GRAMATICAL

Object pronouns

Object pronouns are regularly placed before the verb and before the helping verb in a compound tense.

Alicia **lo** quería mucho.
Ella **lo** ha querido siempre.

Exceptions: Object pronouns are attached to an infinitive, a present participle, and an **affirmative** command.

Al **tocarla**, el médico dijo que seguía peor.
Alicia fue **extinguiéndose** en subdelirio de anemia.
Si mañana ella se despierta como hoy, **llámeme** en seguida.

If the infinitive or present participle is dependent on another verb, the object pronoun may precede that verb.

No le puedo dar el libro. (*or*) **No puedo darle el libro.**
Lo estoy leyendo. (*or*) **Estoy leyéndolo.**

When two pronouns are objects of the verb, the indirect precedes the direct. By exception, the reflexive pronoun if used always comes first.

No me la quites.
Démelo.
No nos lo mande Ud.
Se me olvidó la llave.
I forgot my key. (**la llave** is the subject of the verb: lit., *The key forgot itself to me, concerning me.*)

When the indirect and direct object pronouns are both in the third person, the indirect (**le, les**) becomes **se**. Thus, *I give it to him* would be **le lo doy** but becomes **se lo doy.**

El marido trató de quitárselo.	*The husband tried to remove it from her.*
Se lo pediré a Alicia.	*I'll ask Alicia for it.*
Estaba describiéndoselo a ellas cuando el teléfono sonó.	*She was describing it to them when the phone rang.*
(*or*) **Se lo estaba describiendo...**	

When a direct object noun precedes the verb, the corresponding direct object pronoun is also used. It agrees with the object noun in gender and number.

Estos zapatos los compré en Italia. (*or*) **Compré estos zapatos en Italia.**	*I bought these shoes in Italy.*
A Alicia la consideran todos una mujer angelical. (*or*) **Todos consideran a Alicia una mujer angelical.**	*Everyone considers Alicia an angelic woman.*

C. Sustituya usted pronombres por los sustantivos complementos (*object nouns*) del verbo en las siguientes frases.

Modelo:	Estoy buscando a **María.**	*I'm looking for María.*
	Estoy buscándola.	*I'm looking for her.*
	La madre les cuenta **la historia a sus hijos.**	*The mother tells the story to her children.*
	La madre se la cuenta.	*The mother tells it to them.*

1. El hombre me dio **su bastón.**
2. El padre le quitó **a su hija ese libro.**
3. Dígame **la verdad.**
4. No llame usted **a la sirvienta.**
5. El médico no pudo devolver **a Alicia la buena salud.**
6. María, aquí te traen **a tu niño.**
7. Mandé **las flores a mi novia.**
8. Al entregar **el almohadón a Jordán,** la sirvienta dio un grito de horror.

D. Lea y conteste siguiendo el modelo.

Modelo:	¿Le di el libro?
	Sí, me lo dio usted.
	¿Cuándo se lo di?
	Me lo dio ayer.

1. ¿Le presté el abrigo? _____
   ¿Cuándo se lo presté? _____
2. ¿Le vendí las camisas? _____
   ¿Cuándo se las vendí? _____
3. ¿Me prestó usted el coche? (Sí, se lo presté.)
   ¿Cuándo me lo prestó? _____
4. ¿Me dio usted las órdenes? _____
   ¿Cuándo me las dio? _____
5. ¿Le traje las flores? _____
   ¿Cuándo se las traje? _____

10

Julio Cortázar

1914 – 1984

Cortázar es otro célebre escritor argentino que merece su puesto preeminente en las letras hispanoamericanas, siendo uno de los más innovadores e ingeniosos del periodo del "boom."

Desde temprano en su carrera fue atraído por la literatura de lo fantástico y lo absurdo. Al mismo tiempo, sin embargo, fue preocupado por la angustia y los dilemas morales del mundo contemporáneo. Sus relatos reflejan todos los niveles de la sociedad, y sus personajes están bien desarrollados. Cortázar es mejor conocido, sin embargo, por su atención meticulosa a la estructura de la novela. En 1963 se publicó su novela *Rayuela* (traducida en inglés como *Hopscotch*), que introdujo nuevas maneras de presentar la estructura de la ficción, haciendo que el lector salte de una parte de la novela a otra.

El relato que sigue, "Continuidad de los parques", es un buen ejemplo de sus juegos estructurales. El cuento reúne poco a poco dos mundos ficticios al mismo tiempo que tú, lector, proporcionas otro mundo simplemente por el acto de leer.

Continuidad de los parques

Había empezado a leer la novela unos días antes. La abandonó por negocios urgentes, volvió a abrirla cuando regresaba en tren a la finca[1]; se dejaba interesar lentamente por la trama,[2] por el dibujo de los personajes. Esa tarde, después de escribir una carta a su apoderado[3] y discutir con el mayordomo una cuestión de aparcerías,[4] volvió al libro en la tranquilidad del estudio que miraba hacia el parque de los robles.[5] Arrellanado[6] en su sillón favorito, de espaldas a la puerta que lo hubiera molestado como una irritante posibilidad de intrusiones,[7] dejó que su mano izquierda acariciara una y otra vez el terciopelo[8] verde y se puso a leer los últimos capítulos. Su memoria retenía sin esfuerzo los nombres y las imágenes de los protagonistas; la ilusión novelesca[9] lo ganó casi en seguida. Gozaba del placer casi perverso de irse desgajando[10] línea a línea de lo que lo rodeaba, y sentir a la vez que su cabeza descansaba cómodamente en el terciopelo del alto respaldo, que los cigarrillos seguían al alcance de la mano, que más allá de los ventanales danzaba el aire del atardecer bajo los robles. Palabra a palabra, absorbido por la sórdida disyuntiva[11] de los héroes, dejándose ir hacia las imágenes que se concertaban[12] y adquirían color y movimiento, fue testigo[13] del último encuentro en la cabaña del monte. Primero entraba la mujer, recelosa[14]; ahora llegaba el amante, lastimada la cara por el chicotazo de una rama.[15] Admirablemente restañaba[16] ella la sangre con sus besos, pero él rechazaba las caricias, no había venido para repetir las ceremonias de una pasión secreta, protegida por un mundo de hojas secas y senderos[17] furtivos. El puñal se entibiaba[18] contra su pecho, y debajo latía la libertad agazapada.[19] Un diálogo anhelante[20] corría por las páginas como un arroyo[21] de serpientes, y se sentía que todo estaba decidido desde siempre. Hasta esas caricias que enredaban[22] el cuerpo del amante como queriendo retenerlo y disuadirlo, dibujaban[23] abominablemente la figura de otro cuerpo que era necesario destruir. Nada había sido olvidado: coartadas, azares,[24] posibles errores. A partir de esa hora cada instante

1. **la finca** his estate
2. **la trama** plot
3. **apoderado** lawyer
4. **el mayordomo... aparcerías** the manager (of his estate) . . . joint ownership
5. **robles** oak trees
6. **arrellanado** sprawled
7. **de espaldas... posibilidad de intrusiones** with his back to the door that might have disturbed him with annoying interruptions
8. **terciopelo** velvet
9. **la ilusión novelesca** the novel's story
10. **irse desgajando** gradually disengaging himself
11. **disyuntiva** dilemma
12. **se concertaban** came together
13. **testigo** witness
14. **recelosa** apprehensive
15. **lastimada... de una rama** his face scratched by the backlash of a branch
16. **restañar** to stanch
17. **senderos** paths
18. **El puñal se entibiaba** The dagger warmed itself
19. **latía la libertad agazapada** beat their forthcoming liberty
20. **anhelante** panting, lustful
21. **un arroyo** a stream
22. **enredaban** entwined
23. **dibujaban** outlined, portrayed
24. **coartadas, azares** alibis, possible hazards

tenía su empleo minuciosamente atribuido.[25] El doble repaso despiadado[26] se interrumpía 25
apenas para que una mano acariciara una mejilla. Empezaba a anochecer.

Sin mirarse ya, atados rígidamente a la tarea que los esperaba, se separaron en la puerta
de la cabaña. Ella debía seguir por la senda que iba al norte. Desde la senda opuesta él se
volvió un instante para verla correr con el pelo suelto. Corrió a su vez, parapetándose en
los árboles y los setos,[27] hasta distinguir en la bruma malva del crepúsculo[28] la alameda[29] 30
que llevaba a la casa. Los perros no debían ladrar, y no ladraron. El mayordomo no estaría
a esa hora, y no estaba. Subió los tres peldaños del porche y entró. Desde la sangre
galopando en sus oídos le llegaban las palabras de la mujer: primero una sala azul, después
una galería,[30] una escalera alfombrada. En lo alto, dos puertas. Nadie en la primera
habitación, nadie en la segunda. La puerta del salón, y entonces el puñal en la mano, la luz 35
de los ventanales, el alto respaldo de un sillón de terciopelo verde, la cabeza del hombre en
el sillón leyendo una novela.

DESPUÉS DE LEER

A. Cuestionario

1. ¿Tiene lugar más de un asesinato? ¿O a lo mejor (*possibly*) ningún asesinato?
   Explique usted.
2. ¿Es posible que todo sea un sueño?
3. ¿Cree usted que es importante la discusión con el mayordomo al principio del cuento?
4. ¿Qué indicaciones hay que el asesinato ha sido bien planeado?
5. ¿Cuál fue el papel principal de la mujer en esta conjuración (*conspiracy*)?
6. ¿Cómo explica usted que la mujer conoce a fondo esta finca?
7. Explique por qué "los perros no debían ladrar, y no ladraron".
8. ¿Cuál habrá sido el motivo para el asesinato?
9. ¿Logra (*to succeed*) Cortázar crear suspense en el final?
10. ¿Le parece real o irreal el cuento, o las dos cosas?

B. Comprensión. Corrija las oraciones falsas.

1. El hombre dejó sus negocios urgentes para terminar su novela.
2. Le ofrece a su mayordomo la oportunidad de hacerse copropietario de la finca.
3. El ambiente en la finca es propicio (*favorable*) a leer una buena novela.

---

25. **empleo... atribuido** its use carefully assigned
26. **el doble repaso despiadado** the cold-blooded double check (of the details)
27. **parapetándose... los setos** crouching among the trees and hedges
28. **bruma malva del crepúsculo** purplish fog of dusk
29. **la alameda** the avenue of poplars
30. **galería** hall

4. El hombre presenció (*witnessed*) la reunión de los amantes en la cabaña.
5. La mujer no se deja amar por el amante.
6. Ella va adelante porque lleva el puñal.
7. El amante conoce bien la casa por ser el primo del dueño.
8. Es posible que el dueño fuese asesinado por el mayordomo.

REPASO GRAMATICAL

The infinitive

The infinitive is used with verbs that express *cause* (**hacer,** *to cause, to have something done*), and will (**mandar,** *to order,* **permitir, prohibir, dejar,** and others). The translation is often equivalent to a passive in English, when a person is not the object of the verb. The infinitive usually follows the verb directly.

Hace construir una casa.	*He has a house built.* (*lit. he makes, causes, to build a house,* i.e., *a house to be built.*)
Mandó limpiar la cárcel.	*He ordered the jail* (*to be*) *cleaned.*
Hace hacer los trajes en Londres.	*He has his suits made in London.* (*He makes* (*causes*) *to make* (*be made*), etc.)

The equivalent to the English passive is seen also when the verbs are reflexive.

Se dejaba interesar por la trama.	*He let himself get* (*be*) *interested by the plot.*
Se hizo temer.	*He made himself* (*to be*) *feared.*
Se hizo acortar la falda.	*She had her skirt shortened.* (The reflexive **se** indicates that it is her skirt.)

The position of object pronouns in this construction follows the normal pattern.

La hice construir.	*I had it built.*
Le hizo acortar la falda.	*She had her* (*a seamstress*) *shorten the skirt.* (**Le** is indirect object; the direct object is **la falda**).
Se la hizo acortar.	*She had her shorten it.* (**la** = **la falda**)

C. Traduzca usted las oraciones siguiendo el modelo.

Modelo: **Hice que María barriese el cuarto.**	*I had Mary sweep the room.*
a. Lo hice barrer.	*I had it swept.*
b. Se lo hice barrer.	*I had her sweep it.*

1. Mandó a los soldados que evacuasen la ciudad.
   a. He ordered it evacuated.
   b. He ordered them to evacuate it.

2. Hace que los alumnos traduzcan los ensayos.
   a. He has them translated.
   b. He has them translate them.

3. No permite que su hija use la máquina.
   a. He doesn't allow it to be used.
   b. He doesn't allow her to use it.

D. Traduzca usted las siguientes frases.

1. The man didn't hear anything because he had let himself become engrossed (**absorber**) in the novel.
2. The lovers saw themselves obliged to separate near the house.
3. He ordered the cabin left without a trace (**huella**) of their presence.
4. I think that the woman had the owner killed because she is his wife.
5. It is easy to let oneself be confused (**confundir**) by this kind of doubling (**doblar**), which occurs several times in Cortázar's works.

11

Jacinto Benavente y Martínez

1866 – 1954

Aunque es poco conocido fuera de España hoy en día, Benavente fue considerado un dramaturgo principal de los principios del siglo XX. En efecto, él fue otorgado el Premio Nobel para Literatura en 1922.

La contribución de Benavente al teatro consiste en romper con el melodrama y la retórica del movimiento romántico y guiar el teatro español hacia la realidad y la crítica social. A pesar de que sus comedias (*plays*) son de un mérito desigual y generalmente carentes del conflicto dramático, su obra se destaca por su técnica experta, su brillante diálogo y la sátira social. La sátira se dirige a las clases superiores y revela sus prejuicios, hipocresía y materialismo.

A los principios de su carrera, Benavente encontró deleite (*delight*) en la imaginación y fantasía, y fue en este periodo que escribió "El criado de don Juan". Don Juan, junto a Don Quijote, es el personaje ficticio más universal de España. En las muchas versiones de la leyenda de don Juan, en los innumerables dramas, novelas, óperas y poemas europeos, don Juan es irresistible a las mujeres; con desprecio hacia la moralidad y las normas de conducta, él seduce miles de ellas. Verá usted cómo Benavente da un giro (*twist*) irónico al "burlador de Sevilla" (como fue llamado en la leyenda).

El criado de don Juan

Personajes

LA DUQUESA ISABELA
CELIA
DON JUAN TENORIO
LEONELO
FABIO

En Italia.— Siglo XV

ACTO ÚNICO

Cuadro[1] Primero

Calle. A un lado, la fachada de un palacio señorial

Escena Única

FABIO y LEONELO. Fabio se pasea por delante del palacio, embozado[2] hasta los ojos en una capa roja.

LEONELO: (*Saliendo.*) ¡Señor! ¡Don Juan!

FABIO: No es don Juan.   5

LEONELO: ¡Fabio!

FABIO: A tiempo llegas. Desde esta mañana sin probar bocado[3]... ¿Cómo tardaste tanto?

LEONELO: Media ciudad he corrido[4] trayendo y llevando cartas... ¿Pero don Juan?   10

FABIO: La ciudad toda, que[5] no media, correrá de seguro[6] llevando y trayendo su persona. ¡En mal hora[7] entramos a su servicio!

LEONELO: ¿Y qué haces aquí disfrazado de esa suerte[8]?

1. **Cuadro** Part
2. **embozado** wrapped up
3. **probar bocado** having a bite to eat
4. **media ciudad he corrido** I've covered half the city
5. **que** *omit, or translate as* and
6. **correrá de seguro** he must surely be traversing
7. **en mal hora** it was our bad luck (to enter...)
8. **disfrazado de esa suerte** disguised like that

FABIO: Representar lo mejor que puedo a nuestro don Juan, suspirando ante
las rejas[9] de la duquesa Isabela.

LEONELO: Nuestro don Juan está loco de vanidad. La duquesa Isabela es una
dama virtuosa, y no cederá por más que[10] él se obstine.

FABIO: Ha jurado no apartarse ni de día ni de noche de este sitio, hasta que
ella consienta en oírle..., y ya ves cómo cumple su juramento...[11]

LEONELO: ¡Con una farsa indigna de un caballero! Mucho es que[12] los servi-
dores de la Duquesa no te han echado a palos[13] de la calle.

FABIO: No tardarán en ello. Por eso te aguardaba impaciente. Don Juan ha
ordenado que apenas llegaras ocupases mi puesto[14]... , el suyo quiero
decir. Demos la vuelta a[15] la esquina por si nos observan desde el
palacio, y tomarás la capa y demás señales,[16] que han de presentarse[17]
hasta la hora de la paliza prometida... como al[18] propio don Juan...

LEONELO: ¡Dura servidumbre!

FABIO: ¡Dura como la necesidad! De tal madre, tal hija.[19] (*Salen.*)

Cuadro Segundo

Sala en el palacio de la duquesa Isabela

Escena Primera

LA DUQUESA y CELIA

CELIA: (*Mirando por una ventana.*) ¡Es increíble, señora! Dos días con dos noches
lleva[20] ese caballero delante de nuestras ventanas.

DUQUESA: ¡Necio alarde[21]! Si a tales medios debe su fama de seductor, a costa de
mujeres bien fáciles habrá sido lograda[22]: ¿Y ése es don Juan, el que cuenta

9. **suspirando... rejas** sighing in front of the iron grillwork (such as around windows and balconies)
10. **no cederá por más que** she won't give in no matter how much
11. **cumple su juramento** he keeps his oath
12. **mucho es que** it's a wonder that
13. **no te han echado a palos** they haven't kicked you out of
14. **apenas llegaras... mi puesto** as soon as you arrived you should take my place
15. **demos la vuelta a** let's take a walk around
16. **demás señales** the other disguises
17. **han de presentarse** are to be worn
18. **como al** as if you were
19. **De tal madre, tal hija** There's no escaping it
20. **lleva** has been
21. **¡Necio alarde!** Stupid display!
22. **habrá sido lograda** it must have been won

sus conquistas amorosas por los días del año? Allá, en su tierra, en esa
España feroz, de moros,[23] de judíos y de fanáticos cristianos, de sangre   *35*
impura, abrasada[24] por tentaciones infernales, entre devociones supersti-
ciosas y severidad hipócrita podrá parecer[25] terrible como demonio tentador.
Las italianas no tememos al diablo. Los príncipes de la Iglesia romana
nos envían de continuo indulgencias rimadas[26] en dulces sonetos a lo
Petrarca.[27]   *40*

CELIA: Pero confesad que el caballero es obstinado... y fuerte.

DUQUESA: Es preciso terminar de una vez. No quiero ser fábula[28] de la ciudad.
Lleva recado[29] a ese caballero de que[30] las puertas de mi palacio y de
mi estancia[31] están francas para él. Aquí le aguardo, sola... La duquesa
Isabela no ha nacido para figurar como un número en la lista de don   *45*
Juan.

CELIA: Señora, ved...

DUQUESA: Conduce a don Juan hasta aquí. No tardes. (*Sale Celia.*)

Escena II

LA DUQUESA y, después, LEONELO. La Duquesa se sienta y espera con altivez la entrada de
don Juan   *50*

LEONELO: ¡Señora!

DUQUESA: ¿Quién? ¿No es don Juan?... ¿No erais vos[32] el que rondaba mi palacio?

LEONELO: Si, yo era.

DUQUESA: Dos días con dos noches.

LEONELO: Algunas horas del día y algunas de la noche...   *55*

DUQUESA: ¡Ah! ¡Extremada burla! ¿Sois uno de los rufianes[33] que acompañan a don Juan?

---

23. **moros** Moors (*Muslim people of mixed Arab and Berber descent*)
24. **abrasada** burned
25. **podrá parecer** he may seem
26. **indulgencias rimadas** rhymed indulgences (*in the Roman Catholic church, a remission of sins*)
27. **a lo Petrarca** in the style of Petrarch (*Italian lyric poet of the fourteenth century*)
28. **fábula** talk
29. **Lleva recado** Take a message
30. **de que** stating that
31. **mi estancia** my rooms, my quarters
32. **vos** you (*formal; this form was widely used in old Spanish*)
33. **rufianes** scoundrels

LEONELO: Soy criado suyo, señora. Le sirvo a mi pesar.[34]

DUQUESA: Mal empleáis vuestra juventud.

LEONELO: ¡Dichosos los que pueden seguir en la vida la senda[35] de sus sueños!

60   DUQUESA: Camino muy bajo habéis emprendido.[36] Salid.

LEONELO: ¿Sin mensaje alguno de vuestra parte para don Juan?

DUQUESA: ¡Insolente!

LEONELO: Supuesto que le habéis llamado...

65   DUQUESA: Sí; le llamé para que, por vez primera en su vida, se hallara frente a una mujer honrada, para que nunca pudiera decir que una dama como yo no tuvo más defensa contra él que evitar su vista.

LEONELO: Así como a vos ahora, oí a muchas mujeres responder a don Juan, y muchas le desafiaron[37] como vos, y muchas como vos le recibieron altivas...

DUQUESA: ¿Y don Juan no escarmienta?[38]

70   LEONELO: ¡Y no escarmientan las mujeres! La muerte, el remordimiento,[39] la desolación, son horribles y no pueden enamorarnos: pero les[40] precede un mensajero seductor,[41] hermoso, juvenil..., el peligro, eterno enamorador de las mujeres... evitad el peligro, creedme; no oigáis a don Juan.

DUQUESA: Me confundís con el vulgo[42] de las mujeres. No en vano andáis al servicio de
75   ese caballero de fortuna...

LEONELO: No en vano llevo mi alma entristecida por tantas almas de nobles criaturas amantes de don Juan. ¡Cuánto lloré por ellas! Mi corazón fue recogiendo[43] los amores destrozados en su locura por mi señor, y en mis sueños terminaron felices tantos amores de muerte y de llanto...[44] ¡Un solo amor de don Juan hu-
80   biera sido[45] la eterna ventura de mi vida!... ¡Todo mi amor inmenso no hubiera bastado a consolar a una sola de sus enamoradas! ¡Riquísimo caudal[46] de amor derrochado[47] por don Juan junto a mí, pobre mendigo de amor!...

---

34. **a mi pesar** against my wishes
35. **senda** path
36. **emprender** to undertake
37. **desafiar** to defy, to challenge
38. **¿... no escarmienta?** doesn't he ever learn?
39. **el remordimiento** remorse
40. **les** them (*referring to the nouns just mentioned*)

41. **seductor** seducer (*i.e.,* Don Juan)
42. **el vulgo... mujeres** common, ordinary women
43. **recoger** to pick up
44. **llanto** weeping, sorrow
45. **hubiera sido** would have been
46. **caudal** abundance, treasure
47. **derrochar** to waste; to squander

DUQUESA: ¿Sois poeta? Sólo un poeta se acomoda a vivir como vos, con el pensamiento y la conciencia en desacuerdo.

LEONELO: Sabéis de los poetas, señora; no sabéis de los necesitados... 85

DUQUESA: Sé... que no me pesa[48] del engaño de don Juan... al oíros... Ya me interesa saber de vuestra vida... Decidme qué os trajo a tan dura necesidad... No habrá peligro en escucharos como en escuchar a don Juan..., aunque seáis mensajero suyo, como vos decís que el peligro es mensajero de la muerte... Hablad sin temor. 90

LEONELO: ¡Señora!

Escena III
DICHOS y DON JUAN; con la espada desenvainada,[49] entra con violencia

DUQUESA: ¿Cómo llegáis hasta mí de esa manera? ¿Y mi gente?... ¡Hola!

DON JUAN: Perdonad. Pero comprenderéis que no he de permitir que mi criado me sustituya tanto tiempo... 95

DUQUESA: ¡Con ventaja!

DON JUAN: No podéis apreciarla todavía.

DUQUESA: ¡Oh! ¡Basta ya!... (*A Leonelo.*) ¿No dices[50] que la necesidad te llevó al indigno oficio de servir a este hombre? ¿Te pesa la servidumbre? ¿Ves cómo insultan a una dama en tu presencia y eres bien nacido? Ya eres 100 libre... y rico...

DON JUAN: ¿Le tomáis a vuestro servicio?

DUQUESA: Quiero humillaros cuanto pueda... [51] (*A Leonelo.*) Mi amor es imposible para don Juan; mi amor es tuyo si sabes merecerlo...

LEONELO: ¡Vuestro amor! 105

DON JUAN: A mí te iguala. Eres noble por él... [52]

---

48. **no me pesa** I'm not concerned about
49. **desenvainada** drawn
50. **dices** (*note the change to the familiar form, second person singular*)

51. **cuanto pueda** as much as I can
52. **por él** because of it (*amor*)

LEONELO: ¡Señora!

DUQUESA: ¡Fuera la espada! Mi amor es tuyo... lucha sin miedo. (*Don Juan y Leonelo combaten. Cae muerto Leonelo.*)

110 LEONELO: ¡Ay de mí!

DUQUESA: ¡Dios mío!

DON JUAN: ¡Noble señora! Ved lo que cuesta una porfía... [53]

DUQUESA: ¡Muerto! Por mí... ¡Favor[54]!... ¡Dejadme salir! Tengo miedo, mucho miedo...

115 DON JUAN: Estáis conmigo...

DUQUESA: Se agolpa[55] la gente ante las ventanas... ¡Una muerte en mi casa!

DON JUAN: ¡No tembléis! Pasaron, oyeron ruido y se detuvieron... A mi cargo corre[56] sacar de aquí el cadáver sin que nadie sospeche...

DUQUESA: ¡Oh! Sí, salvad mi honor... ¡Si supieran!...

120 DON JUAN: No saldré de aquí sin dejaros tranquila...

DUQUESA: ¡Oh! No puedo miraros..., me dais espanto... ¡Dejadme salir!

DON JUAN: No, aquí, a mi lado... Yo también tengo miedo de no veros..., por vos he dado muerte a un desdichado... No me dejéis, o saldré de aquí para siempre, y suceda lo que suceda...,[57] vos explicaréis como podáis
125   el lance.[58]

DUQUESA: ¡Oh, no me dejéis! Pero lejos de mí, no habléis, no os acerquéis a mí... (*Queda en el mayor abatimiento.*)[59]

DON JUAN: (*Contemplándola. Aparte.*) ¡Es mía! ¡Una más!... (*Contemplando el cadáver de Leonelo.*) ¡Pobre Leonelo!

FIN DE EL CRIADO DE DON JUAN

---

53. **porfía** your obstinacy
54. **¡Favor!** Help!
55. **agolparse** to crowd
56. **a mi cargo corre** I'll take it upon myself
57. **suceda lo que suceda** come what may
58. **el lance** what has happened here
59. **abatimiento** dejection

DESPUÉS DE LEER

A. Cuestionario

1. ¿Dónde y en qué época tiene lugar la comedia (*play*)?
2. ¿Por qué se pasea Fabio por delante del palacio?
3. ¿Cómo caracterizaría usted a la Duquesa?
4. ¿Teme la Duquesa a don Juan? ¿Por qué?
5. ¿Ha habido otras mujeres que desafiaron a don Juan? ¿Con qué resultado?
6. ¿Por qué se interesa ella en Leonelo?
7. ¿Qué motivo hace que la Duquesa ofrezca su amor a Leonelo?
8. ¿Por qué tiene miedo ella después de la muerte de Leonelo?
9. ¿De qué se jacta (*boasts*) don Juan al final? ¿Qué piensa usted de esta "conquista"?
10. ¿Es don Juan capaz de ser contrito, como, por ejemplo, tras la muerte de Leonelo?

B. Comprensión. Indique usted cuáles de las siguientes frases son falsas y corríjalas.

1. Don Juan no se aparta ni de día ni de noche de delante del palacio.
2. Les gusta a los criados ayudar a su amo en sus conquistas.
3. La Duquesa es una mujer orgullosa que desprecia a don Juan.
4. La Duquesa no hace caso a los consejos de Leonelo.
5. Ella se interesa en Leonelo porque es un rufián sin alma.
6. Don Juan queda en el mayor abatimiento (*dejection*) cuando la Duquesa ofrece su amor a Leonelo.
7. Don Juan no ha entrado en el palacio a matar a Leonelo.
8. Don Juan no se preocupa por la moral de sus acciones.
9. Discusión. A su juicio, ¿es don Juan un héroe (o quizás, un antihéroe)?

REPASO GRAMATICAL

The subjunctive

The subjunctive is used frequently in this sketch, to express purpose, an order or request, permission, uncertainty, an act that hasn't happened yet or with **sin que**, among other uses. Some of these uses are treated more fully in other selections.

C. Repaso del subjuntivo. Escoja usted el verbo apropiado de las posibilidades entre paréntesis. Las frases están sacadas del texto. Cuidado: no todas exigen el subjuntivo.

1. Le llamé para que (**se hallara, se hallaría, se halle**) frente a una mujer honrada.
2. Decidme qué os (**trajese, trajo**) a tan dura necesidad.

3. Ha jurado no apartarse de este sitio hasta que ella (**consentirá, consienta, consiente**) en oírle.

4. Sacaré de aquí el cadáver sin que nadie (**sospeche, sospecha, sospechar**).

5. Las italianas no (**tememos, temamos**) al diablo.

6. Don Juan ha ordenado que apenas llegaras (**ocupes, ocuparás, ocupases**) mi puesto.

7. No volveré nunca, suceda lo que (**sucederá, suceda, sucede**).

8. No saldré de aquí sin (**dejaros, os deje, os deja**) tranquila.

9. No he de permitir que mi criado me (**sustituye, sustituya**) tanto tiempo.

10. No habrá peligro en escucharos..., aunque (**sois, seáis**) mensajero suyo.

Probability and conjecture

You will find in the sentences below examples of the use of the future and conditional tenses to express probability or conjecture. To express an action in the present, use the future of the verb.

Examples:

Leonelo sufrirá siendo criado de
    don Juan.
 (o) **Leonelo debe de sufrir siendo...**
	Leonelo must be suffering (probably is
	   suffering) being Don Juan's servant.

Note that **deber (de)** + infinitive expresses the same idea.

Habrá centenares de víctimas de
    don Juan.
 (o) **Deben (de) haber centenares de**
    víctimas de don Juan.
	There must be hundreds of victims of
	   Don Juan.

To express probability in the past, use the conditional or future perfect tense.

Examples:

Pintarían la casa recientemente. (o) **Habrán pintado la casa recientemente.**	*They must have painted the house* *recently.*

Llevaría don Juan dos días delante del
    palacio.
 (o) **Habrá llevado don Juan dos días...**
	Don Juan must have spent two days in
	   front of the palace.

D. Traduzca usted

1. He must be crazy to serve a master like Don Juan, but the latter (**éste**) orders him to do these things.

2. Don Juan never stops pursuing (**perseguir**) a woman until she yields (**ceder**) to his promises.

3. The Duchess says that he must have won his reputation (**fama**) as the great seducer at the cost of (**a costa de**) easy women.
4. Poor Leonelo died in order that the Duchess might not become (**hacerse**) another victim.
5. Don Juan got rid of (**librarse de**) the body without anyone's knowing what happened.
6. You probably think that it is impossible that a man can be as cruel as Don Juan.

12

Gabriel García Márquez

1928 –

Gabriel García Márquez es probablemente el escritor latinoamericano más admirado hoy en día. En 1982 fue honrado con el Premio Nobel para Literatura, y se considera su obra maestra, *Cien años de soledad* (1967), como una de las mejores novelas del siglo XX. Al mismo tiempo, sin embargo, el éxito de esta novela y otras suyas tiende a ocultar el hecho de que él es también un brillante escritor de relatos cortos.

García Márquez nació en el pueblo de Aracataca, Colombia. Su memoria de los detalles y actitudes de la vida de un pequeño pueblo le proporcionó la materia para la creación de un mundo mítico que él llamaba Macondo. García Márquez pinta un cuadro sombrío (*grim*) de una sociedad podrida (*decayed*), con una estructura socioeconómica que se ha hecho arruinada por la corrupción, por líderes tiránicos, y por terratenientes (*landowners*) avaros que explotan a los pobres. En estas escrituras, García Márquez experimenta con un nuevo tipo de la realidad, donde lo sobrenatural y lo mágico coexisten con los ordinarios acontecimientos cotidianos. Esta técnica, llamada realismo mágico (como Ud. ha visto antes en este libro), se desarrolla plenamente en *Cien años de soledad.*

"La siesta del martes" es el cuento favorito de García Márquez de la colección *Los funerales de Mamá Grande* (1962). El cuento retrata con realismo y en prosa sombría a una viuda cuyo carácter estoico y digna calma se destacan contra la hostilidad del pueblo adonde ella ha venido a visitar la tumba de su hijo.

La siesta del martes

El tren salió del trepidante corredor de rocas bermejas,[1] penetró en las plantaciones de banano, simétricas e interminables, y el aire se hizo húmedo y no se volvió a sentir[2] la brisa del mar. Una humareda[3] sofocante entró por la ventanilla del vagón. En el estrecho camino paralelo a la vía férrea había carretas de bueyes[4] cargadas de racimos[5] verdes. Al otro lado del camino, en intempestivos espacios sin sembrar,[6] había oficinas con ventiladores eléctricos, campamentos de ladrillos rojos y residencias con sillas y mesitas blancas en las terrazas entre palmeras y rosales polvorientos.[7] Eran las once de la mañana y aún no había empezado el calor.

—Es mejor que subas el vidrio[8] —dijo la mujer—. El pelo se te va a llenar de carbón.

La niña trató de hacerlo pero la persiana estaba bloqueada por óxido.[9]

Eran los únicos pasajeros en el escueto[10] vagón de tercera clase. Como el humo de la locomotora siguió entrando por la ventanilla, la niña abandonó el puesto y puso en su lugar los únicos objetos que llevaban: una bolsa[11] de material plástico con cosas de comer y un ramo de flores envuelto en papel de periódicos. Se sentó en el asiento opuesto, alejada de la ventanilla, de frente a su madre. Ambas guardaban un luto riguroso y pobre.[12]

La niña tenía doce años y era la primera vez que viajaba. La mujer parecía demasiado vieja para ser su madre, a causa de las venas azules en los párpados[13] y del cuerpo pequeño, blando y sin formas, en un traje cortado como una sotana.[14] Viajaba con la columna vertebral[15] firmemente apoyada contra el espaldar del asiento, sosteniendo en el regazo con ambas manos una cartera de charol desconchado.[16] Tenía la serenidad escrupulosa de la gente acostumbrada a la pobreza.

A las doce había empezado el calor. El tren se detuvo diez minutos en una estación sin pueblo para abastecerse[17] de agua. Afuera, en el misterioso silencio de las plantaciones, la sombra tenía un aspecto limpio. Pero el aire estancado[18] dentro del vagón olía a cuero sin curtir.[19] El tren no volvió a acelerar. Se detuvo en dos pueblos iguales, con casas de madera pintadas de colores vivos. La mujer inclinó la cabeza y se hundió en el sopor.[20] La niña se quitó los zapatos. Después fue a los servicios sanitarios[21] a poner en agua el ramo de flores muertas.

    Cuando volvió al asiento la madre la esperaba para comer. Le dio un pedazo de queso,
30 medio bollo de maíz y una galleta dulce,[22] sacó para ella de la bolsa de material plástico una ración igual. Mientras comían, el tren atravesó muy despacio un puente de hierro y pasó de largo por un pueblo igual a los anteriores, sólo que en éste había una multitud en la plaza. Una banda de músicos tocaba una pieza alegre bajo el sol aplastante. Al otro lado del pueblo, en una llanura cuarteada por la aridez,[23] terminaban las plantaciones.
35   La mujer dejó de comer.

    —Ponte los zapatos —dijo.

    La niña miró hacia el exterior. No vio nada más que la llanura desierta por donde el tren empezaba a correr de nuevo pero metió en la bolsa el último pedazo de galleta y se puso rápidamente los zapatos. La mujer le dio la peineta.[24]
40   —Péinate —dijo.

    El tren empezó a pitar[25] mientras la niña se peinaba. La mujer se secó el sudor del cuello y se limpió la grasa[26] de la cara con los dedos. Cuando la niña acabó de peinarse el tren pasó frente a las primeras casas de un pueblo más grande pero más triste que los anteriores.
45   —Si tienes ganas de hacer algo, hazlo ahora —dijo la mujer—. Después, aunque te estés muriendo de sed no tomes agua en ninguna parte. Sobre todo, no vayas a llorar.

    La niña aprobó con la cabeza. Por la ventanilla entraba un viento ardiente y seco, mezclado con el pito de la locomotora y el estrépito de los viejos vagones. La mujer enrolló la bolsa con el resto de los alimentos y la metió en la cartera. Por un instante, la imagen
50 total del pueblo, en el luminoso martes de agosto, resplandeció[27] en la ventanilla. La niña envolvió las flores en los periódicos empapados,[28] se apartó un poco más de la ventanilla y miró fijamente a su madre. Ella le devolvió una expresión apacible.[29] El tren acabó de pitar y disminuyó la marcha. Un momento después se detuvo.

    No había nadie en la estación. Del otro lado de la calle, en la acera sombreada por los
55 almendros,[30] sólo estaba abierto el salón de billar.[31] El pueblo flotaba en el calor. La mujer y la niña descendieron del tren, atravesaron la estación abandonada cuyas baldosas empezaban a cuartearse[32] por la presión de la hierba, y cruzaron la calle hasta la acera de sombra.

    Eran casi las dos. A esa hora, agobiado[33] por el sopor, el pueblo hacía la siesta. Los
60 almacenes,[34] las oficinas públicas, la escuela municipal, se cerraban desde las once y no

---

21. **servicios sanitarios** lavatory
22. **medio... dulce** half a cornbread bun and a cookie
23. **una llanura... aridez** a plain split open by the drought
24. **peineta** comb
25. **pitar** to blow its whistle
26. **grasa** oiliness
27. **resplandecer** to shine
28. **empapados** saturated
29. **apacible** gentle, peaceful
30. **almendros** almond trees
31. **salón de billar** pool hall
32. **cuyas baldosas empezaban a cuartearse** whose stone tiles were beginning to split
33. **agobiar** to weigh down
34. **los almacenes** the stores

volvían a abrirse hasta un poco antes de las cuatro, cuando pasaba el tren de regreso. Sólo permanecían abiertos el hotel frente a la estación, su cantina[35] y su salón de billar, y la oficina del telégrafo a un lado de la plaza. Las casas, en su mayoría construidas sobre el modelo de la compañía bananera, tenían las puertas cerradas por dentro y las persianas bajas. En algunas hacía tanto calor que sus habitantes almorzaban en el patio. Otros recostaban un asiento a la sombra de los almendros y hacían la siesta sentados en plena calle.

Buscando siempre la protección de los almendros la mujer y la niña penetraron en el pueblo sin perturbar la siesta. Fueron directamente a la casa cural.[36] La mujer raspó con la uña la red metálica[37] de la puerta, esperó un instante y volvió a llamar. En el interior zumbaba[38] un ventilador eléctrico. No se oyeron los pasos. Se oyó apenas el leve crujido[39] de una puerta y en seguida una voz cautelosa[40] muy cerca de la red metálica: "¿Quién es?" La mujer trató de ver a través de la red metálica.

—Necesito al padre —dijo.

—Ahora está durmiendo.

—Es urgente —insistió la mujer.

Su voz tenía una tenacidad reposada.

La puerta se entreabrió sin ruido y apareció una mujer madura y regordeta, de cutis[41] muy pálido y cabellos color hierro. Los ojos parecían demasiado pequeños detrás de los gruesos cristales de los lentes.[42]

—Sigan —dijo, y acabó de abrir la puerta.

Entraron en una sala impregnada de un viejo olor de flores. La mujer de la casa las condujo hasta un escaño[43] de madera y les hizo señas de que se sentaran. La niña lo hizo, pero su madre permaneció de pie, absorta, con la cartera apretada en las dos manos, No se percibía ningún ruido detrás del ventilador eléctrico.

La mujer de la casa apareció en la puerta del fondo.

—Dice que vuelvan después de las tres —dijo en voz muy baja—. Se acostó hace cinco minutos.

—El tren se va a las tres y media —dijo la mujer.

Fue una réplica breve y segura, pero la voz seguía siendo apacible, con muchos matices.[44] La mujer de la casa sonrió por primera vez.

—Bueno —dijo.

Cuando la puerta del fondo volvió a cerrarse la mujer se sentó junto a su hija. La angosta sala de espera era pobre, ordenada y limpia. Al otro lado de una baranda de madera[45] que dividía la habitación, había una mesa de trabajo, sencilla, con un tapete de hule,[46] y encima

---

35. **cantina** canteen; restaurant
36. **cural** of the parish priest
37. **raspó... metálica** scraped the grating (of the door) with her nail
38. **zumbar** to buzz, to hum
39. **leve crujido** slight creaking
40. **cauteloso** cautious
41. **cutis** skin

42. **los gruesos cristales de los lentes** the thick lenses of her glasses
43. **escaño** bench
44. **matices** (*sing.* **matiz**) shades, nuances (of meaning)
45. **baranda de madera** wooden railing
46. **tapete de hule** oilcloth cover

de la mesa una máquina de escribir primitiva junto a un vaso con flores. Detrás estaban los archivos parroquiales.[47] Se notaba que era un despacho arreglado por una mujer soltera.

La puerta del fondo se abrió y esta vez apareció el sacerdote limpiando los lentes con un pañuelo. Sólo cuando se los puso pareció evidente que era hermano de la mujer que había abierto la puerta.

—¿Qué se le ofrece? —preguntó.

—Las llaves del cementerio —dijo la mujer.

La niña estaba sentada con las flores en el regazo y los pies cruzados bajo el escaño. El sacerdote la miró, después miró a la mujer y después, a través de la red metálica de la ventana, el cielo brillante y sin nubes.

—Con este calor —dijo—. Han podido esperar a que[48] bajara el sol.

La mujer movió la cabeza en silencio. El sacerdote pasó del otro lado de la baranda, extrajo del armario[49] un cuaderno forrado de hule,[50] un plumero de palo y un tintero,[51] y se sentó a la mesa. El pelo que le faltaba en la cabeza le sobraba[52] en las manos.

—¿Qué tumba van a visitar? —preguntó.

—La de Carlos Centeno —dijo la mujer.

—¿Quién?

—Carlos Centeno —repitió la mujer.

El padre siguió sin entender.

—Es el ladrón[53] que mataron aquí la semana pasada —dijo la mujer en el mismo tono—. Yo soy su madre.

El sacerdote la escrutó. Ella lo miró fijamente, con un dominio reposado, y el padre se ruborizó.[54] Bajó la cabeza para escribir. A medida que[55] llenaba la hoja pedía a la mujer los datos de su identidad,[56] y ella respondía sin vacilación, con detalles precisos, como si estuviera leyendo. El padre empezó a sudar...

Todo había empezado el lunes de la semana anterior, a las tres de la madrugada y a pocas cuadras de allí. La señora Rebeca, una viuda solitaria que vivía en una casa llena de cachivaches,[57] sintió a través del rumor de la llovizna[58] que alguien trataba de forzar desde afuera la puerta de la calle. Se levantó, buscó a tientas en el ropero[59] un revólver arcaico que nadie había disparado desde los tiempos del coronel Aureliano Buendía, y fue a la sala sin encender las luces. Orientándose[60] no tanto por el ruido de la cerradura como por un terror desarrollado en ella por veintiocho años de soledad, localizó en la imaginación no sólo el sitio donde estaba la puerta sino la altura exacta de la cerradura. Agarró el arma con

47. **archivos parroquiales** parish files
48. **Han podido esperar a que** You might have waited until
49. **extrajo (extraer) del armario** took out of the closet
50. **un cuaderno forrado de hule** a notebook covered with oilcloth
51. **un plumero... tintero** a wooden penholder and an inkwell
52. **sobraba** was excessive
53. **ladrón** thief
54. **se ruborizó** blushed
55. **A medida que** As
56. **datos de su identidad** personal data
57. **una casa llena de cachivaches** a run-down house
58. **a través... llovizna** through the sound of the drizzle
59. **a tientas en el ropero** gropingly in the clothes closet
60. **Orientándose** Getting her bearings

las dos manos, cerró los ojos y apretó el gatillo.[61] Era la primera vez en su vida que
disparaba un revólver. Inmediatamente después de la detonación no sintió nada más que
el murmullo de la llovizna en el techo de cinc.[62] Después percibió un golpecito metálico
en el andén de cemento[63] y una voz muy baja, apacible, pero terriblemente fatigada: "Ay,
mi madre". El hombre que amaneció muerto[64] frente a la casa, con la nariz despedazada,[65]
vestía una franela a rayas de colores,[66] un pantalón ordinario con una soga[67] en lugar de
cinturón, y estaba descalzo. Nadie lo conocía en el pueblo.

—De manera que se llamaba Carlos Centeno —murmuró el padre cuando acabó de
escribir.

—Centeno Ayala —dijo la mujer—. Era el único varón.[68]

El sacerdote volvió al armario. Colgadas de un clavo[69] en el interior de la puerta había
dos llaves grandes y oxidadas, como la niña imaginaba y como imaginaba la madre cuando
era niña y como debió imaginar el propio sacerdote alguna vez que eran las llaves de san
Pedro. Las descolgó, las puso en el cuaderno abierto sobre la baranda y mostró con el
índice un lugar en la página escrita, mirando a la mujer.

—Firme aquí.

La mujer garabateó[70] su nombre, sosteniendo la cartera bajo la axila.[71] La niña recogió
las flores, se dirigió a la baranda arrastrando los zapatos y observó atentamente a su madre.

El párroco suspiró.

—¿Nunca trató de hacerlo entrar por el buen camino?

La mujer contestó cuando acabó de firmar.

—Era un hombre muy bueno.

El sacerdote miró alternativamente a la mujer y a la niña y comprobó con una especie
de piadoso estupor[72] que no estaban a punto de llorar. La mujer continuó inalterable:

—Yo le decía que nunca robara nada que le hiciera falta a alguien[73] para comer, y él me
hacía caso. En cambio, antes, cuando boxeaba, pasaba hasta tres días en la cama postrado
por los golpes.

—Se tuvo que sacar todos los dientes —intervino la niña—. Así es —confirmó la
mujer—. Cada bocado que me comía en ese tiempo me sabía a los porrazos[74] que le daban
a mi hijo los sábados a la noche.

—La voluntad de Dios es inescrutable —dijo el padre.

Pero lo dijo sin mucha convicción, en parte porque la experiencia lo había vuelto un
poco escéptico,[75] y en parte por el calor. Les recomendó que se protegieran la cabeza para

61. **apretó el gatillo** she squeezed the trigger
62. **techo de cinc** zinc-coated roof
63. **andén de cemento** concrete walk
64. **amaneció muerto** who was found dead in the morning
65. **despedazada** shattered
66. **vestía... colores** was wearing a color-striped flannel shirt
67. **soga** rope
68. **varón** male
69. **colgadas de un clavo** hanging from a nail
70. **garabatear** to scribble
71. **axila** armpit
72. **piadoso estupor** compassionate astonishment
73. **que nunca robara... a alguien** not to steal anything that someone might need
74. **me sabía a los porrazos** tasted like the punches
75. **escéptico** skeptical

evitar la insolación.[76] Les indicó bostezando[77] y ya casi completamente dormido, cómo debían hacer para encontrar la tumba de Carlos Centeno. Al regreso no tenían que tocar. Debían meter la llave por debajo de la puerta, y poner allí mismo, si tenían, una limosna[78] para la Iglesia. La mujer escuchó las explicaciones con mucha atención, pero dio las gracias sin sonreír.

Desde antes de abrir la puerta de la calle el padre se dio cuenta de que había alguien mirando hacia dentro, las narices aplastadas contra la red metálica. Era un grupo de niños. Cuando la puerta se abrió por completo los niños se dispersaron. A esa hora, de ordinario, no había nadie en la calle. Ahora no sólo estaban los niños. Había grupos bajo los almendros. El padre examinó la calle distorsionada por la reverberación,[79] y entonces comprendió. Suavemente volvió a cerrar la puerta.

—Esperen un minuto —dijo, sin mirar a la mujer.

Su hermana apareció en la puerta del fondo, con una chaqueta negra sobre la camisa de dormir y el cabello suelto en los hombros.[80] Miró al padre en silencio.

—¿Qué fue? —preguntó él.

—La gente se ha dado cuenta —murmuró su hermana.

—Es mejor que salgan por la puerta del patio —dijo el padre.

—Es lo mismo —dijo su hermana—. Todo el mundo está en las ventanas.

La mujer parecía no haber comprendido hasta entonces. Trató de ver la calle a través de la red metálica. Luego le quitó el ramo de flores a la niña y empezó a moverse hacia la puerta. La niña la siguió.

—Esperen a que baje el sol —dijo el padre.

—Se van a derretir[81] —dijo su hermana, inmóvil en el fondo de la sala—. Espérense y les presto una sombrilla.[82]

—Gracias —replicó la mujer—. Así vamos bien.[83]

Tomó a la niña de la mano y salió a la calle.

DESPUÉS DE LEER

A. Cuestionario

1. ¿Cómo pasaban la mujer y su hija las horas en el tren?
2. ¿Por qué está desierta la estación donde las dos bajan del tren?
3. Describa el pueblo en las horas de la siesta.
4. ¿A dónde se dirigen la mujer y la niña? ¿A quién quieren ver?

76. **insolación** sunstroke
77. **bostezar** to yawn
78. **una limosna** alms; a coin
79. **distorsionada... reverberación** distorted by heat waves
80. **el cabello... hombros** her hair hanging loose over her shoulders
81. **derretir** to melt
82. **sombrilla** parasol
83. **Así vamos bien.** We'll be all right without it.

5. ¿Cuál es el propósito de su visita?
6. Describa lo que le había pasado al hijo.
7. ¿Cree Ud. que el hijo merecía la muerte? Explique.
8. ¿Por qué les dice el padre que no salgan por la puerta de la calle?
9. ¿Cuál es el papel (*role*) del calor en el cuento? Escoja dos o tres frases del texto que describan vivamente el calor.
10. ¿Cómo se explica que ni la madre ni la hija lloran?
11. ¿En qué consiste el realismo del cuento?
12. ¿Hay algo misterioso, quizás irreal, en la súbita aparición de la multitud? ¿Qué motivos habrá para explicar esto?

B. Comprensión. Use la expresión que mejor describa o defina la parte de las oraciones en negrita.

hacer caso a	hacer la siesta	ruborizarse	oler a
volver a + inf.	dejar de + inf.	darse cuenta de	devastador

Modelo:

El aire cambió y **ya no está seco.**
El aire se hizo húmedo.

1. La mujer comía pero **ya no come más.**
2. Andaba bajo un sol **aplastante.**
3. Hacía tanto calor que el pueblo **no trabajaba.**
4. El sacerdote **se puso rojo.**
5. **Había un aroma de perfume** en la casa.
6. La niña **se puso de nuevo los zapatos.**
7. El padre **notó** que había alguien mirándole.
8. Yo le decía que no robara, pero **no me obedecía.**

REPASO GRAMATICAL

Reflexive constructions

1. The reflexive pronoun **se** is very often used with the third person of the verb to express the passive voice, instead of **ser** and the past participle, when the subject of the sentence is not a person and the agent (the doer of the action) is not expressed. The subject generally follows the reflexive verb.

Examples:

No se oyen los pasos.   *The footsteps can not be heard* (lit., *the footsteps do not hear themselves*).

But:

La cena fue cocinada por mi madre.   *Supper was cooked by my mother.*
                                          (The agent, *my mother,* is expressed).

Other examples:

Se publicó la novela el año pasado.   *The novel was published last year.*
                                          (lit., *the novel published itself . . .*)
Se habla español aquí.   *Spanish is spoken here.*
Se abren las puertas a las nueve.   *The doors are opened at nine o'clock.*

2. When the subject of the passive sentence in English is a person or an animate being, Spanish uses the impersonal singular reflexive **se** (in addition to the "true" passive, with **ser** and the past participle). **Se** becomes the subject of the verb, and what would be the subject in the English sentence becomes the direct or indirect object of the verb.

Examples:

Se despertó al sacerdote por la tarde.   *The priest was awakened in the afternoon.* (*One awakened the priest . . .*)
Se mató al soldado en la guerra.   *The soldier was killed in the war.*

(The normal reflexive construction, **Se mató el soldado,** would mean *The soldier killed himself.*)

Other examples:

Se me llevó al hospital.   *I was taken to the hospital.*
                               (*One/They took me to the hospital.*)
Se castigará al niño.   *The child will be punished.*

In these examples, where the person is the direct recipient of the action, the "true" passive is also correct. (**El niño será castigado.**)

C. Ponga usted en la voz pasiva las siguientes oraciones.

1. Aquí _____ (vender) autos de segunda mano.
2. _____ (usar) este estilo mucho ahora.
3. Cuando sonó el trueno, _____ (apagar) las luces.
4. La novela **Don Quijote** _____ (escribir) por Cervantes.
5. _____ (atropellar, *to run over*) al niño en la calle.
6. Me dijo que sus trajes _____ (hacer) en Londres.
7. _____ (decir) que su familia es muy pobre.
8. _____ (ver) a muchos niños en el parque.
9. El hijo _____ (matar) en la casa que quiso robar.
10. _____ (establecer) esta universidad en 1823.

D. Cambie usted las oraciones siguientes a la voz pasiva, con **se** o con **ser**.

Modelo: Vendieron el coche por mil dólares.
Se vendió el coche por mil dólares.

1. El cura recibió de mal humor a la madre y su hija.
2. Han construido una casa nueva en esta calle.
3. ¿Es posible comprar oro en esta ciudad?
4. El presidente mismo recibirá al astronauta.
5. Publicaron este artículo en todos los periódicos.
6. ¿Pueden decir esto en español?

E. Traduzca usted

1. Not a sound is heard in the hot afternoon.
2. The priest stopped smiling when he was told that the woman is the mother of the boy who was shot.
3. Strange happenings (**sucesos**) can be found in García Márquez's stories.
4. The silence was broken by the mysterious appearance (**aparición**) of the people.
5. The mother must be admired for her fortitude (**valor**) in the face of (**frente a**) tragedy.

13

Marina Mayoral

1942–

Marina Mayoral es nativa de Galicia, provincia en el noroeste de España, y todas sus novelas tienen lugar allí. Como otras dos célebres escritoras gallegas, Rosalía de Castro y Emilia Pardo Bazán, ella demuestra un verdadero amor a su tierra natal.

Mayoral recibió su doctorado en la Filología de Lenguas Romances de la Universidad Complutense de Madrid, donde ha sido profesora de literatura desde 1978. Ella ha pasado también un año como profesora visitante en la Universidad de Pennsylvania. Su primera novela apareció en 1979, la cual ganó, con otras dos novelas suyas, premios literarios importantes.

Una de las fuerzas de Mayoral como escritora es la riqueza de sus caracterizaciones. Sus novelas están pobladas de gentes que representan una gran variedad de clases sociales, edades y ocupaciones, desde médicos y abogados hasta boxeadores, artistas, y detectives.

El cuento que va a continuación, "Ensayo de comedia", de su colección del mismo título, tiene un ambiente cosmopolita. La narradora es una gran actriz que ya se está acercando al final de su brillante carrera. Ella se imagina cómo se escribiría su vida en forma de una comedia (*play*) de tres actos. Con su humor acostumbrado, Marina Mayoral ha convertido la imaginada comedia en un cuento con una estructura perfectamente dramática.

Ensayo de comedia[1]

Desde que el coronel inglés me miró sonriendo y dijo: "hace cinco años", estoy pensando que esto no es un drama, como creía, sino una comedia, a pesar de que Eduardo ya no estará conmigo y a pesar también de esta cara envejecida que me mira desde el espejo.

No sé cómo explicarlo. Supongo que muchos pensarán: "las actrices siempre haciendo teatro,[2]" pero no es eso, aunque a veces es difícil separar el teatro y la vida. Cuando él dijo aquello yo sentí que era la frase final de la obra y, si se hubieran oído aplausos,[3] creo que no me hubiera sorprendido. Era un final y al mismo tiempo un comienzo, como en las buenas obras de teatro en las que, al caer el telón, los personajes siguen viviendo aunque nosotros no sepamos qué ha sido de ellos.

Me gustaría que alguien lo escribiera, lo de estos cinco años. Podría ser un éxito, a la gente le gusta que las historias acaben bien o, al menos, con esperanza. Naturalmente yo sería la protagonista, de eso no hay duda y a Eduardo, por más que en la vida haya representado el papel de galán,[4] le correspondería un papel secundario, tendría que salir poco. Eso es algo que los de fuera[5] no podrán entender, como lo de los ascensores,[6] que son lo peor de la casa, la desesperación de los vecinos, porque tardan siglos y se quedan parados con la gente encerrada dentro y, sin embargo, en la obra serían uno de los decorados[7] más importantes, lo mismo que las terrazas, otro de los fallos[8] de la casa. O sea,[9] que lo que es malo para la vida es bueno para el teatro y lo que es un final es un comienzo de otra cosa, aunque tampoco se puede decir que siempre sea así. Pero si estoy haciendo el esfuerzo de explicarlo y poner en orden lo que he vivido en estos últimos cinco años no es para hacer teatro, sino para entender este papel que me ha tocado vivir,[10] igual que intento comprender a Blanche du Bois o a Antígona cuando José Luis me pasa los papeles.[11]

Ya he dicho que los ascensores son lo peor de la casa, junto con las terrazas. Juraría que el arquitecto planeó estos pisos como dúplex y después, probablemente a causa del precio, los dividió con un artístico tabique.[12] Así se explica que las terracitas de los dormitorios[13] estén separadas sólo por una estrecha vidriera[14] y, sobre todo, que, desde ellas, cada uno de nosotros (el coronel y yo) disfrutemos[15] de una espléndida vista panorámica sobre la terraza del salón del otro. En esa terraza de abajo es donde yo tomo el sol de dos a tres de

1. **Ensayo de comedia** play rehearsal; *comedia* may mean "play" or "comedy."
2. **haciendo teatro** acting
3. **si se hubieran oído aplausos** if applause had broken out
4. **por más que... galán** no matter how much in life he has played the role of leading man
5. **los de fuera** outsiders, non-theater people
6. **lo de los ascensores** that matter of the elevators
7. **los decorados** the décor: the props
8. **fallos** weak points, faults
9. **o sea** or else; or perhaps
10. **este papel... vivir** this role that it has been my lot to live
11. **los papeles** the scripts
12. **tabique** partition, wall
13. **dormitorios** bedrooms
14. **estrecha vidriera** thin glass partition
15. **disfrutar** to enjoy

la tarde, desde el otoño al verano. Hacerlo desnuda es un viejo hábito que no estoy
dispuesta a cambiar, aunque hace ya muchos años que actúo[16] muy vestida.

En cuanto al coronel inglés, ni es coronel ni es inglés. Cuando lo vimos por primera vez
Edu[17] dijo: "parece un coronel inglés". Tiene el pelo blanco, muy corto y brillante y un gran
bigote también blanco. Se le nota que ha sido rubio. Los ojos, claros; la piel, tostada y el
cuerpo musculoso y fuerte. Puede tener unos sesenta años, pero muy bien llevados.[18]
Después supimos que es escritor y yo incluso me compré una novela suya de la que hablaban
en el periódico, Es una novela de espionaje[19] muy complicada, que no entendí muy bien
porque tengo poco tiempo para leer y al ser de mucho enredo[20] me perdía, pero me pareció
que estaba bien escrita. Como la novela pasaba en Londres y él tiene ese aspecto, pues
seguimos llamándolo "el coronel inglés", aunque ya sabíamos que no era inglés ni coronel
sino escritor.

En el primer acto tendría que situarse[21] la escena en que Eduardo y yo nos quedamos
encerrados en el ascensor. Edu tenía entonces veinticuatro años y aquél era su primer papel
importante, quiero decir el que yo le había dado en *Bodas de sangre*.[22] Era un poco
demasiado joven para el papel y, además, José Luis decía que no daba el tipo,[23] quería a
alguien más agresivo y agitanado[24] y Edu siempre ha tenido un aspecto soñador y román-
tico. Yo insistí y José Luis transigió[25] por complacerme, pero le tuvo siempre un poco
enfilado.[26] Se empeñó en que le echaba demasiado realismo a las escenas de amor,[27] pero
la verdad es que hasta entonces no había habido nada entre nosotros. Yo me daba cuenta
de que le gustaba,[28] pero veinte años, veintiuno, son muchos años de diferencia y yo no
quería enredarme[29] con un chico tan joven, ésa es una historia que siempre sale mal.
Aquella noche venía a casa a tomar algo después de la función y nos quedamos encerrados
a la altura de mi piso.[30] Pasaba tiempo y tiempo y no aparecía nadie y yo empecé a ponerme
histérica porque me parecía que se acababa el aire. Edu me abrazó para tranquilizarme y
también me besó; era la primera vez. A ratos nos besábamos y a ratos aporreábamos[31] la
puerta. Así se pasó más de media hora. Fue el coronel inglés quien oyó nuestros golpes. No
se inquieten —dijo—. Ahora mismo los saco de ahí. Oímos unos ruidos metálicos, el
ascensor subió un poco y al fin pudimos abrir la puerta. El coronel inglés estaba encaramado[32]
a una escalera con una bata de seda,[33] una especie de destornillador o punzón[34] en la mano

16. **actuar** to act, to perform
17. **Edu** abbreviation of Eduardo
18. **llevados** carried
19. **novela de espionaje** spy novel
20. **al ser de mucho enredo** because it had a complicated plot
21. **tendría que situarse** (the setting in which . . .) would have to be arranged
22. *Bodas de sangre* by García Lorca, one of the great Spanish tragedies of the twentieth century
23. **no daba el tipo** he didn't fit the part
24. **agitanado** gypsylike
25. **transigir** to agree
26. **le tuvo... enfilado** he always had it in for him a little
27. **se empeñó en... escenas de amor** he insisted that he was too realistic in the love scenes
28. **le gustaba** he liked me
29. **enredarme** to get involved
30. **encerrados** stuck (in the elevator) near my floor
31. **aporrear** to beat, bang
32. **encaramado** standing (on)
33. **una bata de seda** a silk robe
34. **destornillador o punzón** screwdriver or pick

y una pipa entre los dientes. Aquello podría ser el final del acto primero: él en lo alto de
la escalera, con un gesto entre curioso y divertido, Edu atónito mirándolo como si fuera   60
Dios Padre y yo un poco avergonzada,[35] porque el coronel me miraba los botones
desabrochados[36] de la blusa y también miraba a Edu y veintiún años son muchos años y
eran las dos de la madrugada.

Las escenas de la terraza servirían para destacar su caballerosidad[37] y la índole especial
de nuestras relaciones de vecindad.[38] Cuando vi el camión de las mudanzas, me eché a   65
temblar: una familia con niños, por ejemplo, o alguna vieja chismosa[39] podía haber sido
horrible. Afortunadamente, llegó él solo. Lo vi una mañana al levantarme. Regaba las
plantas de la terraza de su salón y al oír las puertas correderas[40] de mi dormitorio levantó
la cabeza y me hizo un gesto de saludo. Al día siguiente se invirtieron los papeles, yo
tomaba el sol —desnuda, como ya he dicho— en mi terraza y oí que se abrían las puertas   70
de su dormitorio. Casi inmediatamente volvieron a cerrarse y así han seguido, de dos a tres
de la tarde, durante estos cinco años. Creo que es un gesto al antiguo estilo, muy de
caballero, aunque yo también he tenido gestos así con él, quiero decir de ese buen estilo,
un poco demodé, que ya no es frecuente encontrar, ni en las relaciones de vecinos ni en las
otras. Por ejemplo: nunca lo miro cuando está escribiendo, a pesar de que siento curiosi-   75
dad y me gustaría hacerlo. Cuando yo me levanto él está escribiendo en su terraza, sentado
de cara a la sierra, con un montón de folios sobre la mesa sujetos por un cenicero[41] y con
varias plumas y bolígrafos al lado. Nunca se vuelve al oír que yo abro las puertas, pero
tampoco escribe, se queda quieto fumando la pipa y mirando a lo lejos. Supongo que le
molesta que lo miren, a algunas personas les pasa y, aunque es algo que me cuesta enten-   80
der, lo respeto, por eso bajo enseguida al salón y hago ruido —arrastro una silla o coloco
la tumbona[42]—para que él sepa que no estoy observándolo.

Todo esto sería el segundo acto y es difícil de contar porque no hubo ningún suceso
destacado, sólo esos pequeños gestos cotidianos y lo que yo llamo los ruidos involuntarios.
Los dos somos discretos y silenciosos, pero en este dúplex vergonzante[43] es difícil no saber   85
de la vida del otro. Yo oigo entre sueños su despertador muy temprano, hacia las siete y
enseguida la ducha. Poco después de la una, cuando ya me estoy levantando, él deja de
escribir y sale a hacer deporte: footing, tenis y natación; veo la ropa colgada en la terraza
de la cocina. Por la tarde coincidimos muchas veces en el ascensor o en la escalera cuando
estas dichosas máquinas no funcionan. Yo voy al teatro y él al periódico, eso me lo ha   90
dicho el conserje.[44] Nunca lo he visto con una mujer, pero hay que tener en cuenta que
yo, excepto los lunes, vuelvo a casa a las dos de la madrugada y a esa hora él está durmiendo
plácidamente. Algunas noches lo oigo roncar.[45] Yo, por mi parte, procuro no hacer ruido

35. **avergonzada** embarrassed
36. **desabrochados** unbuttoned
37. **destacar su caballerosidad** to bring out his gentlemanliness
38. **la índole... de vecindad** the special kind of relationship as neighbors
39. **chismosa** gossipy
40. **correderas** sliding
41. **sujetos por un cenicero** held down by an ashtray
42. **colocar la tumbona** to move the sofa
43. **vergonzante** disgraceful
44. **conserje** concierge, porter
45. **roncar** to snore

y cuando empecé con Edu pensé incluso en cambiar el dormitorio a otra habitación,
pero, la verdad, nunca creí que lo de Edu fuera a durar[46] tanto, y un día por otro lo fui
dejando...

El tercer acto es cuando aparece María Jesús. Yo, al comienzo, no le di importancia, no
más que a cualquier otra de las que aparecieron en estos cinco años. Es joven, guapa, con
ganas de destacar; ni mejor ni peor que todas las demás. Yo soy Susana Alba, la mejor, en
esto no vamos a andar con subterfugios.[47] Soy la mejor actriz y seguiré siéndolo aún
muchos años. He trabajado con los mejores directores de Europa, he tenido premios en los
Festivales de todo el mundo. Tengo cincuenta años... De pronto un día lo notas. Es algo
estúpido, tienes sólo un día más que ayer que te sentías llena de vida, que sentías que ese
chico de veintinueve años te quiere, está enamorado de ti. Y de pronto te sientes vieja, te
miras en el espejo y te ves vieja; un rostro que no reconoces, que no es el tuyo. Te apartas
horrorizada, buscas una sombra cómplice[48] para echar desde allí una nueva ojeada[49] al
espejo, y en la penumbra[50] sí, te encuentras otra vez, eres Susana Alba: el perfil griego, los
ojos rasgados, la boca sensible[51]... Te acercas y desde la sombra va surgiendo otra vez una
mujer que no quieres reconocer, una cara pálida y cansada, con la piel surcada de[52] finas
arrugas, con bolsas bajo los ojos; la cara de una vieja. Piensas que tendrás que acostum-
brarte a esa imagen, que es posible que a ratos reaparezca aún la antigua, una imagen fijada
en cientos de fotos y carteles[53] que reproducen tu rostro de siempre, el tuyo, el que no
debía variar, pero que cada día se irá imponiendo el nuevo,[54] ése que ahora te mira desde
el espejo; el rostro de una mujer que ha tomado una decisión...

Es algo que de repente ves, pero que viene incubándose desde mucho tiempo atrás.
Quizá desde que revelé[55] las fotos del viaje a Grecia. Eduardo me había puesto mi pañuelo
blanco por la cabeza: "como una vestal". Supongo que también habría[56] vestales viejas,
pero uno nunca se las imagina así. Eran unas bonitas fotos, a pleno día, con el fondo de la
Acrópolis... y se me podían contar las arrugas[57] una por una. Le dije que se había velado
el carrete.[58] Después vinieron muchos días observándolo en los ensayos, viendo cómo
miraba a María Jesús cuando se quitaba la túnica: tiene unos pechos preciosos, erguidos[59]
y redondos y un bonito color de piel. Al fin, una mañana en casa abres la ventana y a la luz
del día te miras en el espejo. Esa misma tarde se lo dije a José Luis: "quiero que te lleves a
Eduardo a la gira[60]". Nos conocemos desde hace muchos años y no hizo comentarios. Esa
noche, mientras tomábamos nuestro vaso de leche después del ensayo, me dio una palmada

46. **fuera a durar** would last
47. **en esto... subterfugios** why be modest about it?
48. **sombra cómplice** less revealing shadowy area
49. **(echar una) ojeada** to glance
50. **la penumbra** semi-darkness
51. **rasgados... sensible** almond-shaped . . . sensitive
52. **la piel surcada de** the skin lined with
53. **carteles** billboards

54. **se irá imponiendo el nuevo** the present face will be replacing it
55. **revelar** to develop
56. **habría** there might have been
57. **se me podían contar las arrugas** my wrinkles could be counted
58. **se había velado el carrete** the film had come out too dark
59. **erguidos** firm
60. **a la gira** on the road (with the show)

en el hombro: "estás mejor que nunca, Susana; sigues siendo única". Es una buena persona José Luis, aunque a veces discutamos.[61] Se fueron de gira hace dos semanas. —Hablaremos a mi vuelta —dijo Edu. Pero todo está hablado, cuando vuelva dentro de tres meses no hará falta hablar.

Desde que él se fue he trabajado a tope[62] y por las noches me tomo una pastilla[63] para dormir. Lo peor es ese rato de dos a tres en que cierro los ojos y me tumbo a tomar el sol en la terraza. Cierro los ojos y vuelvo a ver la cara de Edu, ese rostro que ha madurado junto a mí, que en cinco años se ha hecho más firme sin perder la gracia de la juventud... Saber que nunca más veré brillar el deseo en sus ojos, recordar la ansiedad con que buscaba los míos, y el pequeño consuelo de no haber visto en ellos el aburrimiento o la compasión. —¿Por qué quieres que me vaya, Susana? ¿Te has enamorado de otro? El mejor papel de mi vida, el más difícil. Tú te has enamorado de otra y aún no te has dado cuenta. Sonreír, acariciarle la mejilla acallando sus protestas, empujarlo a marchar sabiendo que es el final, que lo único que puedo hacer es acabar ahora y hacerlo bien, dejando un buen recuerdo, antes de que lleguen las mentiras y el cansancio y el cerrar los ojos mientras piensa que es otra la que[64] está en sus brazos... Saber que no era sólo admiración, que no era interés, que me quiso de verdad[65] y fue feliz a mi lado, tan joven y tan guapo, nunca más alguien así, un buen actor que lo mismo hubiera triunfado[66] sin mi ayuda. Saber que es el final y el comienzo de un largo descenso. Apretar los ojos pensando en todas las viejas actrices que han seguido en la brecha,[67] tragándose[68] su soledad y su cansancio y sentir que las lágrimas me salen sin querer a través de los párpados apretados[69] y que empieza a dolerme la cabeza y que esta noche, como todas las noches, sonreiré a los aplausos y a ese señor que me echa un clavel[70] desde la fila primera, y me volveré a casa en cuanto acabe porque estoy demasiado cansada, y me volveré sola... Entonces me digo a mí misma que no vale de nada darle vueltas,[71] me limpio los ojos, salto de la tumbona y me ducho con el agua a toda presión. Como me sobran diez minutos me visto con calma y no me pinto[72] porque ya lo haré en el teatro.

Al salir me encuentro al coronel inglés en el rellano,[73] mirando resignadamente el botón rojo del ascensor. Sonríe al verme, yo también: —¿Hace mucho que espera? —Acentúa la sonrisa. —Hace cinco años. Lo miro sorprendida. Estoy sin maquillar[74] y con los ojos de haber llorado. La luz de la ventana del patio me da de lleno.[75] El ascensor se para con un chasquido,[76] él abre la puerta y me hace un gesto con la mano sin dejar de mirarme sonriente. Yo también lo miro: es un hombre fuerte, bien conservado y atractivo,

(line 130)
(line 135)
(line 140)
(line 145)
(line 150)
(line 155)

61. **discutir** to argue
62. **a tope** steadily, ceaselessly
63. **pastilla** a pill
64. **el cansancio... otra la que** weariness and the closing of his eyes as he thinks that it is someone else who . . .
65. **me quiso de verdad** he truly desired me
66. **lo mismo hubiera triunfado** who would just as well have succeeded
67. **en la brecha** in the struggle
68. **tragándose** swallowing
69. **párpados apretados** closed eyes (eyelids)
70. **un clavel** a carnation
71. **darle vueltas** to dwell on it
72. **no me pinto** I don't put makeup on
73. **rellano** landing (of staircase)
74. **maquillar** makeup
75. **me da de lleno** is shining right on me
76. **chasquido** cracking sound

conozco muchos de sus gustos y sus pequeñas manías, es un caballero, vive solo y está esperando. Desde hace cinco años. Siento que los ojos se me llenan de lágrimas y bajo la cabeza al entrar en el ascensor. Creo que en ese momento el telón debe comenzar a caer...

160

DESPUÉS DE LEER

A. Cuestionario

1. ¿Por qué piensa usted que la autora repite al final la frase con la cual empieza el cuento?
2. A su juicio, ¿qué significa la frase de la actriz, "Era un final y al mismo tiempo un comienzo"?
3. ¿Cree usted que los ascensores hacen un papel significativo?
4. Dé usted un esbozo (*sketch*) de los tres personajes.
5. ¿Qué suele hacer la actriz todas las tardes, lo cual le avergüenza al coronel?
6. El director tiene a mal (*resents*) a Eduardo. ¿Por qué?
7. ¿Por qué se siente Susana avergonzada cuando el coronel los libra a ella y a Eduardo del ascensor? ¿Habrá más de una razón?
8. Explique usted el significado de la llegada de la nueva actriz.
9. Describa brevemente la escena con Susana y el espejo. ¿Cree usted que es realista?
10. La referencia a las fotos sacadas en Grecia tiene cierta importancia. Comente usted.
11. ¿Por qué pide Susana al director que se lleve a Eduardo a la gira?
12. A su juicio, ¿qué ha sido lo más importante de los últimos cinco años en la vida de la actriz?
13. Comente usted la observación de la actriz que "es difícil separar el teatro y la vida". ¿Se aplica a este cuento?

B. De las posibilidades entre paréntesis, seleccione Ud. la más apropiada, según el texto.

1. Los ascensores son lo peor de la casa porque (no llegan a su piso, tardan siglos, caben pocas personas).
2. La terraza es un lugar favorito del coronel porque puede (tomar el sol, escribir sus novelas, pintar el panorama).
3. Al principio Susana y Eduardo no eran amantes porque (a éste le gustaba más María Jesús, era mal actor, era joven).
4. Las dos personas encerradas en el ascensor son libradas por (el conserje, el coronel, Eduardo).
5. Susana sabe mucho de los hábitos del coronel porque (son amantes, él le escribe poemas, se oye todo en el dúplex).

6. Susana envidia a María Jesús su (juventud, talento, futuro).

7. Susana no puede dormir porque (se siente siempre cansada, echa de menos (*misses*) a Eduardo, el coronel ha vuelto a Inglaterra).

8. La actriz se siente feliz al final debido a (la mirada y la sonrisa del coronel, la llegada del ascensor, la vuelta de Eduardo).

REPASO GRAMATICAL

The subjunctive

There are many different uses of the subjunctive in this story, and we can review briefly only a few of them. Recall that unlike the indicative, the subjunctive expresses an attitude, something not certain or real, or not a fact. Thus, when you want, desire, order, request, feel the necessity that someone do something, or that something be done, the subjunctive will be used in the subordinate clause, almost always introduced by **que**. Also, when you are glad, sorry, fearful (or feel any emotion), when you have a doubt or are uncertain, these attitudes will generally govern the subjunctive.

Examples:

¿Por qué quieres que me vaya, Susana?	*Why do you want me to go (that I go), Susana?*
Es una buena persona, aunque a veces discutamos.	*He's a good person, even though we may argue sometimes.*
Es posible que a ratos reaparezca.	*It's possible that at times it will reappear.*
Bajo al salón para que él sepa que no estoy observándolo.	*I go down to my living room so that he knows that I'm not observing him.*

(Note: **para que** and some other conjunctions (**con tal que, a menos que, sin que**) by their very nature do not introduce a fact.)

The subjunctive is required in temporal clauses in which the time is future with reference to the main verb.

Me volveré a casa en cuanto acabe porque estoy cansada.	*I'll return home as soon as it's over because I'm tired.*
Debo acabar ahora, antes de que lleguen las mentiras.	*I should end it now, before the lies start coming.*

(Note: with **antes de que** the subjunctive is always used.)

No me voy hasta que tú me devuelvas la llave.	*I won't leave until you return my key.*

If there is no suggestion of an uncompleted future time, the indicative follows the conjunction of time.

Esperó hasta que ella llegó.	*He waited until she arrived.*

Observation on tenses

Briefly, with a main verb in the present or future tense, and their compound tenses, the subjunctive verb will be in the present or perfect tense, according to the meaning.

Temo que nunca vuelva.	*I fear that he will never come back.*
Temo que haya vuelto.	*I fear that he has come back.*

When the main verb is in the past tense (imperfect, preterite, conditional, past perfect, conditional perfect), the subjunctive verb will most often be in the imperfect or past perfect.

Estaba contenta que Eduardo se hubiera ido.	*She was glad that Eduardo had left.*
Era posible que el coronel estuviese enamorado de ella.	*It was possible that the colonel was in love with her.*

Note: When the subjects of the two clauses after an expression of feeling or emotion refer to the same person, the infinitive should normally be used, instead of a clause.

Me alegro de poder ir de tiendas hoy.	*I am glad that I can go shopping today.* (same subjects)

But:

Me alegro de que usted pueda venir.	*I am glad that you can come.* (different subjects)

C. Dé usted la forma correcta de los verbos entre paréntesis. No todas las frases exigen el subjuntivo.

1. Al caer el telón, los personajes siguen viviendo aunque nosotros no _____ (saber) qué ha sido de ellos.
2. La actriz se sintió avergonzada en cuanto _____ (ver) al coronel.
3. El coronel se alegraba de que Eduardo _____ (irse).
4. Se fue sin _____ (querer) despedirse de Susana.
5. ¿Era posible que Susana y el coronel _____ (hacerse) amantes?
6. Susana no se pinta hasta _____ (llegar) al teatro.
7. Dudo que el coronel _____ (haber) escrito una buena novela.
8. Los ascensores funcionan mal aunque la casa los _____ (reparar) la semana pasada.
9. Espero que de aquí en adelante nadie _____ (quedarse) encerrado en el ascensor.
10. Susana quería salir antes de que el coronel _____ (volver) a casa.
11. Creo que no me hubiera sorprendido si _____ (haber oírse) aplausos.
12. No hay duda que la vida de Susana _____ (cambiar) pronto.
13. Susana quiere que Eduardo _____ (irse) por más que él _____ (insistir) en quedarse.
14. Era una lástima que _____ (llover) ayer porque no quería perder el ensayo de comedia.
15. ¿Sabe Ud. que le gusta a esta autora _____ (jugar) con el tema de la realidad y la ficción?

14

Lydia Cabrera

1900–1991

Lydia Cabrera es generalmente considerada la escritora principal de
Cuba del siglo XX. En 1927, se fue a Paris a estudiar la pintura,
y mientras allí llegó a interesarse en la cultura de los negros. Se puso a
escribir una serie de cuentos basados en los relatos de sus nodrizas
(*nannies*) cuando ella era niña. En 1936 Cabrera publicó veintidós de
sus cuentos en París. El libro era un cuadro rico de las costumbres,
creencias, idioma y psicología de los negros cubanos, y tuvo un éxito
tremendo. En 1940 el libro fue publicado en Cuba con el título
Cuentos negros de Cuba. Este libro, como otros de Cabrera, refleja la
concepción mágica y animista de los afrocubanos, es decir, la creencia
que los objetos y fenómenos naturales poseen almas. Esta realidad se
identifica con una naturaleza en que existen objetos naturales y
animales personificados, y buenos y malos dioses.

Lydia Cabrera, como un precursor del realismo mágico, mezcló la
fantasía y la realidad en sus cuentos. Sus personajes viven en un mundo
que es tanto real como místico (*mystical*). ***Cuentos negros de Cuba***, de
donde hemos escogido el cuento que sigue, es un ejemplo excelente del
realismo mágico. Junto a los casos copiosos del animismo y metamor-
fosis, el vocabulario, estribillos (*refrains*), repeticiones y ritmo crean
una prosa poética y musical.

El limo del Almendares[1]

El Alcalde dio un bando[2] proclamando que en todo el mundo no había mulata más linda que Soyán Dekín.

Billillo, un calesero,[3] quería a Soyán Dekín, pero nunca se lo había dicho por temor a un desaire[4]: que si ella era linda, pretenciosa, resabiosa,[5] él no era negro de pacotilla.[6]

5 Hubo fiesta en el Cabildo,[7] en honor de Soyán Dekín. Fue el Alcalde. Y Soyán Dekín, reina, pavoneándose.[8] Arrollando con la bonitura.[9] Y baila que baila con el Alcalde.

A Billillo esto se le hizo veneno en el corazón. Sin querer mirarla tan fantasiosa[10] —porque desprecio no repara[11]—, se le iban los ojos detrás de su brillo y su contoneo[12]; 10 y siempre la encontraba con el blanco, platicando o de pareja.[13]

Contimás, cariñosa.[14]

¡Caramba con la mulata!,[15] que debió haber nacido para untarse esencias y mecerse en estrado.[16] Era de ringo-rango.[17] ¡Y con aquel mantón de seda que coquetea, y la bata de nansú,[18] buena estaba la mulata, buena estaba Soyán Dekín en su apogeo, para querida 15 de un Don[19]! ¡Y a echárselas con los negros de lirio blanco[20]!

Billillo afiló su odio.[21]

Para no desgraciarse dejó la fiesta, y los demonios se lo iban llevando por las calles oscuras. Y el cornetín, allá en el Cabildo, tenía a la noche en vela.[22] Y Billillo —ya Dios lo haya perdonado— fue donde el brujo[23] de la Ceiba, que vivía metido en la muerte y sólo 20 se ocupaba en obras malas.

1. **el limo del Almendares** the mud of the river Almendares
2. **dio un bando** issued a decree
3. **calesero** carriage driver
4. **desaire** snub, rejection
5. **pretenciosa, resabiosa** vain, ill-tempered
6. **de pacotilla** low class
7. **Cabildo** town hall
8. **pavoneándose** strutting about
9. **arrollando con la bonitura** her beauty leaving them speechless
10. **fantasiosa** vain
11. **desprecio no repara** scorn does not notice
12. **se le iban los ojos... su contoneo** he gazed longingly at her glitter and her swaying
13. **platicando o de pareja** chatting or arm in arm
14. **contimás, cariñosa** besides, she was affectionate
15. **¡Caramba con...!** damn!
16. **untarse... en estrado** anoint herself with perfumes and rock herself in front of people
17. **Era de ringo-rango** She was a decorative trinket
18. **con aquel mantón... la bata de nansú** with that silk shawl that she flirts with and her white cotton dress
19. **¡... para querida de un Don!** just right to be the mistress of a gentleman!
20. **echárselas... de lirio blanco** and to pass before blacks as a white lily
21. **afiló su odio** harbored his hatred
22. **el cornetín... tenía a la noche en vela** the cornet kept vigil all night long
23. **fue donde el brujo** went to the medicine man

Soyán Dekín dormía las mañanas con señorío.[24] Ni los ruidos de la calle tempranera, ni la rebujiña del vecindario[25] en el patio común, le espantaban el sueño.

Hasta muy sonadas las once, no pensaba en levantarse; y por su cara bonita, nunca hacía nada. Era su madre —planchadora inmejorable— quien trajinaba[26] en la casa y quien ganaba el sustento: ella al espejo o en la ventana. ¡Zangandonga[27]!

Soyán Dekín volvió del cabildo de madrugada. Y no se acostó. A la hora de las frutas y las viandas,[28] cuando la calle se llenó de pregones[29] y el chino vendedor de pescado llamó en el postigo,[30] Soyán Dekín le dijo a su madre:

—Dame la ropa sucia; voy a lavar al río.

—¡Tú tan linda, y después del baile lavando la ropa!

Pero Soyán Dekín, como si alguien invisible se lo ordenara susurrándole al oído, gravemente repitió:

—Si, mamita, venga la ropa; hoy tengo que lavar en el río.

La vieja, que se había acostumbrado a no contrariarla en lo más mínimo, hizo un lío[31] de toda la ropa que había en la casa y se lo entregó a su hija, que se marchó llevando el burujón en la cabeza.

Y dicen que el sol no ha vuelto a ver criatura mejor formada, ni más graciosa, ni más cimbreña[32] —la brisa en su bata y por nimbo la mañana[33]—, que Soyán Dekín aquel día, camino del Almendares. Ni en todo el mundo ha habido mulata más linda que Soyán Dekín: mulata de Cuba, habanera, sabrosa; lavada de albahaca, para ahuyentar pesares[34]...

Donde el río se hizo arroyo y el agua se hizo niña, jugando a flor de tierra[35] Soyán Dekín desató el lío de ropa y arrodillándose sobre una piedra, se puso a lavar.

Todo era verde como una esmeralda y Soyán Dekín se fue sintiendo presa, aislada en un cerco mágico[36]: sola en el centro de un mundo imperturbable de vidrio.

Una presencia nueva en la calma la hizo alzar los ojos y vio a Billillo a pocos pasos de ella, metido en el agua, armado de un fusil e inmóvil como una estatua. Y Soyán Dekín tuvo miedo: miedo al agua niña, sin secreto, al silencio, a la luz; al misterio, tan desnudo de repente...

---

24. **con señorío** like royalty
25. **la rebujiña del vecindario** the neighborhood racket
26. **trajinaba** slaved away
27. **zangandonga** the lazy good-for-nothing
28. **las viandas** vegetables
29. **pregones** (vendors') cries
30. **en el postigo** by the side gate
31. **lío** (*and later*) **burujón** bundle
32. **cimbreña** supple, lithe
33. **la brisa... la mañana** the breeze blowing her dress and the morning as her halo
34. **lavada... pesares** smelling of basil to wash away sorrows
35. **el agua se hizo niña... tierra** the water became a gentle child, playing by the shore
36. **se fue sintiendo... cerco mágico** she gradually felt caught, isolated in a magic circle

50 —¡Qué casualidad, Billillo, encontrarte aquí! ¿Has venido a cazar, Billillo? Billillo, anoche en el baile te anduvieron buscando Altagracia y Eliodora, y María Juana, la del Limonar... Y yo pensé, Billillo, que bailarías conmigo. Billillo... no te lo digo por falacia,[37] nadie borda el baile en un ladrillo como tú.[38]

Pero Billillo no oía, ausente de la vida. Tenía los ojos fijos, desprendidos y vidriosos[39]
55 de un cadáver. Sus brazos empezaron entonces a moverse rígidos y lentos; como un autómata cargaba el fusil y disparaba al aire en todas direcciones.

—¡Billillo!

Soyán Dekín quiso huir. No pudo levantar los pies: la piedra la retuvo; el lecho[40] del arroyo, de tan poco fondo, y donde los guijarros,[41] al alcance de la mano, brillaban
60 como las cuentas azules, desprendidas de un collar de Yemayá,[42] se iba ahondando[43]; el agua limpia y clara que antes jugaba infantil a flor de tierra, se tornó grande, profunda y secreta.

La piedra avanzó por sí sola, llevándose cautiva a Soyán Dekín, que se halló en mitad de un río anchuroso, turbio,[44] y empezó a hundirse lentamente.
65 Tan cerca, que casi podía rozarlo,[45] Billillo seguía inmutable, cargando y disparando su fusil a los cuatro vientos; y el agua no se abría a sus pies, insondable, para tragárselo[46] como a ella, poco a poco.

—¡Billillo! —gritaba Soyán Dekín— ¡Sálvame! ¡Mírame! Ten compasión de mí. Yo tan linda... ¿cómo he de morir?
70 (Pero Billillo, no oía, no veía.)

—¡Billillo, negro malo, corazón de piedra!

(Y Soyán Dekín se hundía despacio, fatalmente.)

Ya le daba el agua por la cintura. Pensó en su madre, y la llamó...

—Soyán Dekín. Dekín Soyán!
75 ¡Soyán Dekín, Dekín, duelo yo[47]!

La vieja que estaba planchando con arte, tembló toda de angustia.

—¡Soyán Dekín. Dekín Soyán!

¡Soyán Dekín, Dekín, duelo yo!

---

37. **por falacia** to deceive
38. **nadie borda... ladrillo como tú** nobody dances as perfectly as you
39. **desprendidos y vidriosos** detached and glassy
40. **el lecho** bed
41. **los guijarros** pebbles
42. **las cuentas... Yemayá** the blue beads loosened from a necklace of Yemayá (the goddess of water)
43. **se iba ahondando** was slowly sinking
44. **anchuroso, turbio** wide, muddy
45. **rozarlo** touch him
46. **insondable, para tragárselo** bottomless, to swallow him
47. **duelo yo** I am suffering

Se lanzó a la calle desesperada, medio desnuda, sin echarse a los hombros su pañolón[48]; fue a pedir auxilio, llorando, a las vecinas. Llamaron a un alguacil.

—¿Quién ha visto pasar a Soyán Dekín? Soyán Dekin, que iba al río...

Recorrieron las dos orillas del Almendares.

La vieja seguía escuchando los lamentos de su hija, en la celada del agua.[49]

—¡Dekín! ¡Duelo yo!...

También la oían ahora las vecinas y el alguacil. Todos, menos Billillo.

Ya Soyán Dekín sólo tenía la cabeza de fuera.

—¡Ay, Bellillo, esto es bilongo[50]! Negritillo, adiós... Y yo que te quería, mi santo, y tú que me gustabas, negro, y no te lo daba a entender por importancioso.[51] ¡Por no sufrir un desaire!

Billillo pareció despertar bruscamente de su sueño. Un sueño que hubiera durado[52] mucho tiempo o toda la vida.

El río había cubierto totalmente a Soyán Dekín; flotaba su cabellera inmensa en el agua verde, sombría.

Rápido, Billillo, libres todos sus miembros, la asió por el pelo; tiró de ella con todas sus fuerzas.

La piedra no soltó su presa... Billillo se quedó con un mechón[53] en cada mano.

Tres días seguidos las mujeres y el alguacil buscaron el cuerpo de Soyán Dekín.

El Almendares lo guardó para siempre. Y aseguran —lo ha visto Chembe, el camaronero[54]— que en los sitios donde es más limpio y más profundo el río se ve en el fondo una mulata bellísima, que al moverse dilata[55] el corazón del agua.

Soyán Dekín en la pupila verde del agua.

De noche, la mulata emerge y pasea la superficie,[56] sin acercarse nunca a la orilla. En la orilla, llora un negro...

(El pelo de Soyán Dekín es el limo del Almendares.)

---

48. **pañolón** large shawl
49. **en la celada del agua** trapped in the water
50. **bilongo** a curse
51. **no te lo daba... importancioso** I didn't let you know so that you wouldn't get a swelled head
52. **hubiera durado** had lasted (*in literary style, equivalent to the past perfect indicative*)
53. **mechón** lock
54. **camaronero** shrimp fisherman
55. **dilata** (the water's heart) expands
56. **pasea la superficie** strolls on the surface

DESPUÉS DE LEER

A. Cuestionario

1. ¿Qué diferencias existen entre Soyán y Billillo?
2. ¿Qué ocurre una noche que hace que se ponga furioso Billillo?
3. ¿Adónde se dirige Billillo, llevado por los demonios?
4. ¿Qué sabemos de Soyán? ¿Tiene ella la culpa enteramente de ser cómo es?
5. ¿Cómo se explica que Soyán insista en ir a lavar la ropa?
6. ¿Le parece a usted irónico, o quizás un mal augurio (*omen*), que en aquel día fatal se destaque (*stands out*) la incomparable belleza de Soyán?
7. Explique por qué Billillo no dice palabra alguna en el río.
8. Soyán quiso huir, pero no pudo. ¿Por qué?
9. ¿Por qué Billillo carga y dispara su fusil repetidas veces?
10. Cree usted que Soyán dice la verdad cuando le dice a Billillo al final que "yo te quería"?
11. ¿Encuentra usted lírico y musical el estilo de este cuento?
12. ¿Hay una moraleja (*moral*) en el relato? Explique.
13. Señale usted cómo el cuento es tanto realista como fantástico o mágico.

REPASO GRAMATICAL

The present participle

You will recall that the **gerundio**, or present participle in English, is formed by adding **-ando** or **-iendo** to the stem of a verb: **hablando, comiendo, viviendo,** etc.

1. It is used alone in Spanish, as in English, to denote an action that coincides with that of the main verb or precedes it.

Diciendo esto, se fue.	*Saying this, he left.*
Billillo pasa mucho tiempo pensando en Soyán.	*Billillo spends a lot of time thinking about Soyán.*

2. It is used adverbially (usually describing *how* the action of the verb is done), and it frequently translates the English *by* (doing something).

siempre la encontraba con el blanco, platicando	*he always saw her with the white man, chatting*
su madre fue a pedir auxilio, llorando	*her mother went to ask for help, crying*

3. The **gerundio** may also replace a clause beginning with *since, when, while, after, although,* etc.

Hundiéndose en el río, Soyán le rogó a Billillo que la salvara.	*As she was sinking in the river, Soyán implored Billillo to save her.*
Habiendo tanto que hacer, no podremos terminar hoy.	*Since there is so much to do, we won't be able to finish today.*

4. The present participle is used with **estar, seguir,** and several verbs of motion, such as **ir, venir,** and **andar,** to emphasize the progressive or continuing nature of an action at a given moment, or to indicate subjective feelings that may not be conveyed through the simple tenses.

Examples:

Los demonios se lo iban llevando por las calles oscuras.	*The demons were taking him along the dark streets.*
Soyán se fue sintiendo presa, aislada...	*Soyán gradually felt caught, isolated . . .*
Billillo, anoche en el baile te anduvieron buscando María Juana, etc.	*Billillo, last night at the dance María Juana (and other girls) went looking for you.*
Siga Ud. leyendo.	*Continue reading.*

5. Since the **gerundio** cannot function as an adjective (except for two: **ardiendo,** *burning,* and **hirviendo,** *boiling*), it is often necessary to use a relative clause as an adjective to translate the English participle.

Examples:

Here is a book describing Spanish food.

Incorrect: **Aquí tiene usted un libro describiendo la comida española.**
Correct: **Aquí tiene usted un libro que describe la comida española.**

I received a letter containing five dollars.

Incorrect: **Recibí una carta conteniendo cinco dólares.**
Correct: **Recibí una carta que contenía cinco dólares.**

However, the **gerundio** may replace the adjectival clause after verbs of sense perception (**mirar, oír, observar, recordar,** etc.) or representation (**pintar, representar, descubrir**).

Anoche oí a Soyán llorando	*Last night I heard Soyán crying.*
Anoche oí llorar a Soyán	
Veíamos a dos niños jugando (que	*We saw two children playing in*
estaban jugando) en la calle.	*the street.*
Veíamos a dos niños jugar en la	
calle.	

Note: Although the infinitive is probably more common with verbs such as these, the present participle describes the action more than the infinitive, which describes the whole act.

6. There are other ways to translate the English present participle used as an adjective:

a. Through adjectives:

un final sorprendente	*a surprising ending*
una biblioteca circulante	*a circulating library*
el niño sonriente	*the smiling child*

Note: Some verbs have kept the endings **-ante, -ente** (or **-iente**), derived from the Latin present participle, like those above.

Other adjectival endings, principally ending in **-or, -ora:**

una chica encantadora	*a charming girl*
unos gestos amenazadores	*some menacing gestures*
una persona engañadora	*a deceiving (deceitful) person*

b. Through circumlocutions:

manzanas para cocinar	*cooking apples*
tabla de planchar	*ironing board*

c. The present participle itself may be used as an adjective, but only in a parenthetical construction.

Los prisioneros, que estaban	*The prisoners, who were shouting, were*
gritando, fueron conducidos a	*led to another room.*
otra sala.	

The clause "**que estaban gritando**" is not necessary to the meaning of the sentence; it just adds some information. Therefore it may be expressed:

Los prisioneros, gritando, fueron conducidos a la sala.
Removing the commas, however, makes the relative clause necessary, meaning:
Only those prisoners who were shouting were led to the room.

B. Sustituya las palabras subrayadas por una construcción con el gerundio.

1. Si estudias mucho, sacarás buenas notas.
2. Mientras le pedía socorro, Soyán siguió hundiéndose.
3. Cuando hubo ganado la victoria, el general se retiró del servicio.
4. Porque me encontraba solo, tuve que cocinar la cena.
5. No se gana nada cuando uno miente.
6. Después de haberlo leído, me lo devolvió.
7. Billillo se ponía furioso al ver bailar a Soyán con el blanco.
8. El presidente propuso unas medidas conducentes a la paz.

C. Elimine la oración de relativo para expresar la misma idea con el gerundio, *si es posible.*

1. Mi amigo, que pasaba por allí, los vio salir.
2. Los niños que estaban gesticulando se asomaron a la ventana.
3. Encontré al chico, que estaba esquiando con sus amigos.
4. Me enseñó el estante (*shelf*) que contenía los libros.
5. Descubrí a los chicos que jugaban en la calle.
6. Se escapó de la casa que estaba ardiendo (*burning*).
7. La policía persiguió al asesino que atravesaba el bosque.
8. La madre de Soyán, que busca a su hija, trabaja mucho para ganar el sustento (*sustenance*).

D. Diga cuáles de las oraciones siguientes son incorrectas y exprésalas de una manera correcta.

1. Hallé a mi hermana escribiendo una carta a su novio.
2. Llamó a Billillo estando en el río.
3. El viento es de frío penetrante.
4. Caminando es bueno para la salud.
5. Ella entró llorando.
6. Mi padre estaba sentando en su silla predilecta (*favorite*).
7. Recibí un mensaje diciendo que ella llegaría a las cinco.
8. Oyeron el reloj de la plaza dando las diez.
9. Ayudamos a aquellos pasajeros sintiéndose enfermos.
10. Antes de ahogándose (*to drown*), Soyán le dijo a Billillo que le quería.

E. Traduzca usted

1. By eating too much, he got sick.
2. Seeing her alone, I offered to help her.

3. Realizing that he was afraid, I went alone.
4. The mother couldn't find her daughter washing the clothes.
5. Soyán is pretty, but she is not a charming girl.
6. We heard her playing the piano.
7. The child, growing daily, will get to be a man.
8. They will continue speaking of Soyán's beauty for many years.
9. Billillo, suffering from unrequited love (**no correspondido**), went to see the witch.
10. She wrote a book showing how to live.

15

Laura Freixas

1958–

Laura Freixas (pronunciado FRAY-sha) nació y creció en Barcelona. Después de terminar sus estudios en aquella ciudad, se trasladó a Inglaterra, donde trabajó primero como profesora de español y luego como directora en dos editoriales (*publishers*). Ha publicado la correspondencia de Sylvia Plath, la novelista y poeta norteamericana, las cartas de F. Scott Fitzgerald, y algunos de los diarios de Virginia Woolf.

Freixas se dio a conocer cuando publicó una colección de cuentos titulada *Asesino en la muñeca.* Una escritora muy creativa e imaginativa en la tradición del realismo mágico, ella mueve a sus personajes dentro y fuera de la realidad pesada y torpe (*dull*). Sus transiciones fluidas y naturales los transponen a mundos irreales y hasta surreales. Muchas veces hay humor en estas situaciones fantásticas, pero en el fondo hay temas tan serios como el miedo a la mediocridad y la búsqueda por los modos de alcanzar su meta (*goal*) en la vida.

"Final absurdo", el cuento que sigue, es una historia dentro de historia. Un personaje de novela confronta a un detective que es, ella cree, el autor que la ha creado, y ella demanda su independencia. El final, como se indica en el título, es inesperado y sorprendente.

Final absurdo

Eran las ocho y media de la tarde, y el detective Lorenzo Fresnos estaba esperando una visita. Su secretaria acababa de marcharse; afuera había empezado a llover y Fresnos se aburría. Había dormido muy poco esa noche, y tenía la cabeza demasiado espesa para hacer nada de provecho[1] durante la espera. Echó un vistazo a la biblioteca, legada[2] por el anterior ocupante del despacho, y eligió un libro al azar. Se sentó en su sillón y empezó a leer, bostezando.

Le despertó un ruido seco: el libro había caído al suelo. Abrió los ojos con sobresalto[3] y vio, sentada al otro lado de su escritorio, a una mujer de unos cuarenta años, de nariz afilada y mirada inquieta, con el pelo rojizo recogido en un moño.[4] Al ver que se había despertado, ella le sonrió afablemente. Sus ojos, sin embargo, le escrutaban con ahínco.[5]

Lorenzo Fresnos se sintió molesto. Le irritaba que la mujer hubiese entrado sin llamar, o que él no la hubiese oído, y que le hubiera estado espiando mientras dormía. Hubiera querido decir: "Encantado de conocerla, señora..." (era una primera visita) pero había olvidado el nombre que su secretaria le había apuntado en la agenda.[6] Y ella ya había empezado a hablar.

—Cuánto me alegro de conocerle —estaba diciendo—. No sabe con qué impaciencia esperaba esta entrevista. ¿No me regateará[7] el tiempo, verdad?

—Por supuesto, señora —replicó Fresnos, más bien seco. Algo, quizá la ansiedad que latía en su voz, o su tono demasiado íntimo, le había puesto en guardia—. Usted dirá.

La mujer bajó la cabeza y se puso a juguetear con el cierre de su bolso.[8] Era un bolso antiguo y cursi.[9] Toda ella parecía un poco antigua, pensó Fresnos: el bolso, el peinado, el broche de azabache.[10] Era distinguida, pero de una distinción tan pasada de moda que resultaba casi ridícula.

—Es difícil empezar... Llevo tanto tiempo pensando en lo que quiero decirle... Verá, yo... Bueno, para qué le voy a contar: usted sabe...

Una dama de provincias, sentenció[11] Fresnos; esposa de un médico rural o de un notario. Las conocía de sobra: eran desconfiadas,[12] orgullosas, reacias[13] a hablar de sí mismas. Suspiró para sus adentros[14]: iba a necesitar paciencia.

La mujer alzó la cabeza, respiró profundamente y dijo:

—Lo que quiero es una nueva oportunidad.

1. **de provecho** useful
2. **legada** left, bequeathed
3. **con sobresalto** with a start
4. **recogido en un moño** gathered in a bun
5. **le escrutaban con ahínco** scrutinized him eagerly
6. **agenda** appointment book
7. **regatear** to begrudge
8. **el cierre de su bolso** the clasp of her purse
9. **cursi** cheap, tasteless
10. **de azabache** glossy black
11. **sentenciar** to decide, to judge
12. **de sobra... desconfiadas** too well: they were distrustful
13. **reacias** reluctant
14. **para sus adentros** to himself

Lorenzo Fresnos arqueó las cejas.[15] Pero ella ya estaba descartando, con un gesto, cualquier hipotética objeción:

—¡No, no, ya sé lo que me va a decir! —se contestó a sí misma—. Que si[16] eso es imposible; que si ya tuve mi oportunidad y la malgasté; que usted no tiene la culpa. Pero eso es suponer que uno es del todo consciente que vive con conocimiento de causa.[17] Y no   35
es verdad; yo me engañaba. —Se recostó en el sillón y le miró, expectante.

—¿Podría ser un poco más concreta, por favor? —preguntó Fresnos, con voz profesional. "Típico asunto de divorcio", estaba pensando. "Ahora me contará lo inocente que[18] era ella, lo malo que es el marido, etc., etc., hasta el descubrimiento de que él tiene otra".

—Lo que quiero decir —replicó la mujer con fiereza[19]— es que mi vida no tiene   40
sentido. Ningún sentido, ¿me entiende? O, si lo tiene, yo no lo veo, y en tal caso le ruego que tenga la bondad de decirme cuál es. —Volvió a recostarse en el sillón y a manosear el bolso, mirando a Fresnos como una niña enfadada. Fresnos volvió a armarse de paciencia.

—Por favor, señora, no perdamos el tiempo. No estamos aquí para hablar del sentido   45
de la vida. Si tiene la bondad de decirme, concretamente —recalcó[20] la palabra—, para qué ha venido a verme...

La mujer hizo una mueca.[21] Parecía que se iba a echar a llorar.

—Escuche... —se suavizó Fresnos. Pero ella no le escuchaba.

—¡Pues para eso le he venido a ver, precisamente! ¡No reniegue[22] ahora de su respons-   50
abilidad! ¡Yo no digo que la culpa sea toda suya, pero usted, por lo menos, me tenía que haber avisado[23]!

—¿Avisado? ¿De qué? —se desconcertó Fresnos.

—¡Avisado, advertido, puesto en guardia, qué sé yo! ¡Haberme dicho que usted se desentendía[24] de mi suerte, que todo quedaba en mis manos! Yo estaba convencida de que   55
usted velaba[25] por mí, por darle un sentido a mi vida...

Aquella mujer estaba loca. Era la única explicación posible. No era la primera vez que tenía clientes desequilibrados.[26] Eso sí, no parecía peligrosa; se la podría sacar de encima por las buenas.[27] Se levantó con expresión solemne.

—Lo siento, señora, pero estoy muy ocupado y...   60

A la mujer se le puso una cara rarísima: la boca torcida, los labios temblorosos, los ojos mansos[28] y aterrorizados.

---

15. **arqueó las cejas** arched his eyebrows
16. **que si** that
17. **del todo consciente... conocimiento de causa** aware of everything that one lives with a knowledge of causes
18. **lo inocente que** how innocent
19. **con fiereza** vehemently
20. **recalcar** to emphasize
21. **mueca** pout

22. **no reniegue (renegar) de** don't renege on
23. **avisar** to inform
24. **se desentendía** you were unaware
25. **velar** to watch over
26. **desequilibrados** unbalanced
27. **se la podría sacar... las buenas** he would be glad to get her off his back
28. **manso** gentle

—Por favor, no se vaya... no se vaya... no quería ofenderle —murmuró, ronca; y luego empezó a chillar[29]—: ¡Es mi única oportunidad, la única! ¡Tengo derecho a que me 65　escuche! ¡Si usted no...! —Y de pronto se echó a llorar.

Si algo no soportaba Fresnos era ver llorar a una mujer. Y el de ella era un llanto total, irreparable, de una desolación arrasadora.[30] "Está loca", se repitió, para serenarse. Se volvió a sentar. Ella, al verlo, se calmó. Sacó un pañuelito de encaje[31] para enjugarse los ojos y volvió a sonreír con una sonrisa forzada. "La de un náufrago intentando seducir a una 70　tabla",[32] pensó Fresnos. Él mismo se quedó sorprendido: le había salido una metáfora preciosa, a la vez original y ajustada.[33] Y entonces tuvo una idea. Pues Fresnos, como mucha gente, aprovechaba sus ratos libres para escribir, y tenía secretas ambiciones literarias. Y lo que acababa de ocurrírsele era que esa absurda visita podía proporcionarle un magnífico tema para un cuento. Empezó a escucharla, ahora sí, con interés.

75　　—Hubiera podido fugarme,[34] ¿sabe? —decía ella—. Sí, le confieso que lo pensé. Usted... —se esforzaba visiblemente en intrigarle, en atraer su atención—, usted creía conocer todos mis pensamientos, ¿verdad?

Lorenzo Fresnos hizo un gesto vago, de los que pueden significar cualquier cosa. Estaría con ella un rato más, decidió, y cuando le pareciese que tenía suficiente material para un 80　relato, daría por terminada la visita.

—¡Pues no! —exclamó la mujer, con tono infantilmente burlón[35]—. Permítame que le diga que no es usted tan omnisciente como cree, y que aunque he sido un títere[36] en sus manos, también tengo ideas propias. —Su mirada coqueta suavizaba apenas la agresividad latente en sus palabras. Pero Fresnos estaba demasiado abstraído pensando en su cuento 85　para percibir esos matices.[37]

—... cuando me paseo por el puerto, ¿recuerda? continuaba ella—. En medio de aquel revuelo de gaviotas chillando,[38] que parecen querer decirme algo, transmitirme un mensaje que yo no sé descifrar. —Se quedó pensativa, encogida.[39] —"Como un pajarito", pensó Fresnos, buscando símiles. "Un pajarito con las plumas mojadas."—. O quizá el 90　mensaje era, precisamente, que no hay mensaje —murmuró ella.

Sacudió la cabeza, volvió a fijar los ojos en Fresnos y prosiguió:

—Quería empezar de nuevo, despertarme, abrir los ojos y gobernar el curso de mi vida. Porque aquel día, por primera y desgraciadamente única vez, intuí mi ceguera.[40]

— "¿Ceguera?", se asombró Fresnos.— Esa ceguera espiritual que consiste en no querer 95　saber que uno es libre, único dueño y único responsable de su destino, aunque no lo haya elegido; en dejarse llevar blandamente por los avatares[41] de la vida. —"Ah, bueno", pensó

---

29. **ronca... chillar** hoarse . . . to shriek
30. **arrasadora** crushing
31. **pañuelito de encaje** lace handkerchief
32. **la de un náufrago... una tabla** that (the smile) of a shipwrecked person trying to seize a board
33. **ajustada** appropriate
34. **hubiera podido fugarme** I could have fled
35. **burlón** mocking
36. **un títere** a puppet
37. **el matiz** shade, nuance
38. **revuelo de gaviotas chillando** flight of screaming gulls
39. **encogida** withdrawn
40. **intuí mi ceguera** I became aware of my blindness
41. **los avatares** changes in fortune

Fresnos, algo decepcionado.[42] —que en su cuento podía utilizar la ceguera como símbolo, no sabía bien de qué, pero ya lo encontraría.

—Por un momento —continuó la mujer—, jugué con la idea de embarcarme en cualquier barco y saltar a tierra en el primer puerto. ¡Un mundo por estrenar[43]...! —exclamó *100* inmersa en sus fantasías—. A usted no le dice nada, claro, pero a mí... Donde todo hubiera sido asombro, novedad: con calles y caminos que no se sabe adónde llevan, y donde uno no conoce, ni alcanza siquiera[44] a imaginar, lo que hay detrás de las montañas... Dígame una cosa —preguntó de pronto—: ¿el cielo es azul en todas partes?

—¿El cielo? Pues claro... —respondió Fresnos, pillado[45] por sorpresa. Estaba buscando *105* la mejor manera de describir su rostro, su expresión. "Ingenuidad" y "amargura" le parecían sustantivos apropiados, pero no sabía cómo combinarlos.

—¿Y el mar?

—También es del mismo color en todas partes —sonrió él.

—¡Ah, es del mismo color! —repitió la mujer—. ¡Del mismo color, dice usted! Si usted *110* lo dice, será verdad, claro... ¡Qué lástima!

Miró al detective y le sonrió, más relajada.

—Me alegro de que hagamos las paces. Me puse un poco nerviosa antes, ¿sabe? Y también me alegro —añadió, bajando la voz— de oírle decir lo del cielo y el mar. Tenía miedo de que me dijera que no había tal cielo ni tal mar, que todo eran bambalinas[46] y *115* papel pintado.

Lorenzo Fresnos miró con disimulo su reloj. Eran las nueve y cuarto. La dejaría hablar hasta las nueve y media, y luego se iría a casa a cenar; estaba muy cansado.

La mujer se había interrumpido. Se hizo un silencio denso, cargado.[47] Afuera continuaba lloviendo, y el cono de luz cálida que les acogía[48] parecía flotar en medio de una *120* penumbra[49] universal. Fresnos notó que la mujer estaba tensa; seguramente había sorprendido su mirada al reloj.

—Bueno, pues a lo que iba... —continuó ella, vacilante—. Que conste[50] que no le estoy reprochando que me hiciera desgraciada. Al contrario: tuve instantes muy felices, y sepa usted que se los agradezco. *125*

—No hay de qué —replicó Fresnos, irónico.

—Pero era —prosiguió la mujer, como si no le hubiera oído— una felicidad proyectada hacia el porvenir, es decir, consistía precisamente en el augurio[51] (creía yo) de una felicidad futura, mayor y, sobre todo, definitiva... No sé si me explico. No se trata de la felicidad, no es eso exactamente... Mire, ¿conoce usted esos dibujos[52] que a primera vista *130* no son más que una maraña de líneas entrecruzadas,[53] y en los que hay que colorear ciertas

42. **decepcionado** disappointed
43. **por estrenar** to be discovered
44. **ni alcanza siquiera** or even succeeds in
45. **pillado** caught
46. **bambalinas** stage decorations
47. **cargado** heavy
48. **el cono... acogía** the cone of warm light that welcomed them
49. **penumbra** darkness
50. **que conste** understand that
51. **augurio** prediction
52. **dibujos** drawings
53. **una maraña de líneas entrecruzadas** a maze of interwoven lines

zonas para que aparezca la forma que ocultan? Y entonces uno dice: "Ah, era eso: un barco, o un enanito,[54] o una manzana"... Pues bien, cuando yo repaso mi vida, no veo nada en particular; sólo una maraña.

135   "Bonita metáfora", reconoció Fresnos. La usaría.

—Cuando llegó el punto final —exclamó ella, mirándole de reojo[55]—le juro que no podía creérmelo. ¡Era un final tan absurdo! No me podía creer que aquellos sueños, aquellas esperanzas, aquellos momentos de exaltación, de intuición de algo grandioso..., creía yo..., terminaran en..., en agua de borrajas[56] —suspiró—. Dígame —le apostrofó[57]

140   repentinamente—: ¿por qué terminó ahí? ¡Siempre he querido preguntárselo!

—¿Terminar qué? —se desconcertó Fresnos.

—¡Mi historia! —se impacientó la mujer, como si la obligaran a explicar algo obvio—. Nace una niña..., promete mucho..., tiene anhelos, ambiciones, es un poquitín extravagante..., lee mucho, quiere ser escritora..., incluso esboza una novela, que no

145   termina —hablaba con pasión, gesticulando—, se enamora de un donjuán de opereta que la deja plantada..., piensa en suicidarse, no se suicida..., llegué a conseguir una pistola, como usted sabe muy bien, pero no la usé, claro..., eso al menos habría sido un final digno, una conclusión de algún tipo..., melodramático, pero redondo, acabado..., pero ¡qué va!, sigue dando tumbos por la vida..., hace un poquito de esto, un poquito de

150   aquello..., hasta que un buen día, ¡fin! ¡Así, sin ton ni son[58]! ¿Le parece justo? ¿Le parece correcto? ¡Yo...!

—Pero, ¿de qué diablos me está hablando? —la interrumpió Fresnos. Si no le paraba los pies,[59] pronto le insultaría, y eso ya sí que no estaba dispuesto a consentirlo.

La mujer se echó atrás y le fulminó con[60] una mirada de sarcasmo. Fresnos observó fría-

155   mente que se le estaba deshaciendo el moño,[61] y que tenía la cara enrojecida. Parecía una verdulera.[62]

—¡Me lo esperaba! —gritó—. Soy una de tantas, ¿verdad? Me desgracia la vida, y luego ni se acuerda. Luisa, los desvelos de Luisa, ¿no le dice nada? ¡Irresponsable!

—Mire, señora —dijo Fresnos, harto,[63] tengo mucho que hacer, o sea que hágame el favor...

160   —Y sin embargo, aunque lo haya olvidado —prosiguió ella, dramática, sin oírle—, usted me concibió. Aquí, en este mismo despacho: me lo imagino sentado en su sillón, con el codo en la mano, mordisqueando[64] el lápiz, pensando: "Será una mujer. Tendrá el pelo rojizo, la nariz afilada, los ojos verdes; será ingenua, impaciente; vivirá en una ciudad de provincias... " ¿Y todo eso para qué? ¡Para qué, dígamelo! ¡Con qué finalidad, con qué

165   objeto! ¡Pero ahora lo entiendo todo! —vociferó—. ¡Es usted uno de esos autores prolíficos y peseteros[65] que fabrican las novelas como churros[66] y las olvidan en cuanto las han

---

54. **enanito** dwarf
55. **de reojo** out of the corner of her eye
56. **agua de borrajas** sea of scribbles
57. **apostrofó** she said accusingly
58. **sin ton ni son** without reason
59. **si no le paraba los pies** if he didn't stop her
60. **le fulminó con** she hurled at him
61. **deshaciendo el moño** undoing the bun of hair
62. **una verdulera** a vegetable seller
63. **harto** fed up
64. **el codo... mordisqueando** elbow in your hand nibbling
65. **peseteros** greedy
66. **churros** fried pastry in the form of a cruller

vendido! ¡Ni yo ni mis desvelos le importamos un comino[67]! ¡Sólo le importa el éxito, el dinero, su mísero pedacito de gloria! ¡Hipócrita! ¡Impostor! ¡Desalmado! ¡Negrero[68]!

"Se toma por un personaje de ficción", pensó Fresnos, boquiabierto, Se quedó mirándola sin acertar a decir nada, mientras ella le cubría de insultos. ¡Aquello sí que era una situación novelesca! En cuanto llegara a casa escribiría el cuento de corrido.[69] Sólo le faltaba encontrar el final.   *170*

La mujer había callado al darse cuenta de que él no la escuchaba, y ahora le miraba de reojo, avergonzada y temerosa, como si el silencio de él la hubiera dejado desnuda.

—Déme aunque sólo sean treinta páginas más —susurró[70]—, o aunque sean sólo veinte, diez... Por favor, señor Godet...   *175*

—¿Señor Godet?... —repitió Fresnos.

Ahora era ella la que le miraba boquiabierta.

—¿Usted no es Jesús Godet?

Lorenzo Fresnos se echó a reír a carcajadas.[71]   *180*

La mujer estaba aturdida.

—Créame que lamento este malentendido —dijo Fresnos. Estaba a punto de darle las gracias por haberle servido en bandeja[72] un argumento para relato surrealista—. Me llamo Lorenzo Fresnos, soy detective, y no conozco a ningún Jesús Godet. Creo que podemos dar la entrevista por terminada. —Iba a levantarse, pero ella reaccionó rápidamente.   *185*

—Entonces, ¿usted de qué novela es? —preguntó con avidez.

—Mire, señora, yo no soy ningún personaje de novela; soy una persona de carne y hueso.

—¿Qué diferencia hay? —preguntó ella; pero sin dejarle tiempo a contestar, continuó—: Oiga, se me ha ocurrido una cosa. Ya me figuraba yo que no podía ser tan fácil   *190* hablar con el señor Godet. Pues bien, ya que él no nos va a dar una nueva oportunidad, más vale que nos la tomemos nosotros: usted pasa a mi novela, y yo paso a la suya. ¿Qué le parece?

—Me parece muy bien —dijo tranquilamente Fresnos—. ¿Por qué no vamos a tomar una copa y lo discutimos con calma? —Sin esperar respuesta, se levantó y fue a coger su   *195* abrigo del perchero. Se dio cuenta de que no llevaba paraguas,[73] y estaba lloviendo a mares. Decidió que cogería un taxi. Entonces la oyó gritar.

Estaba pálida como un cadáver mirando la biblioteca, que no había visto antes por estar a sus espaldas. La barbilla[74] le temblaba cuando se volvió hacia él.

—¿Por qué me ha mentido? —gritó con furia—, ¿por qué? ¡Aquí está la prueba!   *200* —Señalaba, acusadora, los libros—. ¡Cubiertos de polvo, enmudecidos,[75] inmovilizados a la fuerza! ¡Es aún peor de lo que me temía, los hay a cientos! Sus Obras Completas,

---

67. **ni yo ni mis desvelos... un comino** neither I nor my torments are worth a fig to you
68. **negrero** slave trader
69. **de corrido** in no time at all
70. **déme... susurró** give me just thirty pages more, she whispered

71. **a carcajadas** in guffaws
72. **en bandeja** on a platter
73. **perchero... paraguas** coat rack ... umbrella
74. **la barbilla** chin
75. **enmudecidos** silent

¿verdad? ¡Estará usted satisfecho! ¿Cuántos ha creado usted por diversión, para olvidarlos luego de esta manera? ¿Cuántos, señor Godet?

205 —¡Basta! —gritó Fresnos—. ¡Salga inmediatamente de aquí o llamo a la policía!

Avanzó hacia ella con gesto amenazador, pero tropezó con un libro tirado en el suelo junto a su sillón. Vio el título: "Los desvelos de Luisa". Creyó comprenderlo todo. Alzó la cabeza. En ese momento menguó[76] la luz eléctrica; retumbó un trueno,[77] y la claridad lívida e intemporal de un relámpago les inmovilizó. Fresnos vio los ojos de la mujer, fijos,

210 desencajados,[78] entre dos instantes de total oscuridad. Siguió un fragor de nubes embistiéndose[79]; arreció[80] la lluvia; la lámpara se había apagado del todo. Fresnos palpaba los muebles, como un ciego.

—¡Usted dice que el cielo es siempre azul en todas partes! —La voz provenía de una forma confusa y movediza[81] en la penumbra—. ¡Sí! —gritaba por encima del estruendo—,

215 ¡menos cuando se vuelve negro, vacío para siempre y en todas partes!

—¡Tú no eres más que un sueño! —vociferó Fresnos, debatiéndose angustiosamente[82]—. ¡Soy yo quien te he leído y quien te está soñando! ¡Estoy soñando, estoy soñando! —chilló en un desesperado esfuerzo por despertar, por huir de aquella pesadilla.[83]

—¿Ah, sí? —respondió ella burlona, y abrió el bolso.

220 Enloquecido, Fresnos se abalanzó hacia aquel bulto movedizo.[84] Adivinó lo que ella tenía en sus manos, y antes de que le ensordeciera el disparo[85] tuvo tiempo de pensar: "No puede ser, es un final absurdo... "

"Ni más ni menos que cualquier otro", le contestó bostezando Jesús Godet mientras ponía el punto final.

DESPUÉS DE LEER

A. Cuestionario

1. En el primer párrafo del cuento Lorenzo Fresnos, que espera una visita, empieza a leer un libro, mientras bosteza. ¿Es posible que lo que se narra sea un sueño?

2. Cuando la mujer le dice a Fresnos que él no debe renegar de su responsabilidad, ¿a qué responsabilidad se refiere ella?

3. ¿Qué se le ocurrió a Fresnos hacer para poder escuchar a la mujer con interés?

---

76. **menguar** to diminish
77. **retumbó un trueno** a clap of thunder resounded
78. **desencajados** contorted
79. **un fragor... embistiéndose** a crash of clouds striking each other
80. **arreció** grew worse
81. **movediza** shaky
82. **debatiéndose angustiosamente** struggling and in great distress
83. **pesadilla** nightmare
84. **se abalanzó... movedizo** sprang toward that moving form
85. **le ensordeciera el disparo** the shot deafened him

4. Al darse cuenta la mujer de que uno es libre, dueño de su destino, ¿qué querría hacer? ¿No es ella libre? Explique.

5. Cuando Fresnos le dice que él no es ningún personaje de novela, sino persona de carne y hueso, ¿le parece a usted que es verdad esto?

6. ¿Es simbólica la descripción de la tempestad —truenos, relámpagos, lluvia— que estalló (*exploded*) cerca del final del cuento?

7. ¿Ve usted algún significado en el nombre del supuesto autor, Jesús Godet?

8. ¿A qué se refiere el título, "Final absurdo"?

9. De las tres personas mencionadas, ¿cuántas son ficticias? ¿Qué es real y qué es ilusión?

REPASO GRAMATICAL

Hacer and *llevar* in expressions of time

To indicate an action that began in the past and is still continuing in the present, **hace +** the time **+ que** is used with the present tense of the verb.

Hace mucho tiempo que pienso en lo que quiero decirle.	*I have been thinking a long time about what I want to say to you.*
Hace tres años que trabajan aquí.	*They have been working here for three years.*
¿Cuánto tiempo hace que usted estudia español?	*How long have you been studying Spanish?*

When the **hace... que** construction is negative, it may take either the present or the present perfect (**haber +** past participle) tense; the latter is more common.

Hace una semana que no la he visto.	*I haven't seen her for a week.*
Hace una semana que no la veo.	

When the main verb precedes the **hace** construction, **hace** is generally preceded by **desde**.

Trabajan aquí desde hace tres años.	*They have been working here for three years.*
Nos conocemos desde hace mucho tiempo.	*We have known each other for a long time.*

Desde alone is used when the time element is a date (day, month, etc.).

Ella espera desde ayer (*o* desde el lunes, desde julio, etc.)	*She has been waiting since yesterday (or since Monday, July, etc.)*
La mujer quiere ver a Fresnos desde el año pasado.	*The woman has been wanting to see Fresnos since last year.*

To indicate what had been going on for a certain length of time and was still continuing up to a point in the past when it stopped, **hacía... que** is used with the imperfect tense of the verb.

Hacía dos años que estudiábamos español (cuando decidimos ir a México).	*We had been studying Spanish for two years (when we decided to go to Mexico).*
¿Cuánto tiempo hacía que se conocían antes de casarse?	*How long had you known each other before getting married?*

With a verb in the preterite or imperfect tense, **hace** + the period of time means *ago*. Observe the word order. When **hace** begins the sentence, **que** generally follows.

Salió hace tres horas.	*She left three hours ago.*
Hace tres horas que salió.	
¿Cuánto tiempo hace que llegó?	*How long ago did he arrive?*
¿Llegó hace cuánto tiempo?	

Time expressions with *llevar*

Llevar is used like **hacer** in the idiomatic time construction. However, it is the main verb of the sentence.

Llevo tres años aquí.	*I have been here for three years. (literally, I carry three years here.)*
La mujer del cuento dice a Fresnos: Llevo tanto tiempo pensando en lo que quiero decirle.	*The woman in the story tells Fresnos: I have been thinking so long about what I want to say to you.*
Mi profesor(a) llevaba cinco días ausente.	*My teacher had been absent for five days.*

Llevar + period of time + the present participle (**el gerundio**) is used to describe an affirmative action in this idiomatic time construction.

La mujer lleva media hora esperando.	*The woman has been waiting for half an hour.*
Llevaba quince años enseñando español.	*He had been teaching Spanish for fifteen years.*

With a negative, **llevar** is followed by **sin** and an infinitive.

Llevamos tres días sin ver a nuestra abuela.	*We haven't seen our grandmother for three days.*
La mujer lleva un año sin obtener su autonomía.	*The woman hasn't obtained her autonomy for a year.*
Llevaba cuatro meses sin poder encontrar a su creador.	*She hadn't been able to find her creator for four months.*

B. Conteste usted en español.

1. ¿Cuánto tiempo hace que estudia usted español?
2. ¿Cuánto tiempo hace que comió usted?
3. ¿Sabe usted cuánto tiempo hace que su profesor(a) enseña español?
4. ¿Desde qué mes sigue usted esta asignatura (*course*)?
5. ¿Cuánto tiempo lleva usted sin ver a su familia?
6. ¿Cuánto tiempo hace que llegó al aula (la sala de clase)?
7. ¿Lleva usted mucho tiempo jugando al tenis (o al cualquier otro deporte)?
8. ¿Cuánto tiempo hacía que leía el libro cuando decidió acostarse?
9. ¿Hace mucho tiempo que la mujer se dio cuenta de que es un personaje de ficción?
10. ¿Llevabas mucho tiempo estudiando un idioma extranjero antes de venir a esta escuela?

C. Cambie usted el orden de las palabras según el modelo.

Modelo: Hace una hora que Carlos llegó.
Carlos llegó hace una hora.

1. Hace dos minutos que el autor terminó su cuento.
2. Hace tres meses que celebraron su aniversario.
3. Hace años que hubo una revolución.
4. Hace una semana que yo se lo prometí.
5. Hace un rato que ella se sintió mala.

D. Traduzca usted, empleando **hacer... que** y **llevar** donde sea posible.

1. I have been playing the piano for seven years.
2. We bought a new house a month ago.
3. Fresnos hasn't been paying attention to (**hacer caso a**) her for almost an hour.
4. I had been driving my parents' car for two years when they sold it.
5. How long has baseball been popular in Mexico?
6. The war ended a few months ago.
7. How long has your husband been away (**faltar**), Paula?
8. How long had Fresnos been aware of (**ser enterado de**) his real identity?
9. My parents bought our house a year ago.
10. I haven't been speaking Spanish for three days with my Spanish friend because she wants to learn English.

16

Isabel Allende

1942 –

Sin duda una de las escritoras más sobresalientes y populares del mundo hispano e internacional, la chilena Isabel Allende dejó su país poco tiempo después del golpe militar de 1973, el cual derribó el gobierno de su tío, Salvador Allende. Su familia emigró a Caracas, Venezuela, donde trabajó como periodista. Desde 1986, ella vive en los Estados Unidos donde goza de una fama extraordinaria.

La primera novela de Allende, *La casa de los espíritus* (1982), tuvo un rotundo éxito. Es una obra ambiciosa que sigue cuatro generaciones de las mujeres extraordinarias de la familia Trueba. Luchan éstas por varias causas feministas, tales como el derecho de votar, el fin de la discriminación sexual e independencia del despotismo patriarcal. Por la fresca exuberancia imaginativa y el realismo mágico, esta novela se compara frecuentemente con *Cien años de soledad* de Gabriel García Márquez.

Eva Luna (1989) es otra novela en la cual Allende une la realidad con lo imaginativo. La protagonista, huérfana desde joven, ha sabido sobrevivir gracias a su ingenio (*wits*) y su habilidad incomparable de relatar historias. Sobre este mismo personaje Allende ha publicado *Cuentos de Eva Luna* (1990), en el cual figura el cuento "La venganza". Vemos cómo un guerrero cruel es domado (*tamed*) por la hermosura de una joven cuyo padre había sido asesinado por aquél, y la consecuencia de esta atracción. Es conmovedora la lucha entre dos temas universales: el amor y el honor.

La venganza

El mediodía radiante en que coronaron a Dulce Rosa Orellano con los jazmines de la
Reina del Carnaval, las madres de las otras candidatas murmuraron que se trataba de un
premio injusto, que se lo daban a ella sólo porque era la hija del Senador Anselmo
Orellano, el hombre más poderoso de toda la provincia. Admitían que la muchacha
resultaba agraciada,[1] tocaba el piano y bailaba como ninguna, pero había otras postulantes   5
a ese galardón[2] mucho más hermosas. La vieron de pie en el estrado,[3] con su vestido de
organza[4] y su corona de flores saludando a la muchedumbre y entre dientes la maldijeron.[5]
Por eso, algunas de ellas se alegraron cuando meses más tarde el infortunio entró en la casa
de los Orellano sembrando tanta fatalidad, que se necesitaron veinticinco años para
cosecharla.   10

    La noche de la elección de la reina hubo baile en la Alcaldía[6] de Santa Teresa y
acudieron jóvenes de remotos pueblos para conocer a Dulce Rosa. Ella estaba tan alegre y
bailaba con tanta ligereza que muchos no percibieron que en realidad no era la más bella,
y cuando regresaron a sus puntos de partida dijeron que jamás habían visto un rostro
como el suyo. Así adquirió inmerecida[7] fama de hermosura y ningún testimonio posterior   15
pudo desmentirla.[8] La exagerada descripción de su piel traslúcida y sus ojos diáfanos,[9]
pasó de boca en boca y cada quien le agregó[10] algo de su propia fantasía. Los poetas de
ciudades apartadas[11] compusieron sonetos para una doncella hipotética de nombre
Dulce Rosa.

    El rumor de esa belleza floreciendo en la casa del Senador Orellano llegó también a   20
oídos de Tadeo Céspedes, quien nunca imaginó conocerla, porque en los años de su
existencia no había tenido tiempo de aprender versos ni mirar mujeres. El se ocupaba sólo
de la Guerra Civil. Desde que empezó a afeitarse el bigote tenía un arma en la mano y
desde hacía mucho vivía en el fragor de la pólvora.[12] Había olvidado los besos de su madre
y hasta los cantos de la misa. No siempre tuvo razones para ofrecer pelea,[13] porque en   25
algunos períodos de tregua no había adversarios al alcance de su pandilla,[14] pero incluso
en esos tiempos de paz forzosa vivió como un corsario. Era hombre habituado a la violencia.
Cruzaba el país en todas direcciones luchando contra enemigos visibles, cuando los había,

---

1. **agraciada** charming
2. **postulantes a ese... galardón** contestants
   for that prize
3. **de pie en el estrado** standing on the dais
4. **organza** organza (sheer silk)
5. **maldijeron (maldecir)** cursed
6. **Alcaldía** mayoral hall
7. **inmerecida** undeserved
8. **testimonio... desmentirla** no later
   assertion could ever disprove it
9. **diáfanos** crystal clear
10. **cada quien... agregó** every person added
11. **apartadas** remote
12. **fragor de la pólvera** roar of gunpowder
13. **razones... pelea** he didn't always have
    cause to fight
14. **pandilla** his band (of men)

y contra las sombras, cuando debía inventarlos, y así habría continuado si su partido no
gana[15] las elecciones presidenciales. De la noche a la mañana pasó de la clandestinidad a
hacerse cargo del poder[16] y se le terminaron los pretextos para seguir alborotando.[17]

La última misión de Tadeo Céspedes fue la expedición punitiva a Santa Teresa. Con
ciento veinte hombres entró al pueblo de noche para dar un escarmiento[18] y eliminar a los
cabecillas de la oposición. Balearon[19] las ventanas de los edificios públicos, destrozaron la
puerta de la iglesia y se metieron a caballo hasta el altar mayor, aplastando[20] al Padre
Clemente que se les plantó por delante, y siguieron al galope con un estrépito de guerra en
dirección a la villa del Senador Orellano, que se alzaba plena de orgullo sobre la colina.

A la cabeza de una docena de sirvientes leales, el Senador esperó a Tadeo Céspedes,
después de encerrar a su hija en la última habitación del patio y soltar a los perros. En ese
momento lamentó, como tantas otras veces en su vida, no tener descendientes varones[21]
que lo ayudaran a empuñar[22] las armas y defender el honor de su casa. Se sintió muy viejo,
pero no tuvo tiempo de pensar en ello, porque vio en las laderas del cerro[23] el destello
terrible de ciento veinte antorchas que se aproximaban espantando a la noche. Repartió[24]
las últimas municiones en silencio. Todo estaba dicho y cada uno sabía que antes del
amanecer debería morir como un macho[25] en su puesto de pelea.

—El último tomará la llave del cuarto donde está mi hija y cumplirá con su deber
—dijo el Senador al oír los primeros tiros.

Todos esos hombres habían visto nacer a Dulce Rosa y la tuvieron en sus rodillas
cuando apenas caminaba, le contaron cuentos de aparecidos[26] en las tardes de invierno, la
oyeron tocar el piano y la aplaudieron emocionados el día de su coronación como Reina
del Carnaval. Su padre podía morir tranquilo, pues la niña nunca caería viva en las manos
de Tadeo Céspedes. Lo único que jamás pensó el Senador Orellano fue que a pesar de su
temeridad[27] en la batalla, el último en morir sería él. Vio caer uno a uno a sus amigos y
comprendió por fin la inutilidad de seguir resistiendo. Tenía una bala en el vientre y la
vista difusa[28]; apenas distinguía las sombras trepando por las altas murallas de su
propiedad, pero no le falló el entendimiento para arrastrarse[29] hasta el tercer patio. Los
perros reconocieron su olor por encima del[30] sudor, la sangre y la tristeza que lo cubrían y
se apartaron para dejarlo pasar. Introdujo la llave en la cerradura, abrió la pesada puerta y
a través de la niebla metida en sus ojos vio a Dulce Rosa aguardándolo. La niña llevaba el
mismo vestido de organza usado en la fiesta de Carnaval y había adornado su peinado con
las flores de la corona.

15. **no gana** had not won
16. **hacerse... poder** becoming a man of power
17. **alborotando** shooting up the countryside
18. **dar un escarmiento** to make an example (of the town)
19. **balearon** they shot out
20. **aplastando** running down
21. **varones** male
22. **empuñar** to take up

23. **laderas... destello** on the slopes of the hill the terrible glimmer
24. **repartió** he distributed
25. **como un macho** like a man
26. **aparecidos** ghost (stories)
27. **temeridad** bravery, fierceness
28. **difusa** clouding over
29. **no le falló... arrastrarse** he was conscious enough to drag himself
30. **por encima del** through layers of

—Es la hora, hija —dijo gatillando el arma[31] mientras a sus pies crecía un charco de sangre.

—No me mate, padre —replicó ella con voz firme—. Déjeme viva, para vengarlo y para vengarme.

El Senador Anselmo Orellano observó el rostro de quince años de su hija e imaginó lo que haría con ella Tadeo Céspedes, pero había gran fortaleza en los ojos transparentes de Dulce Rosa y supo que podría sobrevivir para castigar a su verdugo. La muchacha se sentó sobre la cama y él tomó lugar a su lado, apuntando[32] la puerta.

Cuando se calló el bullicio[33] de los perros moribundos, cedió la tranca, saltó el pestillo[34] y los primeros hombres irrumpieron en la habitación, el Senador alcanzó a hacer seis disparos antes de perder el conocimiento. Tadeo Céspedes creyó estar soñando al ver un ángel coronado de jazmines que sostenía en los brazos a un viejo agonizante,[35] mientras su blanco vestido se empapaba de rojo,[36] pero no le alcanzó la piedad para una segunda mirada, porque venía borracho de violencia y enervado[37] por varias horas de combate.

—La mujer es para mí —dijo antes de que sus hombres le pusieran las manos encima.

Amaneció un viernes plomizo,[38] teñido por el resplandor del incendio. El silencio era denso en la colina. Los últimos gemidos se habían callado cuando Dulce Rosa pudo ponerse de pie y caminar hacia la fuente del jardín, que el día anterior estaba rodeada de magnolias y ahora era sólo un charco tumultuoso en medio de los escombros.[39] Del vestido no quedaban sino jirones de organza,[40] que ella se quitó lentamente para quedar desnuda. Se sumergió en el agua fría. El sol apareció entre los abedules[41] y la muchacha pudo ver el agua volverse rosada al lavar la sangre que le brotaba[42] entre las piernas y la de su padre, que se había secado en su cabello. Una vez limpia, serena y sin lágrimas, volvió a la casa en ruinas, buscó algo para cubrirse, tomó una sábana de bramante[43] y salió al camino a recoger los restos del Senador. Lo habían atado de los pies para arrastrarlo al galope por las laderas de la colina hasta convertirlo en un guiñapo de lástima,[44] pero guiada por el amor, su hija pudo reconocerlo sin vacilar. Lo envolvió en el paño y se sentó a su lado a ver crecer el día. Así la encontraron los vecinos de Santa Teresa cuando se atrevieron a subir a la villa de los Orellano. Ayudaron a Dulce Rosa a enterrar a sus muertos y a apagar los vestigios del incendio y le suplicaron que se fuera a vivir con su madrina[45] a otro pueblo, donde nadie conociera su historia, pero ella se negó. Entonces formaron cuadrillas[46] para reconstruir la casa y le regalaron seis perros bravos para cuidarla.

31. **gatillando el arma** cocking his pistol
32. **apuntando** aiming at
33. **el bullicio** the howling
34. **cedió... pestillo** the bar gave way, the bolt flew off
35. **agonizante** dying
36. **se empapaba de rojo** was soaked with blood
37. **enervado** weary
38. **plomizo, teñido por** leaden, stained by
39. **un charco... escombros** a bubbling pool in the midst of the rubble
40. **jirones de organza** silk shreds
41. **abedules** birch trees
42. **brotaba** was coming from
43. **sábana de bramante** linen sheet
44. **guiñapo de lástima** pitiable rag
45. **madrina** godmother
46. **cuadrillas** crews

Desde el mismo instante en que se llevaron a su padre aún vivo, y Tadeo Céspedes cerró
95   la puerta a su espalda y se soltó el cinturón de cuero,[47] Dulce Rosa vivió para vengarse. En
los años siguientes ese pensamiento la mantuvo despierta por las noches y ocupó sus días,
pero no borró del todo su risa ni secó su buena voluntad.[48] Aumentó su reputación de belleza,
porque los cantores fueron por todas partes pregonando[49] sus encantos imaginarios, hasta
convertirla en una leyenda viviente. Ella se levantaba cada día a las cuatro de la madrugada
100   para dirigir las faenas[50] del campo y de la casa, recorrer su propiedad a lomo de bestia,[51]
comprar y vender con regateos de sirio,[52] criar animales y cultivar las magnolias y los
jazmines de su jardín. Al caer la tarde se quitaba los pantalones, las botas y las armas y
se colocaba los vestidos primorosos,[53] traídos de la capital en baúles aromáticos. Al
anochecer comenzaban a llegar sus visitas y la encontraban tocando el piano, mientras las
105   sirvientas preparaban las bandejas de pasteles y los vasos de horchata.[54] Al principio
muchos se preguntaron cómo era posible que la joven no hubiera acabado en una camisa
de fuerza en el sanatorio[55] o de novicia en las monjas carmelitas; sin embargo, como había
fiestas frecuentes en la villa de los Orellano, con el tiempo la gente dejó de hablar de
la tragedia y se borró el recuerdo del Senador asesinado. Algunos caballeros de renombre
110   y fortuna lograron sobreponerse al estigma de la violación[56] y, atraídos por el prestigio de
belleza y sensatez de Dulce Rosa, le propusieron matrimonio. Ella los rechazó a todos,
porque su misión en este mundo era la venganza.

Tadeo Céspedes tampoco pudo quitarse de la memoria esa noche aciaga.[57] La resaca de
la matanza[58] y la euforia de la violación se le pasaron a las pocas horas, cuando iba camino
115   a la capital a rendir cuentas de su expedición de castigo. Entonces acudió a su mente la
niña vestida de baile y coronada de jazmines, que lo soportó en silencio en aquella
habitación oscura donde el aire estaba impregnado de olor a pólvora. Volvió a verla en el
momento final, tirada en el suelo, mal cubierta por sus harapos enrojecidos, hundida en el
sueño compasivo de la inconsciencia y así siguió viéndola cada noche en el instante de
120   dormir, durante el resto de su vida. La paz, el ejercicio del gobierno[59] y el uso del poder,
lo convirtieron en un hombre reposado y laborioso. Con el transcurso del tiempo se
perdieron los recuerdos de la Guerra Civil y la gente empezó a llamarlo don Tadeo. Se
compró una hacienda al otro lado de la sierra, se dedicó a administrar justicia y acabó de
alcalde. Si no hubiera sido por el fantasma incansable de Dulce Rosa Orellano, tal vez
125   habría alcanzado cierta felicidad, pero en todas las mujeres que se cruzaron en su camino,

---

47. **se soltó... cuero** he unbuckled his leather
    belt
48. **ni secó... voluntad** or diminished her
    good nature
49. **pregonando** singing
50. **dirigir las faenas** to oversee the work
51. **a lomo de bestia** on horseback
52. **con regateos de sirio** haggling like a
    Syrian
53. **se colocaba... primorosos** she would
    dress in exquisite gowns

54. **horchata** a cool drink
55. **camisa... sanatorio** in a straitjacket in the
    sanatorium
56. **sobreponerse... violación** to overlook the
    stigma of rape
57. **aciaga** fatal
58. **La resaca... matanza** the sweeping tide of
    the slaughter
59. **el ejercicio del gobierno** the work of
    governing

en todas las que abrazó en busca de consuelo y en todos los amores perseguidos a lo largo de los años, se le aparecía el rostro de la Reina del Carnaval. Y para mayor desgracia suya, las canciones que a veces traían su nombre en versos de poetas populares no le permitían apartarla de su corazón. La imagen de la joven creció dentro de él, ocupándolo enteramente, hasta que un día no aguantó más. Estaba en la cabecera de una larga mesa de banquete celebrando sus cincuenta y siete años, rodeado de amigos y colaboradores, cuando creyó ver sobre el mantel a una criatura desnuda entre capullos de jazmines[60] y comprendió que esa pesadilla no lo dejaría en paz ni después de muerto. Dio un golpe de puño que hizo temblar la vajilla[61] y pidió su sombrero y su bastón.

—¿Adónde va, don Tadeo? —preguntó el Prefecto.

—A reparar un daño antiguo —respondió saliendo sin despedirse de nadie.

No tuvo necesidad de buscarla, porque siempre supo que se encontraba en la misma casa de su desdicha y hacia allá dirigió su coche. Para entonces existían buenas carreteras y las distancias parecían más cortas. El paisaje había cambiado en esas décadas, pero al dar la última curva de la colina apareció la villa tal como la recordaba antes de que su pandilla la tomara por asalto. Allí estaban las sólidas paredes de piedra de río que él destruyera[62] con cargas de dinamita, allí los viejos artesonados de madera oscura[63] que prendiera en llamas,[64] allí los árboles de los cuales colgó los cuerpos de los hombres del Senador, allí el patio donde masacró a los perros. Detuvo su vehículo a cien metros de la puerta y no se atrevió a seguir, porque sintió el corazón explotándole dentro del pecho. Iba a dar media vuelta para regresar por donde mismo había llegado, cuando surgió entre los rosales una figura envuelta en el halo de sus faldas. Cerró los párpados deseando con toda su fuerza que ella no lo reconociera. En la suave luz de las seis percibió a Dulce Rosa Orellano que avanzaba flotando por los senderos[65] del jardín. Notó sus cabellos, su rostro claro, la armonía de sus gestos, el revuelo de su vestido[66] y creyó encontrarse suspendido en un sueño que duraba ya veinticinco años.

—Por fin vienes, Tadeo Céspedes —dijo ella al divisarlo, sin dejarse engañar por su traje negro de alcalde ni su pelo gris de caballero, porque aún tenía las mismas manos de pirata.

—Me has perseguido sin tregua.[67] No he podido amar a nadie en toda mi vida, sólo a ti —murmuró él con la voz rota por la vergüenza.

Dulce Rosa Orellano suspiró satisfecha. Lo había llamado con el pensamiento de día y de noche durante todo ese tiempo y por fin estaba allí. Había llegado su hora. Pero lo miró a los ojos y no descubrió en ellos ni rastro del verdugo,[68] sólo lágrimas frescas. Buscó en su propio corazón el odio cultivado a lo largo de su vida y no fue capaz de encontrarlo. Evocó

---

60. **capullos de jasmines** jasmine blossoms
61. **la vajilla** the dishes, china
62. **destruyera** *archaic form of past perfect tense:* had destroyed (*This form occurs several times.*)
63. **artesonados... oscura** dark wooden beams

64. **prendiera en llamas** had set fire to
65. **senderos** paths
66. **el revuelo de su vestido** her flowing dress
67. **sin tregua** relentlessly
68. **ni rastro del verdugo** a single trace of the executioner

el instante en que le pidió a su padre el sacrificio de dejarla con vida para cumplir un deber, revivió el abrazo tantas veces maldito de ese hombre y la madrugada en la cual envolvió unos despojos tristes en una sábana de bramante.[69] Repasó el plan perfecto de su venganza pero no sintió la alegría esperada, sino, por el contrario, una profunda melancolía. Tadeo Céspedes tomó su mano con delicadeza y besó la palma, mojándola con su llanto. Entonces ella comprendió aterrada que de tanto pensar en él a cada momento, saboreando el castigo por anticipado,[70] se le dio vuelta el sentimiento[71] y acabó por amarlo.

En los días siguientes ambos levantaron las compuertas[72] del amor reprimido y por vez primera en sus ásperos[73] destinos se abrieron para recibir la proximidad del otro. Paseaban por los jardines hablando de sí mismos, sin omitir la noche fatal que torció el rumbo de sus vidas. Al atardecer, ella tocaba el piano y él fumaba escuchándola hasta sentir los huesos blandos[74] y la felicidad envolviéndolo como un manto y borrando las pesadillas del tiempo pasado. Después de cenar Tadeo Céspedes partía a Santa Teresa, donde ya nadie recordaba la vieja historia de horror. Se hospedaba[75] en el mejor hotel y desde allí organizaba su boda, quería una fiesta con fanfarria, derroche y bullicio,[76] en la cual participara todo el pueblo. Descubrió el amor a una edad en que otros hombres han perdido la ilusión y eso le devolvió la fortaleza[77] de su juventud. Deseaba rodear a Dulce Rosa de afecto y belleza, darle todas las cosas que el dinero pudiera comprar, a ver si conseguía compensar en sus años de viejo el mal que le hiciera de joven.[78] En algunos momentos lo invadía el pánico. Espiaba el rostro de ella en busca de los signos del rencor, pero sólo veía la luz del amor compartido[79] y eso le devolvía la confianza. Así pasó un mes de dicha.

Dos días antes del casamiento, cuando ya estaban armando los mesones[80] de la fiesta en el jardín, matando las aves y los cerdos[81] para la comilona y cortando las flores para decorar la casa, Dulce Rosa Orellano se probó el vestido de novia. Se vio reflejada en el espejo, tan parecida al día de su coronación como Reina del Carnaval, que no pudo seguir engañando a su propio corazón. Supo que jamás podría realizar la venganza planeada porque amaba al asesino, pero tampoco podría callar al fantasma[82] del Senador, así es que despidió a la costurera, tomó las tijeras[83] y se fue a la habitación del tercer patio que durante todo ese tiempo había permanecido desocupada.

---

69. **envolvió... bramante** she had wrapped her father's pitiful remains in a linen sheet.
70. **saboreando... anticipado** savoring the punishment before the fact
71. **se le dio vuelta el sentimiento** her feelings had made a full turn
72. **las compuertas** the floodgates
73. **ásperos** unhappy
74. **sentir los huesos blandos** he felt his bones grow soft
75. **se hospedaba** he took rooms
76. **fanfarria... bullicio** fanfare, extravagance, and enthusiasm
77. **fortaleza** vigor, strength
78. **a ver si conseguía... joven** to see if in his later years he could compensate for the harm he had done to her as a young man.
79. **compartido** shared
80. **estaban armando los mesones** they were setting up the tables
81. **las aves... comilona** the fowls and hogs for the feast
82. **callar al fantasma** silence the ghost
83. **despidió... tijeras** dismissed the seamstress took the scissors

Tadeo Céspedes la buscó por todas partes, llamándola desesperado. Los ladridos de los *190* perros lo condujeron al otro extremo de la casa. Con ayuda de los jardineros echó abajo la puerta trancada[84] y entró al cuarto donde una vez viera[85] a un ángel coronado de jazmines. Encontró a Dulce Rosa Orellano tal como la viera en sueños cada noche de su existencia, con el mismo vestido de organza ensangrentado, y adivinó que viviría hasta los noventa años, para pagar su culpa con el recuerdo de la única mujer que su espíritu podía amar. *195*

DESPUÉS DE LEER

A. Cuestionario

1. Cuando coronaron a Dulce reina del carnaval, ¿por qué dijeron algunas madres que la elección era injusta?
2. Si en realidad Dulce no era la más bella del baile, ¿cómo se explica que ella llegó a ser venerada por su hermosura?
3. ¿Cómo se difiere Tadeo Céspedes de Dulce?
4. ¿Cuál era la preocupación principal del Senador mientras se preparaba para defender su casa?
5. ¿Fue Dulce una de las víctimas de la horrenda matanza? Explíquese.
6. Dé usted algunos ejemplos de la crueldad de Tadeo y su pandilla.
7. ¿Cuál es el único pensamiento que atormentó a Dulce por veinticinco años?
8. ¿A qué se atribuye el cambio en el carácter de Tadeo?
9. Tadeo volvió a la villa buscando a Dulce. Por fin el día de ésta había llegado. ¿Le mató ella? Explique usted.
10. Dulce "supo que jamás podría realizar la venganza planeada". ¿Es verdad?
11. La tensión entre el corazón (el amor) y el deber (el honor). ¿Cuál predomina en este cuento? ¿Que haría usted?

B. Corrija usted las oraciones falsas, según el texto.

1. Dulce Rosa fue coronada Reina del Carnaval por ser ella la hija del Senador.
2. El rumor de la belleza de Dulce llegó a oídos de Tadeo, quien nunca imaginó conocerla.
3. Tadeo y su pandilla cruzaban el país ayudando a los pobres y a los desgraciados.
4. Tadeo atacó la villa del Senador para secuestrar (*kidnap*) a Dulce.
5. El último sirviente todavía vivo cumplió su deber de matar a Dulce.
6. La única persona que no fue asesinada fue Dulce.
7. Hubo un gran funeral para el Senador.
8. Dulce no dejó de vivir a causa de la tragedia, sino que siguió dirigiendo las faenas (*tasks*) del campo y de la casa.

---

84. **trancada** bolted   85. **viera** had seen

9. Tadeo continuó su vida del violencia hasta su muerte.
10. Tadeo consigue el amor de Dulce con la amenaza de matarla.
11. Dulce se casará con el asesino de su padre.
12. Tadeo se suicida al lado del cuerpo de su amada.

REPASO GRAMATICAL

The definite article

The definite article is often used instead of the possessive adjective with a noun that represents a part of the body or an article of clothing, when this noun is the object of a verb or preposition and when the identity of the possessor is clearly understood.

Examples:

Desde que empezó a afeitarse el bigote	*Since he began to shave **his** mustache*
... se quitó el vestido	*. . . she took off **her** dress*
... se soltó el cinturón de cuero	*. . . he removed **his** leather belt.*
Me lavo las manos.	*I wash **my** hands (the hands to me, mine)*
Recibió una herida mortal en el pecho.	*He received a mortal wound in **his** chest.*

Although the reflexive pronoun is used in this construction to refer back to the subject, it is frequently omitted, especially when the possessor is obvious, as in the following:

Abrí los ojos.	*I opened my eyes.*
Metió la mano en el bolsillo.	*He put his hand in his pocket.*

When the object refers to someone other than the subject, the proper indirect object pronoun is used.

Le lavo (a ella) las manos.	*I wash her hands. (the hands to her).*
No les veo las caras.	*I don't see their faces.*

C. Traduzca usted

1. Put on your wedding dress, Dulce.
2. When Tadeo saw Dulce, he kissed her hand.
3. Their son broke his arm playing football.
4. Dulce held (**sostener**) her father in her arms.
5. Close your mouth, I shouted (**gritar**).
6. The barber (**barbero**) cut my hair, but he also cut his finger.
7. He took his knife and cut her cheek (**la mejilla**).
8. Dulce lowered her head and took off her dress.

The preposition *a*

Two uses of *a* can present a bit of confusion:

a. *a* corresponds to the English *of, for,* or *toward* to express a subjective or emotional attitude towards an object.

El aire estaba impregnado del olor a pólvora.	*The air was impregnated by the smell of gunpowder.*

Examples:

Los niños tenían miedo **al** agua.	*The children were afraid of the water.*
¿Tienes afición **a** la literatura?	*Are you fond of literature?*

b. After verbs that denote separation or removal, **a** is used, and not **de** (which would indicate possession).

Robaron **al** senador su honor.	*They stole the senator's honor.*
Compré el coche **a** mi tío.	*I bought the car from my uncle.*

D. Conteste usted con una frase completa.

1. ¿Tiene usted miedo a las abejas?
2. ¿Qué sabor (*taste*) predomina en el agua del mar?
3. ¿A quien pide usted dinero para pagar sus deudas (*debts*)?
4. ¿Qué olores encontraría usted en una tienda de ultramarinos (*grocery store*)?

E. Traduzca usted

1. They admired him for his love of justice.
2. They stole a thousand dollars from that poor man.
3. There was a terrible smell of coffee in my tea.
4. My son is afraid of insects.
5. The senator did not try to flee (**huirse**) from the fury (**furor**) of the gang.

17

Jorge Luis Borges

1899–1986

Borges nació en Buenos Aires, Argentina, y vivió allí hasta la edad de catorce años, cuando su familia se trasladó a Europa. Al volver a Buenos Aires en 1921, se hizo el líder de los poetas vanguardistas de aquella ciudad. A partir de 1955, fue director de la Biblioteca Nacional y profesor de literatura inglesa en la universidad hasta su retiro en 1973.

Gran poeta, ensayista y narrador, Borges representa una fuerza dominante en el mundo de las letras. Como lo ha resumido Carlos Fuentes en 1969, "sin la prosa de Borges no habría, simplemente, moderna novela hispanoamericana". Hombre de erudición fenomenal, escribió tanto en inglés y francés como en español. Con la excepción de la novela, cultivó todos los principales géneros literarios, incluso el relato de detectives. En éste, el suspense y los desenlaces inesperados sugieren el arte de Kafka y Poe. Una característica del estilo de Borges en su ficción, como se encuentra en las narraciones de García Márquez, Cortázar y muchos otros, es la combinación de lo real y lo irreal, lo fantástico y lo cotidiano (el llamado "realismo mágico").

En "Emma Zunz" Borges presenta una cuestión moral: ¿es justificado el asesinato premeditado para vengarse de un crimen contra su padre? Emma, una mujer tan ordinaria como su nombre y su trabajo, descubre que su padre había sido encarcelado por un crimen cometido por otro. Ella vengará ese crimen contra su padre pero primero se deja padecer un acto terriblemente repulsivo.

Emma Zunz

El catorce de enero de 1922, Emma Zunz, al volver de la fábrica de tejidos[1] Tarbuch y Loewenthal, halló en el fondo del zaguán[2] una carta, fechada en el Brasil, por la que supo que su padre había muerto. La engañaron, a primera vista, el sello y el sobre; luego, la inquietó la letra desconocida.[3] Nueve o diez líneas borroneadas querían colmar la hoja[4]; Emma leyó que el señor Maier había ingerido por error una fuerte dosis de veronal y había fallecido el 3 del corriente en el hospital de Bagé. Un compañero de pensión[5] de su padre firmaba la noticia, un tal Fein o Fain, de Río Grande, que no podía saber que se dirigía a la hija del muerto.

Emma dejó caer el papel. Su primera impresión fue de malestar en el vientre y en las rodillas; luego de ciega culpa, de irrealidad, de frío, de temor; luego, quiso ya estar en el día siguiente. Acto continuo[6] comprendió que esa voluntad era inútil porque la muerte de su padre era lo único que había sucedido en el mundo, y seguiría sucediendo sin fin. Recogió el papel y se fue a su cuarto. Furtivamente lo guardó en un cajón, como si de algún modo ya conociera los hechos ulteriores.[7] Ya había empezado a vislumbrarlos,[8] tal vez; ya era la que sería.[9]

En la creciente oscuridad, Emma lloró hasta el fin de aquel día el suicidio de Manuel Maier, que en los antiguos días felices fue Emanuel Zunz. Recordó veraneos en una chacra,[10] cerca de Gualeguay, recordó (trató de recordar) a su madre, recordó la casita de Lanús que les remataron,[11] recordó los amarillos losanges[12] de una ventana, recordó el auto de prisión, el oprobio,[13] recordó los anónimos con el suelto sobre "el desfalco del cajero",[14] recordó (pero eso jamás lo olvidaba) que su padre, la última noche, le había jurado que el ladrón era Loewenthal. Loewenthal, Aarón Loewenthal, antes gerente[15] de la fábrica y ahora uno de los dueños. Emma, desde 1916, guardaba el secreto. A nadie se lo había revelado, ni siquiera a su mejor amiga, Elsa Urstein. Quizá rehuía la profana incredulidad[16]; quizá creía que el secreto era un vínculo entre ella y el ausente. Loewenthal no sabía que ella sabía; Emma Zunz derivaba de ese hecho ínfimo un sentimiento de poder.

1. **fábrica de tejidos** textile mill
2. **zaguán** entrance hall
3. **la inquietó... desconocida** The unfamiliar handwriting made her uneasy
4. **borroneadas... la hoja** smudgy (lines) covered almost the whole page
5. **pensión** boarding house
6. **Acto continuo** Immediately after
7. **conociera... ulteriores** she already knew the what was to happen
8. **vislumbrarlos** to suspect it
9. **ya era la que sería** she was already the person she would become
10. **chacra** small farm
11. **les remataron** had been sold at auction
12. **losanges** lozenges (diamond shapes)
13. **recordó... el oprobio** she remembered the verdict of prison, the disgrace
14. **el suelto... cajero** the newspaper's account of "the cashier's embezzlement"
15. **gerente** manager
16. **Quizá rehuía... incredulidad** Perhaps she shrank from it out of profane incredulity

No durmió aquella noche, y cuando la primera luz definió el rectángulo de la ventana, ya estaba perfecto su plan. Procuró que ese día, que le pareció interminable, fuera como los otros. Había en la fábrica rumores de huelga[17]; Emma se declaró, como siempre, contra toda violencia. A las seis, concluido el trabajo, fue con Elsa a un club de mujeres, que tiene gimnasio y pileta.[18] Se inscribieron[19]; tuvo que repetir y deletrear su nombre y su apellido; tuvo que festejar las bromas vulgares que comentan la revisación.[20] Con Elsa y con la menor de las Kronfuss discutió a qué cinematógrafo irían el domingo a la tarde. Luego, se habló de novios y nadie esperó que Emma hablara. En abril cumpliría diecinueve años, pero los hombres le inspiraban, aún, un temor casi patológico... De vuelta,[21] preparó una sopa de tapioca y unas legumbres, comió temprano, se acostó y se obligó a dormir. Así, laborioso y trivial, pasó el viernes 15, la víspera.[22]

El sábado, la impaciencia la despertó. La impaciencia, no la inquietud, y el singular alivio de estar en aquel día, por fin. Ya no tenía que tramar[23] y que imaginar; dentro de algunas horas alcanzaría la simplicidad de los hechos. Leyó en *La Prensa* que el *Nordstjärnan*, de Malmö, zarparía esa noche del dique[24] 3; llamó por teléfono a Loewenthal, insinuó que deseaba comunicar, sin que lo supieran las otras, algo sobre la huelga y prometió pasar por el escritorio, al oscurecer. Le temblaba la voz; el temblor convenía a una delatora.[25] Ningún otro hecho memorable ocurrió esa mañana. Emma trabajó hasta las doce y fijó con Elsa y con Perla Kronfuss los pormenores del paseo del domingo. Se acostó después de almorzar y recapituló, cerrados los ojos, el plan que había tramado. Pensó que la etapa final sería menos horrible que la primera y que le depararía,[26] sin duda, el sabor de la victoria y de la justicia. De pronto, alarmada, se levantó y corrió al cajón de la cómoda. Lo abrió; debajo del retrato de Milton Sills, donde la había dejado la anteanoche, estaba la carta de Fain. Nadie podía haberla visto; la empezó a leer y la rompió.

Referir con alguna realidad los hechos de esa tarde sería difícil y quizá improcedente.[27] Un atributo de lo infernal[28] es la irrealidad, un atributo que parece mitigar sus terrores y que los agrava tal vez. ¿Cómo hacer verosímil una acción en la que casi no creyó quien la ejecutaba,[29] cómo recuperar ese breve caos que hoy la memoria de Emma Zunz repudia y confunde? Emma vivía por Almagro, en la calle Liniers; nos consta[30] que esa tarde fue al puerto. Acaso en el infame Paseo de Julio se vio multiplicada en espejos, publicada por luces y desnudada[31] por los ojos hambrientos, pero más razonable es conjeturar que al principio erró,[32] inadvertida, por la indiferente recova[33]... Entró en dos o tres bares, vio la

17. **huelga** strike
18. **pileta** swimming pool
19. **Se inscribieron** They joined
20. **festeja... la revisación** to put up with the vulgar jokes that accompany the examination of her effort
21. **De vuelta** Back home
22. **la víspera** the night before
23. **tramar** to plan
24. **zarparía... dique** would sail . . . pier
25. **delatora** informer
26. **le depararía** would give her

27. **improcedente** inappropriate
28. **lo infernal** a hellish experience
29. **verosímil... la ejecutaba** plausible an act that was scarcely believed in by the one who committed it
30. **nos consta** we know
31. **publicada... desnudada** lit up . . . stripped naked
32. **erró, inadvertida** she wandered, unnoticed
33. **recova** (*here*) streets

rutina o los manejos[34] de otras mujeres. Dio al fin con hombres del *Nordstjärnan.* De uno, muy joven, temió que le inspirara alguna ternura[35] y optó por otro, quizá más bajo que ella y grosero, para que la pureza del horror no fuera mitigada. El hombre la condujo a una puerta y después a un turbio zaguán[36] y después a una escalera tortuosa y después a un vestíbulo (en el que había una vidriera con losanges idénticos a los de la casa en Lanús) y después a un pasillo y después a una puerta que se cerró. Los hechos graves están fuera del tiempo, ya[37] porque en ellos el pasado inmediato queda como tronchado[38] del porvenir, ya porque no parecen consecutivas las partes que los forman.

¿En aquel tiempo fuera del tiempo, en aquel desorden perplejo de sensaciones inconexas y atroces, pensó Emma Zunz *una sola vez* en el muerto[39] que motivaba el sacrificio? Yo tengo para mí[40] que pensó una vez y que en ese momento peligró su desesperado propósito. Pensó (no pudo no pensar) que su padre le había hecho a su madre la cosa horrible que a ella ahora le hacían. Lo pensó con débil asombro[41] y se refugió, en seguida, en el vértigo. El hombre, sueco o finlandés, no hablaba español; fue una herramienta[42] para Emma como ésta lo fue para él, pero ella sirvió para el goce y él para la justicia.

Cuando se quedó sola, Emma no abrió en seguida los ojos. En la mesa de luz estaba el dinero que había dejado el hombre: Emma se incorporó y lo rompió como antes había roto la carta. Romper dinero es una impiedad, como tirar el pan; Emma se arrepintió, apenas lo hizo. Un acto de soberbia[43] y en aquel día... el temor se perdió en la tristeza de su cuerpo, en el asco.[44] El asco y la tristeza la encadenaban,[45] pero Emma lentamente se levantó y procedió a vestirse. En el cuarto no quedaban colores vivos; el último crepúsculo se agravaba.[46] Emma pudo salir sin que la advirtieran; en la esquina subió a un Lacroze, que iba al oeste. Eligió, conforme a su plan, el asiento más delantero, para que no le vieran la cara. Quizá le confortó verificar, en el insípido trajín[47] de las calles, que lo acaecido[48] no había contaminado las cosas. Viajó por barrios decrecientes y opacos,[49] viéndolos y olvidándolos en el acto, y se apeó en una de las bocacalles[50] de Warnes. Paradójicamente su fatiga venía a ser una fuerza, pues la obligaba a concentrarse en los pormenores de la aventura y le ocultaba el fondo y el fin.[51]

Aarón Loewenthal era, para todos, un hombre serio; para sus pocos íntimos, un avaro. Vivía en los altos de la fábrica, solo. Establecido en el desmantelado arrabal,[52] temía a los ladrones: en el patio de la fábrica había un gran perro y en el cajón de su escritorio, nadie

---

34. **manejos** the technique
35. **le inspirara alguna ternura** might inspire some tenderness in her
36. **turbio zaguán** murky entrance hall
37. **ya... ya** either . . . (*and in next line*) or
38. **tronchado** disconnected from
39. **el muerto** *i.e.,* her father
40. **Yo tengo para mí** It is my belief
41. **Lo pensó... asombro** She thought of it with weak amazement
42. **herramienta** tool
43. **soberbia** pride
44. **asco** disgust, revulsion
45. **la encadenaban** were chaining her
46. **el ultimo crepúsculo se agravaba** the last light of dusk was getting darker
47. **trajín** bustle
48. **lo acaecido** what had happened
49. **barrios... opacos** gloomy, shrinking neighborhoods
50. **se apeó... bocacalles** she got off . . . intersections
51. **le ocultaba el fondo y el fin** it concealed from her its true nature and its final purpose.
52. **el desmantelado arrabal** (living in) this run-down suburb

90 lo ignoraba,[53] un revólver. Había llorado con decoro,[54] el año anterior, la inesperada muerte de su mujer —¡una Gauss, que le trajo una buena dote!—, pero el dinero era su verdadera pasión. Con íntimo bochorno[55] se sabía menos apto para ganarlo que para conservarlo. Era muy religioso; creía tener con el Señor un pacto secreto, que lo eximía de obrar bien,[56] a trueque de oraciones y devociones.[57] Calvo, corpulento, enlutado, de

95 quevedos ahumados[58] y barba rubia, esperaba de pie, junto a la ventana, el informe confidencial de la obrera Zunz.

La vio empujar la verja (que él había entornado[59] a propósito) y cruzar el patio sombrío. La vio hacer un pequeño rodeo[60] cuando el perro atado ladró. Los labios de Emma se atareaban[61] como los de quien reza en voz baja; cansados, repetían la sentencia

100 que el señor Loewenthal oiría antes de morir.

Las cosas no ocurrieron como había previsto Emma Zunz. Desde la madrugada anterior, ella se había soñado muchas veces, dirigiendo el firme revólver, forzando al miserable a confesar la miserable culpa y exponiendo la intrépida estratagema que permitiría a la Justicia de Dios triunfar de la justicia humana. (No por temor, sino por

105 ser[62] un instrumento de la Justicia, ella no quería ser castigada.) Luego, un solo balazo en mitad del pecho rubricaría la suerte[63] de Loewenthal. Pero las cosas no ocurrieron así.

Ante Aarón Loewenthal, más que la urgencia de vengar a su padre, Emma sintió la de castigar el ultraje padecido[64] por ello. No podía no matarlo, después de esa minuciosa[65] deshonra. Tampoco tenía tiempo que perder en teatralerías.[66] Sentada, tímida, pidió ex-

110 cusas a Loewenthal, invocó (a fuer de delatora)[67] las obligaciones de la lealtad, pronunció algunos nombres, dio a entender otros y se cortó como si la venciera el temor. Logró que Loewenthal saliera a buscar una copa de agua. Cuando éste, incrédulo de tales aspavientos,[68] pero indulgente, volvió del comedor, Emma ya había sacado del cajón el pesado revólver. Apretó el gatillo[69] dos veces. El considerable cuerpo se desplomó como si los es-

115 tampidos y el humo[70] lo hubieran roto, el vaso de agua se rompió, la cara la miró con asombro y cólera, la boca de la cara la injurió[71] en español y en ídisch. Las malas palabras no cejaban[72]; Emma tuvo que hacer fuego otra vez. En el patio, el perro encadenado rompió a ladrar, y una efusión de brusca sangre manó[73] de los labios obscenos y manchó

---

53. **nadie lo ignoraba** everyone knew
54. **Había llorado con decoro** He had mourned respectfully
55. **bochorno** embarrassment
56. **que lo eximía de obrar bien** which exempted him from doing good works
57. **a trueque de... devociones** in exchange for prayers and devotion
58. **enlutado... ahumados** in mourning, with smoked (pince-nez) glasses
59. **había entornado** (the gate) he had left open
60. **rodeo** detour
61. **se atareaban** were moving rapidly
62. **sino por ser** but (rather) because she was

63. **rubricaría la suerte** would seal the fate
64. **el ultraje padecido** the outrage she had suffered
65. **minuciosa** thorough (dishonor)
66. **teatralerías** theatrics
67. **a fuer de delatora** as an informer
68. **tales aspavientos** such a fuss
69. **apretó el gatillo** she squeezed the trigger
70. **se desplomó... humo** collapsed as if the reports and the smoke (of the gun)
71. **la injurió** swore at her
72. **cejaban** slacken
73. **una efusión... manó** a stream of blood abruptly flowed

la barba y la ropa. Emma inició la acusación que tenía preparada ("He vengado a mi padre y no me podrán castigar..."), pero no la acabó, porque el señor Loewenthal ya había muerto. No supo nunca si alcanzó a comprender. *120*

Los ladridos tirantes[74] le recordaron que no podía, aún, descansar. Desordenó el diván, desabrochó el saco[75] del cadáver, le quitó los quevedos salpicados[76] y los dejó sobre el fichero. Luego tomó el teléfono y repitió lo que tantas veces repetiría, con esas y con otras palabras: "Ha ocurrido una cosa que es increíble... El señor Loewenthal me hizo venir con *125* el pretexto de la huelga... Abusó de mí, lo maté... "

La historia era increíble, en efecto, pero se impuso[77] a todos, porque sustancialmente era cierta. Verdadero era el tono de Emma Zunz, verdadero el pudor,[78] verdadero el odio. Verdadero también era el ultraje que había padecido; sólo eran falsas las circunstancias, la hora y uno o dos nombres propios. *130*

DESPUÉS DE LEER

A. Cuestionario

1. ¿Cómo supo Emma que su padre había muerto? ¿Cómo se murió?
2. Emma ha guardado un secreto desde los antiguos días felices de su vida. ¿Cuál es ese secreto?
3. ¿Bajo qué pretexto pudo Emma hablar con Loewenthal?
4. Antes de ver a Loewenthal, ¿adónde fue Emma por la tarde? ¿Por qué?
5. Si Emma tenía un "temor casi patológico" a los hombres, ¿por qué se dió a un tipo grosero?
6. ¿Qué hizo Emma con el dinero que el hombre le dejó? ¿Por qué?
7. Según la descripción de Loewenthal, ¿le parece a usted un hombre simpático o antipático?
8. ¿Era el asesinato de Loewenthal la razón principal para visitarle? ¿Quería Emma algo más?
9. Ante Loewenthal, además de vengar a su padre, ¿qué otra urgencia sintió Emma?
10. ¿Cómo logró Emma obtener el revólver de Loewenthal?
11. Después de matar a Loewenthal, ¿qué hizo Emma para convencer a la policía que él había abusado de ella?
12. Todos los hechos del crimen, según la historia de Emma, son ciertos; "sólo eran falsas las circunstancias, la hora". Explique usted.

---

74. **tirantes** straining
75. **Desordenó... desabrochó el saco** She rumpled . . . unbuttoned the jacket
76. **salpicados** spattered (glasses)
77. **se impuso** it convinced
78. **pudor** shame

B. De las frases siguientes, corrija usted las que son falsas, según el relato.

1. Emma trabajaba en una fábrica de tejidos como secretaria del dueño.
2. La noticia de la muerte de su padre conmovió a Emma.
3. Emma dejó su casa al enterarse de que su padre era un ladrón.
4. Emma piensa vengarse con la ayuda de su novio.
5. Ella llamó por teléfono a Loewenthal diciéndole que deseaba comunicar algo sobre la huelga.
6. Por la tarde Emma fue al puerto a esperar la llegada de su amigo.
7. Ella pasó una tarde agradable con el marinero sueco.
8. Sin embargo, Emma no sintió más que asco (*repugnance*) cuando el hombre se marchó.
9. La religión era la única verdadera pasión de Loewenthal.
10. Cuando Emma se halla ante Loewenthal, ella saca un revólver de su bolsa y lo mata.
11. Ella salió corriendo de la oficina inmediatamente después de pegar un tiro.
12. Emma fue condenada a la pena de muerte por su crimen.
13. ¿Deben sentenciar a Emma a la pena capital?

REPASO GRAMATICAL

The preterite of the verbs *poder, querer, saber, conocer*

Examples:

una carta... por la que **supo** que su padre...	*she learned that . . .*
luego, **quiso** estar en el día siguiente...	*then she tried to be already in . . .*
Emma **pudo** salir sin que...	*managed, succeeded in leaving . . .*

Other examples demonstrating the distinction between the imperfect and the preterite of these verbs:

Sabía que estaba enamorada de él.	*I knew that she was in love with him.*
Supe que estaba enamorada de él.	*I found out (learned) that she was in love with him.*
¿**Conocía** Ud. a mi padre?	*Did you know my father?*
¿**Conoció** Ud. a mi padre?	*Did you meet my father?*
Quería hacer un viaje.	*She wanted to take a trip.*
Quiso hacer un viaje.	*She tried to take a trip.*
No **quería** robar la joya.	*He didn't want to steal the jewel.*
No **quiso** robar la joya.	*He refused to steal the jewel.*
Podía hacerlo.	*He was able to do it.*

Pudo hacerlo.	*He succeeded in doing it.*
No **pudo** hacerlo.	*He failed to do it.*
Tenía dos coches.	*She had (in her possession) two cars.*
Tuvo dos coches para su cumpleaños.	*She had (got) two cars for her birthday.*
Había mucha gente en el teatro.	*There were many people in the theater.*
Hubo una reunion ayer.	*There was (took place) a meeting yesterday.*

C. Traduzca usted. Distinga usted entre el imperfecto y el pretérito.

1. Emma learned that the real thief was Loewenthal.
2. She tried to kill him, but could not.
3. Emma wanted him to confess (that he confess), but he refused.
4. She hardly (**apenas**) knew him, and she never met his wife.
5. There was a strike last week, but she knew that it couldn't continue.

D. Traduzca usted los verbos entre paréntesis.

1. Emma (*didn't want*) ir al cine con sus amigas.
2. (*We met*) el año pasado y (*I managed*) volver a verla varias veces este año.
3. (*There was*) una explosión en la fábrica y ella (*could not*) salir.
4. Yo (*wanted*) llamarla por teléfono, pero (*I didn't know*) su número.
5. (*There were*) muchos hombres allí, pero Emma (*didn't know*) ni un solo de ellos.

Prefixes

The opposite meaning of a word is often obtained by using the prefix **in–**, or its variants **im–**, **ir–**, **i–**.

Examples: **impaciencia, incredulidad, irrealidad.**

Observe the spelling of the prefix before **m** and **r**.

realidad	**irrealidad**
mortal	**inmortal**

The prefix **des–** is also frequently used.

orden	*order*
desorden	*disorder*
confiar	*to trust*
desconfiar	*to distrust*

Occasionally the adverb **poco** must be used.

común	*common*
poco común	*rare, uncommon*

E. Reemplace usted las palabras en negrita con su antónimo.

1. Mildred es una mujer **contenta**.
2. Su última carta era **legible**.
3. Oí ayer una conferencia **elocuente**.
4. Vi una película muy **moral**.
5. Eso es una gran **ventaja**.
6. La aldea es **accesible**.
7. Su pulso es **regular**.
8. Perdió la vida por su **honra**.
9. La novela fue escrita por un autor **conocido**.
10. Creo que la sentencia es **justa**.

18

Javier García Sánchez

1955 –

Uno de los escritores más prolíficos y respetados de la España contemporánea es García Sánchez, de Barcelona. Para los fines del siglo anterior, ya había publicado un número asombroso de cuentos, ensayos y poemas, pero García Sánchez se considera sobre todo un novelista. La novela es el género que le ha traído su mayor fama. La segunda de sus diez novelas, *La dama de viento sur,* ganó el prestigioso Premio Pío Baroja en 1985. El libro se hizo rápidamente un *bestseller,* y fue traducido al inglés.

En el cuento que sigue se notará el pensamiento filosófico que caracteriza muchos de los relatos de García Sánchez. "Teoría de la eternidad", de la colección del mismo título, es una unión hábil de lo real y lo fantástico. Un hombre joven obtiene un libro y al empezar a leerlo siente cierto recelo y hasta temor. Con el tiempo el joven logra deshacerse (*to get rid of*) del libro de la misma manera en que lo había conseguido. ¿Tendrá el nuevo dueño del libro la misma reacción y al deshacerse él del libro, tendrá el siguiente dueño el mismo sentimiento, y así *ad infinitum?*

García Sánchez ha dicho que el tema del libro infinito define su propia vida, repitiéndose en todo lo que hace, piensa y escribe. "Siempre, hasta que me muera con un estilográfica entre los dedos, querré continuar donde el cuento acababa, es decir, en el principio, donde se agazapa (*lurks*) un germen de inquietud y de esperanza".

Teoría de la eternidad

La máquina del tren llegó a la estación dispersando con su marcha lenta la espesa niebla que desde la caída de la tarde había ido acumulándose sobre los raíles. Asomaba el morro con timidez,[1] como si temiese agrandar aún más la brecha[2] que segundos antes abriera[3] en aquella cortina inmensa, blanca, vaporosa. La fragancia de unos pinares cercanos[4] parecía

5   estar en contubernio con la maltrecha luna[5] para conferirle al ambiente[6] un algo de mágico que ni el olor a madera, grasa o hierros oxidados[7] podían borrar.

Crujieron las ruedas[8] y el tren-expreso se detuvo. Por los altavoces[9] una voz anunció que aquel convoy se dirigía a la capital, a casi quinientos kilómetros de distancia. Recordó a los pasajeros que la siguiente parada no se produciría hasta arribar[10] a una ciudad sita[11]

10 a unas tres horas de allí.

Un joven bajó del tren. Llevaba una bolsa de deporte colgada en el hombro y caminaba a grandes zancadas[12] en dirección a la puerta sobre la que podía verse un cartel luminoso con la inscripción: "Salida". Estaban a punto de cerrar el bar y el pequeño quiosco situados en el mismo andén. Se disponía a cruzar por el paso de vías[13] cuando oyó que alguien

15 le chistaba.[14] Se giró. Desde la ventanilla de uno de los vagones un hombre le hacía gestos con la mano. Instintivamente miró en torno suyo para confirmar si él era el destinatario de la señal de aquel tipo. En efecto, ahora repitió su ademán[15] de manera más ostentosa, como si, teniendo cierta urgencia en decirle algo, le pidiera que se acercase.

Dirigió sus pasos allí mientras por los altavoces la misma voz insípida de antes

20 anunciaba la inminente salida del tren. No había llegado aún a la altura de la ventanilla cuando el hombre le preguntó si tendría la amabilidad[16] de hacerle un gran favor. Él asintió[17] mientras el otro parecía rebuscar algo en el bolsillo de su abrigo y luego, haciendo gala de unos exquisitos modales,[18] le dijo que por favor le comprase un libro en el quiosco, todavía abierto, pues no tenía nada que leer y el viaje se presentaba largo y aburrido. Como

25 viese la cara de sorpresa e indecisión del joven, y teniendo en cuenta que el tren iba a partir de un momento a otro, se apresuró a decirle que le daba igual cualquier cosa mientras

---

1. **asomaba... timidez** it approached the hillock timidly
2. **agrandar... la brecha** to enlarge the breech even more
3. **abriera** had opened
4. **pinares cercanos** nearby pine groves
5. **en contubernio... luna** in union with the abused moon
6. **conferirle al ambiente** to give the surroundings
7. **grasa... oxidados** grease or rusted iron
8. **crujieron las ruedas** the wheels squealed
9. **altavoces** loudspeakers
10. **no se produciría... arribar** would not come until they arrived
11. **sita** situated
12. **zancadas** strides
13. **se disponía... vías** he was about to cross the tracks
14. **le chistaba** called to him
15. **repitió su ademán** he (the stranger) repeated his signal
16. **la amabilidad** the kindness
17. **asintió (asentir)** he agreed
18. **haciendo gala... modales** with an exaggerated display of manners

fuera para leer.[19] Simultáneamente estiró su brazo hacia afuera alcanzándole[20] un billete con el que sin duda tendría suficiente, y quizás aún le sobrase una cantidad elevada.[21]

—¿Revista o libro?, ¿qué prefiere? —le preguntó.

—Mejor un libro —diría el hombre.

Corrió hacia el quiosco. Una vez allí daría un rápido repaso visual al expositor giratorio[22] de libros y luego a los estantes.[23] Entre todas las portadas[24] una llamó su atención, por lo que pidió a la señora del quiosco se lo alcanzara. Ésta cogió el libro de al lado. Tuvo que apuntar con el índice para señalarle exactamente cuál quería. Sonaba el silbato del tren cuando el joven, urgiéndole para que se diera la mayor prisa[25] posible, le entregó el billete. La mujer, contagiada[26] ya de su propio nerviosismo, no acertaba a[27] encontrar el cambio. Desparramó[28] un montón de monedas sobre varias revistas. Entre ellas había algunos billetes estrujados que desdobló[29] y fue entregándoselos mientras hacía la cuenta[30] en voz alta.

Tras un movimiento brusco e inicialmente de retroceso[31] las ruedas del tren comenzaron a girar con lentitud. El joven hizo un somero recuento[32] mental de la cantidad de dinero de vuelta, cogió el libro en una mano y, colocándose bien la bolsa sobre el hombro, se dispuso a alcanzar el vagón a la carrera,[33] cosa que probablemente hubiese logrado de no ser[34] porque en ese mismo momento otro tren pasaba a toda velocidad en sentido contrario. Era un mercancías[35] de esos que parecen no terminarse nunca. Para aprovechar unos metros y unos segundos que podían resultarle preciosos siguió andando apresuradamente en la misma dirección del expreso. Una vez hubo pasado ante él el último vagón del mercancías saltó la vía de tres o cuatro zancadas. Iniciaría una breve carrera[36] por el andén, pero ya era inútil querer alcanzar el vagón desde el que el hombre, apoyados los codos en la ventanilla,[37] había contemplado toda la operación. Éste, disipándose su imagen en la lejanía oscura en la que poco a poco entraba,[38] le hizo con el brazo un signo de comprensión y luego de despedida.

Todavía jadeante[39] por el esfuerzo hecho emprendió el regreso caminando por un bordillo de cemento[40] situado junto a los raíles. Llegó a la estación y en la sala de espera pensó que

19. **le daba igual... leer** anything to read was all the same to him
20. **alcanzándole** handing him
21. **sobrase... elevada** quite a bit left over
22. **el expositor giratorio** the revolving stand
23. **estantes** shelves
24. **portadas** (book) covers
25. **urgiéndole... prisa** urging her to hurry as much as possible
26. **contagiada** affected
27. **no acertaba a** could not
28. **desparramar** to spread, to scatter
29. **billetes... desdobló** rumpled bills which she straightened out
30. **fue entregándoselos... cuenta** handing them to him as she added it up
31. **de retroceso** going back
32. **somero recuento** quick count
33. **a la carrera** as it was starting to go
34. **de no ser** if it were not
35. **un mercancías** freight train
36. **iniciaría una breve carrera** he would have begun a short run
37. **apoyados... ventanilla** leaning out the window
38. **disipándose... poco a poco entraba** gradually disappearing as the train pulled away
39. **jadeante** panting
40. **bordillo de cemento** concrete curbing

55   quizá fuera mejor canjear[41] el libro por el dinero, que al fin y al cabo iba a serle más útil. No obstante decidió llevárselo, pues ya había molestado bastante a la señora del quiosco con lo de la prisa y el cambio como para irle[42] ahora con esto. Pasó junto a las taquillas[43] y pocos minutos después ya había atravesado unos jardines y parte del camino que debía hacer para llegar hasta su casa. Recapacitó en lo gracioso[44] de aquella situación. De la

60   forma más impensada le había tocado en suerte[45] un regalo doble, libro y dinero, que compensaban con creces, sobre todo este último,[46] la carrerita y los nervios momentáneos. Sintió pena por el tipo del tren, que no tendría qué leer de no pedir a alguien algo prestado.[47]

Entonces miró el libro que llevaba entre las manos. Detuvo sus pasos para ver mejor la

65   portada y las primeras páginas, que fue repasando[48] una a una con atención. De pronto lo cerró con fuerza, girándose para comprobar si le observaban. Sólo un coche doblaba la esquina de la calle. El joven se aproximó con cautela a la farola más cercana. Tras dejar la bolsa de deporte en el suelo repitió su anterior operación, abriendo de nuevo el libro por las páginas del principio. Su cabeza inició un vaivén[49] casi imperceptible al leer los

70   renglones de un párrafo. Después lo abrió por la mitad y por el final. En la palma de su mano algo frío le hizo caer en la cuenta de que había olvidado por completo el dinero. Las monedas y varios billetes estaban impregnados de sudor.

Volvió a mirar hacia ambos lados de la calle. Nadie venía y con suma rapidez introdujo el libro en la bolsa. Cerró bien la cremallera.[50] Era necesario no encontrarse con nadie

75   conocido, evitar los sitios donde pudiese hallar gente. Tomó varias callejuelas apenas iluminadas, incluso no siendo ese el camino más corto[51] hasta su casa.

La llave parecía no responder a la presión ejercida en la cerradura. En un segundo intento cedió la puerta de aquella planta baja. Ya dentro dejó la bolsa cuidadosamente apoyada en una silla. Apretó el interruptor de la luz[52] y, tras cerrar de nuevo la puerta,

80   cogió la bolsa transportándola a una de las habitaciones de la casa. Allí, en medio de la penumbra, extrajo el libro metiéndolo sin ninguna dilación[53] en el pequeño cajón de la parte inferior de un armario ropero.[54] Lo empujó apretándolo bien para que no quedase a medio cerrar. Aquél no era su cuarto pero daba igual.[55] Creyó preferible quedarse en él hasta el día siguiente. Se recostó en la cama envolviéndose con un edredón.[56] Por la

85   ranura[57] de la puerta vio que se había dejado encendida la luz del recibidor.[58] Apartaría los

---

41. **canjear** exchange
42. **como para irle** to go to her
43. **taquillas** ticket windows
44. **recapacitó en lo gracioso** he thought about the strangeness
45. **De la forma... en suerte** In the most unexpected way he had gotten by luck
46. **con creces... ultimo** (that compensated) more than enough, especially the latter (money), for
47. **de no pedir...** unless he borrowed something from somebody
48. **fue repasando** kept turning

49. **vaivén** light headedness
50. **la cremallera** zipper
51. **incluso no siendo... corto** even though it wasn't the shortest way
52. **apretó... luz** he flipped the light switch
53. **dilación** delay
54. **cajón... ropero** in a box on the floor of a clothes closet
55. **daba igual** it didn't matter
56. **edredón** (wrapping) a blanket (around him)
57. **ranura** opening
58. **recibidor** anteroom

ojos para no verla. No iba a pasar nada porque se quedase toda la noche encendida. No debía moverse de allí bajo ningún concepto. Y sobre todo no debía dormir.

La primera claridad del alba le pilló[59] en un estado de absoluta semiinconsciencia. Pronto notó que estaba vestido sobre una cama que no era en la que habitualmente dormía. Ni siquiera se había quitado los zapatos. El placentero sopor se tornó[60] preocupación al recordar el armario y lo que allí dentro había. Prácticamente agotó[61] el contenido de un paquete de tabaco en espera de que las manecillas del reloj alcanzasen una hora prudencial en la que pudiese hacer lo que en realidad le obsesionaba, indagar[62] a través de la quiosquera cómo había llegado a su poder aquel libro que ella le vendiese la noche anterior.

Dieron las nueve en el despertador cuando salió de casa para dirigirse a la estación. Se levantó las solapas del chaquetón de pana[63] y apenas apartó la vista del suelo en todo el trayecto. Su desazón[64] fue enorme al comprobar que quien estaba tras el mostrador del quiosco no era la misma mujer de unas horas antes. Al preguntarle por ella la otra afirmó ser su hermana, que la sustituía en el negocio de tanto en tanto.

—Sólo cuando tiene algún recado[65] importante que hacer —dijo.

Obviamente no estaba al corriente de los libros expuestos a la venta y le aconsejó que volviera al día siguiente.

De regreso a casa permaneció encerrado todo el día, dando periódicos paseos a la habitación del armario. A media tarde sonaría el teléfono, llamada que atendió con cierta indecisión. Eran de su trabajo y querían saber qué le pasaba. Dijo hallarse muy enfermo y que probablemente no se habría recuperado para el día siguiente. Le desearon una pronta mejoría. A partir de ahí una sucesión interminable de horas fue creándole auténtico malestar general y hasta dolor de cabeza.

Su impaciencia era ya algo difícilmente dominable[66] cuando a la mañana siguiente volvió a ir a la estación. Ver de nuevo el rostro que esperaba encontrar le tranquilizó bastante. Procurando poner a resguardo[67] la inquietud que lo motivaba, alegó una excusa cualquiera para abordar[68] a la mujer. Le rogó que hiciese memoria a fin de recordar cómo había llegado a su quiosco el libro que comprase la penúltima noche, ya que, extrañamente, en él no se especificaba autor, editorial[69] o dirección alguna.

La mujer se acarició[70] el mentón mientras con la vista recorría varios libros colocados en los estantes. No tenía ni idea. Dijo que tal vez lo hubiese cogido su marido, pero lo cierto, añadió, es que éste casi nunca se dejaba ver por el quiosco.

Iba a desistir de su intento cuando de repente ella encogió la mano como si hubiese cazado al vuelo un recuerdo.[71]

---

59. **le pilló** caught him
60. **el placentero sopor se tornó** the pleasant sleepiness turned into
61. **agotó** he finished off, emptied
62. **indagar** to investigate
63. **las solapas... pana** the lapels of his corduroy coat
64. **desazón** displeasure
65. **recado** errand

66. **difícilmente dominable** hard to control
67. **a resguardo** under control
68. **alegó... abordar** he made some excuse to approach
69. **editorial** publisher
70. **se acarició** stroked
71. **ella encogió... recuerdo** she closed her hand as if she had captured a memory in flight

120 —¡Ya sé! —manifestó, satisfecha de hacerle el favor a aquel joven que tanto interés parecía tener en el libro.

A él le dio un vuelco el corazón.[72]

—Sí, sí, déjeme que me asegure... —vaciló unos instantes—. Sí. Fue al final del otoño. Casi estaba cerrando, como cuando vino usted con las prisas. Recuerdo que el señor aquel 125 traía en la mano un paquete y que era sumamente amable. Por eso acepté que dejase aquí un ejemplar de su libro.

—¿De *su* libro, dice?... —la interrumpió sin lograr reprimir la ansiedad—. ¿Era él quien lo había escrito?

La mujer abrió los brazos dando a entender que tanto no sabía.

130 —Qué más quisiera yo que ayudarle si eso estuviese en mi mano[73] —dijo—. A ver que piense[74]... —volvió a mirar el lugar ocupado por el libro con el que había sustituido a aquél del que hablaban—. Sí. Dijo que en una semana pasaría para saber si alguien lo había comprado, pero nunca lo hizo, como usted puede suponer, porque el libro estaba aún ahí el otro día.

135 —¿Pero no logra recordar cómo era el hombre más o menos, su edad, si mencionó algo para localizarle?

—No, y ahora que lo dice, recuerdo que hubo una cosa un poco rara —aclaró la mujer mirándole fijamente—. Momentos después de que el señor hubiera dejado el libro dándome las gracias, se me borró por completo su cara. Mire que lo tuve frente a mí, hablando 140 los dos varios minutos, pero si me lo llego a encontrar en la calle un instante después no lo conozco. Pensé que lo reconocería al venir preguntando de nuevo por su libro. Pero dejé de darle importancia al asunto y lo olvidé.

Él pronunció unas casi inaudibles palabras de agradecimiento y después caminaría durante más de una hora con la impresión de una profunda impotencia grabada en el 145 pecho. Temió incluso que los demás pudiesen ver ese insoportable tatuaje[75] a través de la ropa, esa cicatriz abierta en el momento justo en que, hablando con la señora, se dio cuenta de que por más que lo intentaba tampoco él podía recordar la cara del hombre. Nada. Ni un rasgo.

Entonces lo comprendió todo.

150 Había que actuar y rápido. Lo primero que hizo al llegar a casa fue echarle una furtiva mirada al libro.

Continuaba en su sitio, envuelto por varias prendas[76] que no acostumbraba a usar. Intentaría cogerlo, luego de permanecer dubitativo y en cuclillas[77] ante el armario, pero su mano salió disparada hacia atrás como un resorte.[78] Había notado en ella el efecto de una 155 quemadura, de una fuerte descarga eléctrica. Después se dedicó a rebuscar entre unos

---

72. **le dio un vuelco el corazón** his heart turned over
73. **quisiera... mi mano** I would help you more if I could
74. **A ver que piense** let me think
75. **insoportable tatuaje** unbearable tattoo

76. **envuelto... prendas** surrounded by several articles of clothing
77. **luego de permanecer... cuclillas** after remaining doubtful, squatting
78. **salió disparada... resorte** shot back like a spring

papeles durante bastante rato. Finalmente sacó de allí un pequeño mapa en el que se veía el trayecto de la red de ferrocarriles[79] de toda la región. Al lado venía adjunto un horario[80] detallando la salida de los trenes. Recordó que la siguiente estación en la que había quiosco en el andén era la tercera a partir, por supuesto, de donde él se encontraba. O lo hacía ahora o no lo haría nunca.

Ya caía la tarde cuando se detuvo frente a la taquilla de billetes con una bolsa de plástico bajo el brazo. Paseó y estuvo fumando todo el rato hasta que el tren de cercanías[81] hizo su aparición. Llevaba algo de retraso, pero eso carecía de importancia. Sólo debía preocuparle su destino. Por fortuna nadie se sentó junto a él durante el trayecto. Parecía ausente.

Al arribar a la estación ya habían encendido las luces del andén. Notó un excesivo trasiego de gente,[82] pero no podía detenerse. Fue directo al quiosco, donde el dueño del negocio y un cliente departían[83] en tono amigable. Esperó a que este último se fuese. Lo había hecho ya y él se disponía a abordarle cuando una chica se acercó a comprar una revista. Finalmente también ella se fue.

Por fin estaban solos. Era el momento. Procuró dar muestras de serenidad y ofrecer una imagen afable. Extrajo el libro de la bolsa, sin mirarlo. Dijo ser su autor y que carecía de posibilidades de hacerlo llegar a otros quioscos o librerías por los canales de distribución normales. Le rogó, por tanto, que durante unos días tuviese expuesto ese ejemplar, una semana a lo sumo. Luego él mismo vendría para saber si alguien lo había comprado. Al principio pareció que el quiosquero iba a poner alguna objeción, pero no fue así. Dejando bien claro que le hacía un favor consintió en colocar el libro en un estante. Allí se quedó, medio torcido y casi tapado[84] por otro cuya portada era mucho más vistosa.[85] El joven, sudoroso, se lo agradecería con discreta insistencia.

Comenzó a caminar en dirección al lugar del que había venido. Pasó de largo[86] la estación y varias fábricas colindantes,[87] luego el pueblo y unas decenas de chabolas amontonadas[88] junto a un arroyo seco utilizado como vertedero de basuras.[89] Después sus pies cruzaron en diagonal unas huertas apenas iluminadas por una aguja de luz macilenta[90] que provenía de la luna. Sí, era la misma luna de aquella vez. Caminaba sin mirar atrás, imprimiendo más y más velocidad a sus pisadas.[91] Se sintió estallar de emoción, pues estaba a punto de conseguirlo. Sobre todo no debía girarse bajo ningún concepto. Mirar siempre hacia delante. Sabía que otro hombre, desde otro vagón, volvería a pedirle a alguien que le comprase un libro al azar, para matar el tiempo. Con la certeza de que ese alguien elegiría ese y no otro libro, él caminaba tropezando a veces, cayéndose otras, pero

79. **el trayecto... ferrocarriles** the train routes
80. **un horario** (next to it was) a timetable
81. **de cercanías** local
82. **trasiego de gente** a lot of people moving about
83. **departir** to chat
84. **medio torcido y... tapado** half bent and almost covered
85. **portada... vistosa** cover ... showy

86. **de largo** without stopping
87. **colindantes** adjacent
88. **chabolas amontonadas** tin or cardboard shacks clustered
89. **vertedero de basuras** dump
90. **aguja de luz macilenta** a needle of faint light
91. **imprimiendo... pisadas** walking faster and faster

190 sin mirar atrás, sabedor de que en cuanto llegase a los campos abiertos podría correr y correr hasta internarse en la noche de la esperanza.

Era la salvación, el único medio de purificarse de cuanto había visto en aquel libro que tal vez también haya estado en determinado momento y sin saberlo cerca de muchos de nosotros, que quizá tú mismo, lector, tuvieses alguna vez o tengas ahora entre las manos.

DESPUÉS DE LEER

A. Cuestionario

1. El joven protagonista bajó del tren, pero no volvió a su casa hasta más tarde. ¿Por qué?
2. ¿Fue por casualidad que escogió ese libro y no otro?
3. ¿Cree usted que el viajero se enfadó cuando el joven no pudo darle el libro y el dinero?
4. Con rumbo (*on the way*) a su casa, ¿por qué consideró el joven graciosa aquella situación?
5. ¿Cuándo fue la primera vez que se dio cuenta de que había algo raro y terrible en ese libro?
6. Explique usted cómo las acciones del joven, cuando volvía a casa y después, revelan su inquietud.
7. Hay una cosa sobre todo que el joven no debía hacer esa noche. ¿Cuál es?
8. ¿Qué se decidió a hacer a la mañana siguiente, con cuál resultado?
9. Cuando logró hablar otra vez con la quiosquera, ¿qué información podía ella darle?
10. ¿Tiene usted alguna idea que explique el tatuaje y la cicatriz en el cuerpo del joven?
11. ¿Cuáles son algunas señales físicas que padeció el joven al tocar el libro?
12. ¿Por qué se apresuró a ir a la siguiente estación en la que había quiosco?
13. Al final del cuento, el protagonista habla de su salvación y la manera de purificarse. ¿Salvación de qué?
14. La última observación significativa del autores que "quizá nosotros hayamos tenido también aquel libro entre las manos". ¿Qué quiere decir el autor?

B. Seleccione usted la frase más apropiada de las posibilidades entre paréntesis, según el texto.

1. El joven bajó del tren (para comprar un libro, para usar los servicios [*rest rooms*], para volver a su casa).
2. Se detuvo porque (alguien le hacía gestos, vio a una amiga, quería oír los altavoces).
3. Tuvo que ir (a la librería, al quiosco, a la sala de espera) para comprar el libro.
4. El joven no pudo entregarle el libro al viajero porque (no alcanzó el vagón, se cayó cruzando las vías, la quiosquera tardó demasiado).

5. Volviendo a casa, se puso a ojear el libro y de repente sintió (alegría, asco [*disgust*], vértigo).

6. A la mañana siguiente, demostró su agitación (gritando a la quiosquera, fumando demasiado, llamando al autor misterioso).

7. El joven cogió un tren con destino (al quiosco próximo, a casa del autor, a la editorial [*publisher*] del libro).

8. Pudo librarse del libro (dándoselo a otro joven, vendiéndoselo a un viajero, dejándolo con el quiosquero).

REPASO GRAMATICAL

Some uses of *para* and *por*

1. **Para** implies motion toward something and thus is used to indicate

a. destination or goal

Estas flores son para ella.	*These flowers are for her.*
Salimos para Europa.	*We left for Europe.*

b. purpose or use

Salió para dirigirse a la estación.	*He left to go the station.*
un vaso para vino	*a wine glass*

c. future time

No se habrá recuperado para el día siguiente.	*He will not have recovered by the following day.*
Termínelo para el lunes.	*Finish it by Monday.*

Para indicates an implied comparison: *considering the fact that, compared with.*

Es muy rubia para una española.	*She is very fair for a Spanish woman.*
Es alto para su edad.	*He is tall for his age.*

Estar para means *to be about to.*

Estaba para salir cuando empezó a llover.	*I was about to go out when it began to rain.*

2. **Por** expresses

a. motivation: *for the sake of, on behalf of, because of, out of*

Trabaja mucho por su familia.	*He works hard for the sake of his family.*
Lo hizo por despecho.	*He did it out of spite.*
Todavía jadeante por el esfuerzo hecho	*Still panting from (because of) the effort he had just made*

b. *in exchange for*

Quería canjear el libro por el dinero.

He wanted to exchange the book for the money.

Por un beso, yo te diera un mundo.

I would give you a world for a kiss.

c. the agent or means by which something is done

Me llamó por teléfono.

He called me by phone. (He phoned me.)

Fue escrito por mi amigo.

It was written by my friend.

d. *through, along, in, around*

Colocó las flores por la sala.

She placed the flowers around the living room.

Andábamos por la calle.

We were walking along the street.

e. time during which an action continues: *for, during*

Estudia por la noche.
Estuvieron allí por tres días.

He studies in (during) the evening.
They were there for three days.

With an infinitive, **por** expresses cause (*because of, on account of,* etc.).

Por correr tanto, llegó cansado.

By running (because he ran) so much, he arrived tired.

Ella no le habla por ser él descortés.

She doesn't speak to him because he is discourteous.

Por with **estar** (**estar por**) means *to be in favor of.*

Hay mucha gente que no está por la pena de muerte.

There are many people who are not in favor of capital punishment.

C. Complete usted con **para** o **por**.

1. Perdóneme _____ el desorden de la casa.
2. La carta fue escrita _____ Juan. Es _____ María.
3. _____ un país tropical, hace frío.
4. Ella me dio las gracias _____ las flores.
5. Está _____ la eliminación de la pobreza.
6. Nos paseábamos _____ la orilla del río.
7. Hablas bien el español _____ un extranjero.
8. El perro saltó _____ la ventana.
9. Yo estaba _____ ir al teatro cuando ella me llamó.
10. Va a verme mañana _____ la mañana.
11. Mi padre se decidió a trabajar _____ otra compañia.
12. Termine usted su tesis _____ el fin del año.

13. Vivió en Caracas ＿＿＿＿＿＿ tres años.
14. Van a la iglesia ＿＿＿＿＿＿ rezar (*to pray*) ＿＿＿＿＿＿ sus almas.
15. El joven preguntó ＿＿＿＿＿＿ mi padre, diciendo que tenía una carta ＿＿＿＿＿＿ él.

D. Traduzca usted

1. I cry for you.
2. Dictators are not for freedom of speech.
3. The exam will end by three o'clock.
4. They promised to love each other forever (always).
5. My son is very tall for his age.
6. He ate nothing for two days.
7. I want you to read ten pages for tomorrow.
8. We received three shares (**acciones**) for every one that we had.
9. Come to my house tomorrow night to help me. Will you (**quiere**) do that for me?
10. We are for peace throughout all the countries of the world.

19

Carme Riera

1949 –

Con el crecimiento del feminismo en la España de post-Franco, cada vez más mujeres sienten la necesidad de relatar experiencias con las cuales se identifican. Una de las escritoras más importantes de esta joven generación es sin duda Carme Riera. Nacida en Mallorca, vive en Barcelona, donde es profesora de la literatura castellana en la Universidad Autónoma.

Su primera colección de cuentos, escrita en catalán, fue un *bestseller*, y su primera novela, ***Una primavera para Domenico Guarini***, es una obra brillante, compleja y experimental. Trata de los problemas comunes en la cultura contemporánea: el terrorismo, la adicción a las drogas y el aborto, entre otros. La espontánea y auténtica vitalidad creativa de Carme Riera se manifiesta en su creciente producción literaria que consta de novelas, varias colecciones de relatos cortos y muchos ensayos sobre la literatura.

El cuento que sigue, que tiene lugar en Mallorca, se narra desde la perspectiva de una periodista que sondea (*probes*) el efecto chocante de las acciones de dos jóvenes norteamericanos en un pequeño pueblo de pescadores.

El reportaje[1]

Deyá, 22 de septiembre de 1980.

Querida Hellen: Necesito que me averigües[2] si vive en Santa Bárbara una mujer llamada María Evelyn MacDonald, de unos cuarenta años. De momento no puedo darte más datos. Saber su paradero[3] y entrar en contacto con ella me es absolutamente imprescindible,[4] como verás por el relato que te envío. Te llamaré en cuanto pueda desde Nueva York y te mantendré   5
al corriente[5] de este asunto. Por favor, no creas que me he trastornado.[6] Haz todo lo posible por ayudarme. Pregunta, busca en la guía telefónica... lo que puedas.
Un abrazo,
Stephani

    Éste es un pequeño pueblo de la costa norte de Mallorca. Las casas de piedra se asoman   10
al torrente ofreciéndole[7] sus diminutos jardines malvas.[8] Las buganvillas[9] todavía floridas
compiten con las hiedras[10] en su intento de escalar paredes y muros: Sólo desde las
ventanas más altas puede verse el mar que penetra a lo lejos la redonda cala[11] desierta.
Los últimos veraneantes,[12] los más fieles y rezagados[13] se fueron semanas atrás. Somos
muy pocos los forasteros[14] que aún permanecemos aquí, aparte de la exigua[15] colonia   15
extranjera establecida en el pueblo hace muchos años. Confieso que yo también me iré
en breve. El retraso[16] de mi marcha no obedece ya a ninguna causa puesto que ayer se
cumplió lo que esperaba,[17] lo único que me tenía aquí. Y sin embargo siento marcharme.
Pero no tengo otra posibilidad. Debo salir de aquí cuanto antes.

    Nunca se me hubiera ocurrido imaginar durante los días que siguieron a mi llegada que   20
pasaría aquí todo el verano afanándome[18] únicamente en la búsqueda de noticias para
realizar un reportaje. Lo cierto es que el asunto me desbordó.[19] Desde el principio la
hostilidad de los nativos frente al tema me pareció anormal. Los habitantes de estas tierras
están acostumbrados al trato con extranjeros y son por naturaleza amables y hospitalarios.
¿Por qué se obstinaban en guardar silencio? Ni siquiera mis ofrecimientos monetarios   25
fueron capaces de refrescarles la memoria... Los más jóvenes se excusaban diciendo que

1. **reportaje** special feature article
2. **averiguar** to find out
3. **paradero** whereabouts
4. **imprescindible** essential
5. **te mantendré al corriente** I'll keep you informed
6. **me he trastornado** I have become mad
7. **se asoman... ofreciéndole** look out upon the torrent of water offering to one
8. **malvas** mallows (a purple, red, or white flower)
9. **buganvillas** bougainvilleas (brilliant purple-red flower)
10. **hiedras** ivy
11. **cala** cove, inlet
12. **veraneantes** summer vacationers or residents
13. **rezagados** procrastinating
14. **forasteros** strangers, outsiders
15. **exigua** meager, scarce
16. **retraso** delay
17. **se cumplió... esperaba** what I hoped to do was accomplished
18. **afanándome** struggling, "knocking myself out"
19. **me desbordó** overwhelmed me

nunca oyeron hablar del caso y los más viejos, aquellos que pudieron conocer de cerca los hechos o más aún incluso vivirlos, se negaban a hacer declaraciones.

De Anaïs Nin[20] tampoco se acordaba nadie. "Pasan por aquí tantos artistas... Ud.
30 comprenderá... estamos acostumbrados a ver a tanta gente... caras nuevas... " Gracias a la mujer de Robert Graves[21] pude averiguar dónde vivió la escritora. Una casita en el "Clot", con un pequeño jardín, como todas. Su actual propietaria, una muchacha negra que pasa los veranos aquí, me dejó visitarla encantada y se alegró mucho de conocer la noticia, pues ignoraba[22] que la Nin hubiera residido en Deyá y menos aún en su casa...
35 Naturalmente la casa no guardaba ni una huella[23] de la estancia[24] de la escritora, sin embargo le hice algunas fotos para ilustrar mi reportaje que seguía aún en punto muerto.[25]

En el fondo estaba muy desanimada,[26] me daba cuenta de que había empezado mal, no sacaba nada en claro; lo mejor que podía hacer era olvidar mi compromiso[27] con Partner* y con el número extraordinario que su revista publicaba en homenaje a[28] Anaïs Nin y
40 dedicarme a tomar el sol. Al fin y al cabo la culpa era mía. Nunca se debe creer al pie de la letra[29] la afirmación de un escritor cuando dice que la historia que va a narrarnos la escuchó de labios ajenos[30]... Pero en el caso de la Nin me costaba trabajo no tomarla en serio: "Estaba yo pasando el verano en Mallorca, en Deyá... Los pescadores me contaron una extraña historia"... Estas dos frases, con las que inicia[31] su relato *Mallorca*, se me
45 antojaban suficientemente fiables.[32] La extraña historia debió suceder, sin duda, hacia los años cuarenta cuando la Nin estuvo aquí. ¿Por qué si entonces la contaban ahora no querían mencionarla? ¿Tan vergonzoso[33] les parecía que una muchacha nativa tuviera relaciones con un extranjero e hiciera el amor en la playa? ¿Les resultaba más afrentoso[34] ahora que entonces? Era absurdo creer semejante cosa. ¿Por qué entonces se negaban a hablar?
50 Gisele, mi amiga negra, me sugirió que tal vez todos me estaban diciendo la verdad... desconocían la historia porque nunca ocurrió.

Escribí a Partner. Anaïs Nin utilizó sólo su imaginación. Fue un error suponer lo contrario. El relato Mallorca figura entre las páginas de su libro *Delta de Venus*, colección de cuentos escritos por encargo.[35] Sentía muchísimo haberme equivocado. Le propuse, a
55 cambio, escribir un largo artículo sobre Graves y su mundo... Partner me telegrafió desde Nueva York. Quería algo sobre la Nin y pronto. Releí sus *Diarios* a la búsqueda de cualquier dato que pudiera orientarme... ¿Cómo manipulaba la Nin la realidad? ¿Qué

20. **Anaïs Nin** American diarist, novelist, and critic (1903–1977)
21. **Robert Graves** famous, prolific British poet, novelist, critic, and translator (1895–1985) who resided in Majorca for many years.
22. **ignorar** not to know
23. **huella** trace
24. **estancia** stay, sojourn
25. **en punto muerto** at a dead end
26. **desanimada** (I was very) discouraged

27. **compromiso** commitment
28. **en homenaje a** in honor of
29. **al pie de la letra** literally
30. **labios ajenos** someone else's lips
31. **inicia** she begins
32. **se me antojaban... fiables** impressed me as being reliable enough
33. **vergonzoso** shameful, embarrassing
34. **¿Les resultaba más afrentoso...?** Did it seem more offensive . . .?
35. **por encargo** on assignment

Partner is the surname of the editor of the narrator's magazine.

concepto tenía de la verdad...? Subrayé[36] algunos párrafos de sus voluminosas confesiones y por fin me quedé con una afirmación lapidaria[37]: "Lo que mata la vida es la ausencia de misterio". Comencé a darle vueltas.[38] Partner me había pedido un reportaje, algo ligero, y yo pretendía[39] enviarle un pequeño ensayo, demasiado esotérico para el público a quien iba destinada la revista. Se lo mandé por correo urgente.[40] Volvió a ponerme un telegrama: "Tómate el tiempo necesario, retrasamos publicación. Averigua qué ocurrió con la historia. Tienes la clave[41]: hay un misterio".

Insistí de nuevo en mis pesquisas[42] pero cambié de táctica. No mencioné para nada a la Nin, ni volví a preguntar si aún vivían la hija del pescador y el joven americano, ni si era verdad que en su juventud hacían el amor en público a la luz de la luna. Me limité a averiguar si había en el pueblo algunas parejas formadas por extranjero y mallorquina o al revés, si era algo usual, si se veía con buenos ojos.[43] Me contestaron que no, que se daban muy pocos casos, ya que las relaciones acababan siempre de modo dramático... las costumbres son diferentes, la forma de vida, el temperamento... Ninguna de esas conclusiones me pareció suficientemente válida, ni siquiera explícita. Protesté, pedí más detalles. Una mujeruca[44] que me había alquilado una habitación me confesó que cada vez que se llevaba a cabo[45] una unión de esta clase sucedía alguna desgracia en el pueblo...

—¿Como qué?

—Desgracias... Se hunde[46] una casa, se cae un muro, el temporal arrasa las huertas.[47]

—Puede ser casual.

—No lo crea, es un castigo.

—¿Por qué?

—Arriba, no les gusta que se hagan así las cosas...

—¿Desde cuándo ocurre?

—Desde que ellos murieron.

—¿Quiénes?

—Estos por los que Ud. se interesa... Pero no le diré nada más.

Todos mis intentos fueron vanos. Supliqué, ofrecí, prometí guardar el secreto. Inútil, no pude sacarle una palabra más. Durante los días que siguieron a nuestra conversación se mostró esquiva,[48] procuraba no verme, tener el menor trato conmigo. Gisele me felicitó en cuanto se lo conté. "Tienes una pista[49] y muy válida, un punto de partida". La idea fue suya: Bajé a Palma[50] y consulté en la pequeña hemeroteca[51] los periódicos del verano del 41. Anaïs había estado en Deyá aquellos meses. No encontré nada de interés. Luego

36. **subrayar** to underline
37. **lapidaria** unalterable
38. **darle vueltas** to mull it over
39. **pretendía** was endeavoring
40. **correo urgente** express mail
41. **clave** key, clue
42. **Insistí... pesquisas** I pursued my investigation again
43. **si se veía... ojos** whether it was approved
44. **mujeruca** little old lady

45. **se llevaba a cabo** (a union of this kind) was realized
46. **hundirse** to collapse
47. **el temporal... huertas** a storm demolishes the vegetable gardens
48. **esquiva** evasive
49. **pista** clue
50. **Palma** the capital of Mallorca
51. **hemeroteca** periodicals and newspaper library

los del 42... En el ejemplar del *Correo* del 21 septiembre de 1942 aparecía una breve noticia: Habían sido encontrados tres cadáveres flotando en las aguas de la cala de Deyá. Se trataba de los cuerpos de dos mujeres, María Sarrió Companys, hija de pescadores del pueblo, y Evelyn MacDonald, súbdita[52] norteamericana, y el de un hombre, George
95 MacDonald, hermano de Evelyn. Al parecer un golpe de mar les arrebató[53] de las rocas por donde paseaban. Nadie contempló el desgraciado accidente ni, por tanto, pudo prestarles auxilio.[54]

Volví a Deyá con una fotocopia del periódico. La comenté con Gisele. Sin duda Anaïs Nin había utilizado parte de la historia, hablaba sólo del amor entre María y el hermano
100 de Evelyn y no decía nada de sus trágicas muertes... La Nin escribió antes de que éstas ocurrieran... ¿Qué pasó en realidad? ¿Por qué tanto misterio alrededor de un accidente tan estúpido como cruel? "Seguro que hay algo más", insistió Gisele, "seguro".

Me costó trabajo hacerle leer el documento a mi casera.[55] Sin gafas no veía bien y desde hacía meses las había perdido. Tampoco quería que yo se lo leyera y menos en voz alta. Por
105 fin, tras mucho insistir, lo pasó ante sus ojos miopes.[56] La barbilla[57] comenzó a temblarle y rompió a llorar:

—Son ellos. Déjelos. Están muertos, sí, pero si les llama volverán otra vez y será horrible. Volverán y no la dejarán dormir. Ninguno de nosotros volverá a dormir nunca más.

—¿Por qué? Cuénteme, por favor... deje de llorar...

110 —Murieron a causa de sus terribles pecados. Fue un castigo de arriba, no hay duda. La embrujaron,[58] señorita, embrujaron a María... No puedo decirle más, no puedo. Si hablo volverán... Hacían el amor en la playa los tres, desnudos y juntos. ¿Comprende? Sin importarles si alguien les miraba, del modo más obsceno. Nunca en el pueblo había ocurrido una cosa así... Ellos, los dos extranjeros, fueron los culpables. Habían llegado a Deyá
115 huyendo de la guerra, decían, a finales del año treinta y nueve. Alquilaron una casa a las afueras del pueblo. Escribían a máquina, como usted. Nosotros creíamos que estaban casados. Solían abrazarse en público, sin ningún respeto para con[59] nosotros. El señor cura les amonestó una vez y fue peor. Desde entonces solían bañarse desnudos en la cala, una costumbre atroz, que por desgracia se puso de moda en esta costa, hace más de cuarenta años
120 ...Un atardecer María paseaba por las rocas de la cala, era mi amiga, ¿sabe usted?, teníamos la misma edad. Evelyn la llamó desde el agua. María se quitó el vestido y en enaguas[60] se echó al mar. Nadó hasta acercarse a Evelyn. La ropa dificultaba sus movimientos. Evelyn la arrastró hasta el embarcadero[61] y allí la desnudó. Nadaron de nuevo hasta la orilla, tendidas[62] en la arena descansaron a la luz de la luna, el brazo de Evelyn ceñía la cintura[63] de
125 María. Volvieron a encontrarse todas las tardes. María se sentía fascinada por la belleza de

---

52. **súbdita** subject (citizen)
53. **arrebatar** to snatch; to carry off
54. **prestarles auxilio** to lend them aid
55. **hacerle leer... a mi casera** to make my landlady read
56. **lo pasó... miopes** she held it close to her nearsighted eyes

57. **barbilla** chin
58. **embrujar** to bewitch
59. **para con** with regard to
60. **en enaguas** in her petticoat
61. **embarcadero** pier, wharf
62. **tendidas** stretched out
63. **ceñía la cintura** placed around the waist

Evelyn, por las historias con que solía engatusarla.[64] Yo era la confidente de María y lo sabía bien, la tenía embrujada. Un día se unió a ellas George. Nadó a su lado y junto a ellas, desnudo, se tumbó[65] en la playa. María se dejó amar por los dos... Aquella noche recibió una paliza descomunal[66] de su padre. Permaneció en cama una semana a causa de los golpes. Cuando pudo levantarse desapareció del pueblo en su compañía. En dos años 130 no tuvimos noticias suyas.[67] La policía de Palma nos visitó alguna vez para tratar de obtener datos que pudieran ayudar a dar con su paradero. Por entonces apareció por aquí la escritora sobre la que usted trabaja. La recuerdo vagamente. Alguien le contó la historia, era americana, como ellos. Luego supimos que fue piadosa con María... se refirió sólo a sus amores con George. Al verano siguiente, ya hacia finales de septiembre, volvieron. Traían 135 consigo una niña de pocos meses. Su padre era George, pero no sabíamos cuál de las dos mujeres era su madre... María vino a verme, yo no quise recibirla, nadie en el pueblo quiso recibirla. Al atardecer bajaron a la cala, llevaban consigo a la pequeña metida en un capazo.[68] Todo el pueblo les espiaba entre los matorrales.[69] Se hacían apuestas sobre su desvergüenza,[70] se decía que debíamos darles una lección antes de llamar a la policía. Me 140 hago lenguas todavía de[71] la naturalidad con que se desnudaron; después, en vez de entrar en el agua, se quedaron junto a las rocas del margen derecho de la cala... Algunos hombres salieron de sus escondrijos con estacas[72] y se les acercaron para amenazarles. Ellos ni se inmutaron.[73] Tuvieron que separarlos a golpes. Los tres, magullados,[74] corrieron hacia el mar. No tenían otra escapatoria posible. Supusimos que intentarían ponerse a salvo 145 nadando hacia la punta más extrema de la cala y escalarían por allí el acantilado.[75] El mar rompía con bastante furia, las olas eran cada vez mayores. Apenas podíamos distinguir sus cabezas y el braceo.[76] Nos pareció oír sus voces, llamándose entre sí. La niña comenzó a llorar. Me la llevé a mi casa, en realidad me sirvió de excusa para alejarme de allí. Poco a poco todo el pueblo fue desfilando hacia sus casas. Al día siguiente aparecieron sus cuer- 150 pos flotando en la boca de la cala. Estaban muertos. El juez de Soller subió[77] para hacerse cargo[78] de los cadáveres, a nadie podía sorprender su muerte... Eran demasiado atrevidos, todo el mundo les había visto bañándose en días de temporal... Entregué a la niña a la policía y fue entonces cuando me dijeron que George y Evelyn eran hermanos. El cónsul americano en Palma se puso en contacto con los familiares. Supe más tarde que María Eve- 155 lyn pasó a vivir con sus abuelos en Santa Bárbara. Si he de serle franca, he hecho todo lo posible por olvidar todo lo ocurrido... Durante años he padecido[79] fuertes insomnios y terribles pesadillas,[80] como todos los del pueblo, por culpa de esta historia, aunque nadie

---

64. **solía engatusarla** she used to beguile her
65. **se tumbó** he lay down
66. **paliza descomunal** terrible beating
67. **no tuvimos noticias suyas** we didn't hear news of them
68. **capazo** basket
69. **matorrales** underbrush
70. **se hacían... desvergüenza** they made bets about their shamelessness
71. **me hago lenguas todavía de** I still can't get over

72. **sus escondrijos con estacas** their hiding places with clubs
73. **ni se inmutaron** they didn't even move
74. **magullados** battered
75. **acantilado** cliff
76. **braceo** their (swimming) strokes
77. **El juez... subió** the judge . . . came up
78. **hacerse cargo** to take charge
79. **padecer** to suffer
80. **pesadillas** nightmares

se atreva a confesarlo. Muchas noches de temporal hemos oído sus gritos, pidiendo auxilio
160   desde la cala... Pero hay más aún, mucho más. Durante los años que siguieron a la desgra-
cia ningún pescador del lugar pudo tirar las redes[81] cerca de la cala sin exponerse a un
grave peligro: Un peso enorme las lastraba[82] hacia el fondo...

Es la primera vez que cuento estos hechos, tal vez usted creerá que exagero o que no
estoy en mis cabales[83]... Por desgracia las cosas ocurrieron tal y como se las he narrado...
165   Desde que usted se ocupa del asunto me resulta difícil dormir, igual que a mí[84] les ocurre
a algunos vecinos, testigos[85] de aquellos terribles sucesos...

¿Quiere usted una prueba de que no miento? Baje el día 21[86] por la noche a la cala. Para
entonces hará treinta y ocho años de su muerte. Como cada año, sólo saldrán las barcas
de los más jóvenes y de los forasteros. Volverán sin haber pescado nada. El mar anda
170   revuelto[87] y suele haber tormenta. Quédese junto a la orilla y mire bien: A medianoche les
verá salir de las aguas y tenderse desnudos en la playa para amarse hasta el amanecer...

El relato me sobrecogió en extremo.[88] Corrí a contárselo a Gisele.

—Tu casera desvaría,[89] querida, por aquí tiene fama de loca. Según me han dicho de
joven[90] era la maestra, la quitaron porque padecía fuertes depresiones...
175   Gisele se marchó a principios de septiembre y yo me quedé aquí, esperando. Ayer fui a la
cala. Había luna llena. El mar centelleaba.[91] De pronto les vi. Avanzaban nadando hacia la
playa, jóvenes, bellísimos como si ni la muerte ni el tiempo hubieran podido nada contra
ellos.[92] Y allí junto a la orilla iniciaron un juego amoroso que duró hasta el amanecer...

Cuando volví a casa no pude contarle a la dueña lo que había visto. No estaba. Me había
180   dejado una nota de despedida.[93] Me decía que como cada año iba a pasar unos meses a una
casa de salud. Me dejaba instrucciones para cerrar la casa y me deseaba un feliz retorno a mi
país. Intenté dormir, no pude, el rumor del mar llegaba insistente hasta mis oídos.

DESPUÉS DE LEER

A. Cuestionario

1. ¿Dónde y cuándo tiene lugar la acción del cuento?
2. ¿Por qué no se ha marchado todavía la narradora como los veraneantes?
3. ¿Cuál ha sido el obstáculo principal en las investigaciones de la escritora?

81. **tirar las redes** cast his nets
82. **lastraba** dragged
83. **no estoy en mis cabales** I'm not "all there"
84. **igual que a mí** and the same thing (occurs . . .)
85. **testigos** witnesses
86. **Baje el día 21** Go down on the 21st (of the month)
87. **anda revuelto** is rough

88. **me sobrecogió en extremo** completely astonished me
89. **Tu casera desvaría** Your landlady is delirious
90. **de joven** *i.e.,* when she was young
91. **centellear** to sparkle
92. **hubieran podido nada** had been able to do anything to them
93. **nota de despedida** farewell note

4. ¿Cómo supo ella le existencia de la extraña historia?
5. La narradora decide cambiar de táctica en su investigación. Explique cómo.
6. La casera de la narradora decide contar la historia. Dé un breve resumen.
7. Enfrentándose con esta clase de conducta, ¿qué hicieron algunos hombres del pueblo?
8. ¿En qué resultó este acto de los hombres?
9. Para los habitantes del pueblo la rara historia no cesó con la muerte de los tres amantes. Explique.
10. Se puede probar la verdad de nuestro trastorno (*disturbance*), dice la casera. ¿Cómo?
11. ¿Qué vio la narradora una noche en la cala? ¿Le parece a Ud. que fue real o imaginario?
12. Hay una cualidad tanto real como irreal en este cuento. Explique.

B. Comprensión. Corrija las frases que son falsas, según el cuento.

1. La narradora ha escrito a Hellen para que ésta la encuentre en el aeropuerto.
2. Deyá parece ser un pueblo mallorquín que atrae a muchos artistas y veraneantes.
3. Los habitantes se obstinaban en guardar silencio cuando los interrogaba la reportera.
4. Los más jóvenes, sin embargo, hablaban al recibir dinero.
5. La narradora sacó la idea de escribir su reportaje de una película basada en esta historia.
6. Lo que había escandalizado a los nativos fue que una de ellos se casó con el americano.
7. La narradora decide que Anaïs Nin sólo había imaginado la historia.
8. La reportera por fin se da cuenta de que debe escribir algo ligero, no un ensayo esotérico.
9. El padre de María le revela a la narradora toda la historia.
10. Parece que María no tenía inconveniente en hacer el amor con cualquier hombre.

REPASO GRAMATICAL

The translation of the verb *to become*

1. Ponerse is used with an adjective to indicate a change in physical or emotional state, usually referring to persons.

El padre de María se puso rabioso.

María's father became furious.

La amiga se puso triste al saber lo de María.

The friend became sad on learning of the matter of María.

Me pongo enfermo cuando viajo.

I become sick when I travel.

2. **Hacerse** is used with both adjectives and nouns to indicate a transition from one state to another through the subject's own doing, by agreement, or naturally.

La autora se ha hecho reportera.	*The author became a reporter.*
Se ha hecho vieja esperando.	*She became old waiting.*
María se ha hecho el escándalo del pueblo.	*María became the scandal of the village.*

3. **Llegar a** + inf, is like **hacerse**. It indicates a gradual process, the culmination of a series of steps.

El profesor llegó a ser jefe del departamento.	*The professor became head of the department.*
La historia de María ha llegado a ser un mito aterrador.	*The story of María has become a frightening myth.*

4. **Volverse** has approximately the same value as **ponerse** and **hacerse**. It is used with adjectives and sometimes with nouns.

Don Quijote se volvió loco leyendo novelas de caballerías.	*Don Quijote became mad by reading novels of chivalry.*
Se ha vuelto muy orgullosa.	*She has become very proud.*

5. **Convertirse en**, used with nouns, means *to turn into* or *to change into*.

Me he convertido en una persona triste.	*I have become (turned into) a sad person.*
Soñaba con convertirse en otra Cenicienta.	*She dreamed about becoming another Cinderella.*

6. **Ser de** and **hacerse de** are used in questions to mean *to become of* in English.

¿Qué se ha hecho de María y sus amigos?	*What has become of María and her friends?*
¿Qué será de nosotros?	*What will become of us?*

C. Traduzca usted las siguientes frases; tendrán más de una posibilidad para el verbo *to become*.

1. The story of María and her friends has become a big mystery.
2. What became of the little girl? Has she become a Hollywood star?
3. Put on your coat. Do you want to get (*become*) sick?
4. Europe has become a region ruled (**gobernar**) by the masses (**la masa**), said Ortega y Gasset years ago.
5. He finally became a teacher, but he'll never get rich.
6. She became embarrassed (**avergonzada**) when she couldn't pay the bill (**la cuenta**).

7. We don't know if María or the other woman became pregnant (**embarazada**).
8. They told her she could become a partner (**socia**) in a few years.
9. What was formerly a blessing (**bendición**) in his work has now become a curse (**maldición**).
10. They say that this city will become the capital of the state.
11. Do you have to be a native of the country to become president?
12. María's daughter has probably become a conservative (**conservadora**) woman.
13. María's town has become a suspicious (**receloso**) place now.

A
Selection
of
Poetry

A NOTE ON SPANISH VERSIFICATION

Whereas in English poetry each line has a definite number of metrical feet, the meter of Spanish verse depends upon a definite number of syllables, so that a line is designated as being of eight syllables (*octosyllabic*), of eleven syllables (*hendecasyllabic*), and so forth. As you read or recite poetry, you must be careful to take into account the following:

A. If a word ends in a vowel (or diphthong) and precedes another word beginning with a vowel, the two vowels are run together to form one syllable. This is called *synalepha* (**sinalefa**).

1   2 3 4   5 6 7 8

Die/ra^ un/ te/so/ro^ el/ Mi/ka/do.   8 syllables

1   2   3 4   5 6 7 8 9   10 11

Mien/tras/ el/ sol /en/ el/ o/ca/so^ es/plen/de.   11 syllables

Sometimes a poet will deliberately keep the two vowels separated, perhaps to preserve the rhythm. This is called *hiatus* (**hiato**). (If your count of syllables in a line comes to less than the regular meter of the poem, it is probably because there is a hiatus somewhere, to be counted as two syllables.)

1 2 3 4   5 6 7   8   9 10 11

So/nó la/ ho/ra^ y/ la/ ven/gan/za^ es/pe/ra.   11 syllables

There is a hiatus between the words **la hora**.

B. If the word at the end of a line has the stress on the last syllable, like **saber** below, an extra syllable is added to the count; thus, the following line of poetry is considered to contain not seven syllables but eight.

1   2   3 4 5   6 7

Cuan/do^ es/pe/ra/mos/ sa/ber   8 syllables (7 + 1 = 8)

C. Likewise, if the last word of a line has the stress on the antepenult (third syllable from the end), one syllable is subtracted; thus,

1   2 3 4 5 6 7 8 9

an/tes/ de/ lle/gar/ a/ Cór/do/ba   8 syllables (9 − 1 = 8)

There are two kinds of rhyme in Spanish: *consonance,* in which the last stressed vowel and any letters that follow it are identical (**besaba–brotaba, cantar–mar**), and *assonance,* in which the last stressed vowel, and a following unstressed vowel, if there is one, are identical. Any consonants coming after the stressed vowel need not be identical, as they must in the case of consonance. Examples of assonance in **o** would be **algodón, voz, flor, sol**; in **e–a, vereda, sierras, serena**. With octosyllabic verse, assonance occurs only in the even lines.

20

Rubén Darío

1867–1916

Hacia el final del siglo diecinueve una nueva escuela literaria, llamado
Modernismo, tomó forma en Hispanoamérica. Inspirados por las
doctrinas poéticas francesas, los Modernistas buscaban sobre todo la
perfección y el refinamiento de la forma, sensibilidad (*sensuousness*)
de tono, impresionismo delicado y, con frecuencia, libertad total de
formas métricas.

El poeta cuya poesía reflejó más completamente estas innovaciones
fue Rubén Darío, quien, como ha dicho un crítico, "opened the doors
to contemporary Spanish poetry". Nativo de Nicaragua, Darío pasó
muchos años en el extranjero, incluso los Estados Unidos, como
corresponsal. En 1896 su libro *Prosas Profanas* (*Non-sacred Poems*)
estableció su fama del exponente principal del Modernismo. (*Prosa* fue el
término usado por algunos poetas para poemas, generalmente religiosos,
escritos en español en contra de latín.) Algunas notas características de
estos poemas son su sensibilidad refinada, evocación del pasado exótico y
versos esculpidos (*sculpted*) con la pureza de mármol.

En la colección de Darío titulada *Cantos de vida y esperanza* (1905),
el poeta expresa su amor a todo lo que significa "español": su historia, raza,
literatura y arte. Como el título sugiere, hay optimismo, fe en la vida, y
Cristiandad. Sin embargo, hay también varios poemas que expresan
melancolía, duda y pesimismo, como se verá a continuación.

Para una cubana

This and the following sonnet, both originally from **Prosas profanas,** are *sonetos de arte menor,* that is, sonnets in which the verses do not exceed eight syllables, instead of the customary eleven syllables.

Miré, al sentarme a la mesa
bañado[1] en la luz del día
el retrato de María,
la cubana-japonesa.

El aire acaricia[2] y besa,   5
como un amante lo haría,
la orgullosa bizarría[3]
de la cabellera espesa.[4]

Diera un tesoro el Mikado
por sentirse acariciado   10
por princesa tan gentil,[5]

Digna[6] de que un gran pintor
la pinte junto a una flor
en un vaso de marfil.[7]

1. Analice usted la rima, utilizando las letras a, b, c, etc. ¿Es consonancia o asonancia? ¿Por qué?
2. Dé un ejemplo del uso de la metáfora en el poema.
3. ¿Qué cosa está personificada? Explíquese.
4. ¿Hay características del "modernismo" en el poema? (Véase la introducción en la pagina 172.)

1. **bañado** bathed (*i.e., el retrato*)
2. **acariciar** to caress
3. **orgullosa bizarría** proud nobility
4. **cabellera espesa** thick (head of) hair
5. **gentil** elegant
6. **digna** worthy
7. **marfil** ivory

Mía

Note how the simple pronoun "mía", because of the feeling with which the poet uses it, becomes so exalted a symbol of possession that it is converted to a proper noun, the name of his beloved.

Mía: así te llamas.
¿Qué más harmonía?
Mía: luz del día;
Mía: rosas, llamas.[1]

5 ¿Qué aromas derramas[2]
en el alma mía?
Si sé que me amas,
¡Oh Mía!, ¡oh Mía!

Tu sexo fundiste[3]
10 con mi sexo fuerte,
fundiendo dos bronces.

Yo, triste; tú, triste...
¿No has de ser, entonces,
Mía hasta la muerte?

1. Analice usted la forma (rima y métrica) del poema.
2. ¿Dónde ve usted el uso de la metáfora y la personificación?
3. ¿Cómo indica el poeta **lo duradero** (*the lastingness*) de su amor?

1. **llama** flame (of love)
2. **derramar** to pour out
3. **fundir** to fuse, to cast (bronze)

Lo fatal¹

The pessimism and the torment of the poet expressed in the poem are intensified by the fact that it was written at a time when he had been exalting the world of the senses.

Dichoso² el árbol que es apenas sensitivo,
y más la piedra dura, porque ésa ya no siente,
pues no hay dolor más grande que el dolor de ser vivo,
ni mayor pesadumbre³ que la vida consciente.⁴

Ser, y no saber nada, y ser sin rumbo⁵ cierto,   5
y el temor de haber sido y un futuro terror...
Y el espanto⁶ seguro de estar mañana muerto,
y sufrir por la vida y por la sombra y por

lo que no conocemos y apenas sospechamos,
y la carne que tienta⁷ con sus frescos racimos⁸   10
y la tumba que aguarda⁹ con sus fúnebres ramos,¹⁰
¡y no saber adónde vamos,
ni de dónde venimos!... ¹¹

1. Analice usted la forma de este poema. ¿Cómo difiere de la forma de los dos primeros poemas?
2. ¿Cómo difiere también en cuanto a su atmósfera o sentido?
3. ¿Dónde hay un buen ejemplo de aliteración?
4. ¿Por qué dice el poeta que el árbol y otras cosas son más dichosas que él?

1. **Lo fatal** Fatality
2. **dichoso** happy, fortunate
3. **pesadumbre** sorrow, grief
4. **consciente** conscious, of the senses
5. **rumbo** course, direction
6. **espanto** fear
7. **tentar** to tempt
8. **racimos** clusters (of grapes)
9. **aguardar** to await

10. **ramos** bunch (of flowers). *Note the juxtaposition of the concepts of love and death in these sonorous verses.*
11. *In lines 5–13, the cumulative effect of the poet's overwhelming grief is stylistically brought about by the constant repetition of the conjunction "and," which appears 13 times in these verses. This technique is known as* polysyndeton (**polisíndeton**).

21

Pablo Neruda

1904–1973

Como muchos otros escritores e intelectuales del mundo hispano, Pablo Neruda combinó su obra literaria con una carrera diplomática. Sirvió del cónsul chileno en varios países, incluso España en el periodo anterior a la Guerra Civil (1936–1939), que fue la inspiración de muchos de sus poemas más conmovedores y personales. La calidad excepcional y universal de su obra poética fue reconocida cuando Neruda fue otorgado el premio Nobel de literatura en 1971.

En los cinco años que pasó en el Lejano Oriente (*Far East*), Neruda expresó su sentido de aislamiento (*isolation*) en los tres libros de *Residencia en la tierra* (1933–1945), considerado por muchos como su obra más importante. Consiste en una serie de visiones herméticas (*impenetrable*) y surreales de un universo en estado de desintegración. En la obra monumental de Neruda, *Canto general* (1950), el poeta se revela como un escritor políticamente comprometido (*committed*), campeón de los explotados, denunciador del imperialismo y defensor del socialismo.

En *Residencia*, Neruda nos ofrece una visión pesimista del mundo. El poema que se da a continuación ilustra la desesperanza del poeta al contemplar la desintegración de un paisaje urbano, lleno de productos repugnantes y hostiles hechos por los seres humanos.

Walking Around

Sucede que me canso de ser hombre.
Sucede que entro en las sastrerías[1] y en los cines
marchito,[2] impenetrable, como un cisne de fieltro[3]
navegando en un agua de origen y ceniza.[4]

El olor de las peluquerías me hace llorar a gritos.   5
Sólo quiero un descanso de[5] piedras o de lana,
sólo quiero no ver establecimientos ni jardines,
ni mercaderías,[6] ni anteojos, ni ascensores.

Sucede que me canso de mis pies y mis uñas
y mi pelo y mi sombra.   10
Sucede que me canso de ser hombre.

Sin embargo sería delicioso
asustar a un notario con un lirio cortado
o dar muerte a una monja con un golpe de oreja.
Sería bello ir por las calles con un cuchillo verde   15
y dando gritos hasta morir de frío.

No quiero seguir siendo raíz en las tinieblas,[7]
vacilante, extendido, tiritando de sueño,[8]
hacia abajo, en las tripas mojadas[9] de la tierra,
absorbiendo y pensando, comiendo cada día.   20

No quiero para mí tantas desgracias.
No quiero continuar de[10] raíz y de tumba,
de subterráneo solo, de bodega[11] con muertos,
aterido,[12] muriéndome de pena.

---

1. **sastrerías** tailor shops
2. **marchito** feeling weak, withered
3. **cisne de fieltro** felt swan
4. **un agua de origen y ceniza** in a sea of causes and ashes
5. **un descanso de** a rest from
6. **mercaderías** merchandise
7. **raíz en las tinieblas** a root in the darkness
8. **tiritando de sueño** shivering sleepily
9. **en las tripas mojadas** in the dripping entrails
10. **de** like a (root or grave)
11. **de subterráneo... bodega** alone underground, in a morgue
12. **aterido** numb with cold

25 Por eso el día lunes arde como el petróleo
cuando me ve llegar con mi cara de cárcel,
y aúlla en su transcurso[13] como una rueda herida,
y da pasos de sangre caliente hacia la noche.

Y me empuja a ciertos rincones, a ciertas casas húmedas,
30 a hospitales donde los huesos salen por la ventana,
a ciertas zapaterías con olor a vinagre,
a calles espantosas como grietas.[14]

Hay pájaros de color de azufre[15] y horribles intestinos
colgando de las puertas de las casas que odio,
35 hay dentaduras olvidadas en una cafetería,
hay espejos
que debieran haber llorado de vergüenza y espanto,
hay paraguas de todas partes, y venenos y ombligos.[16]

Yo paseo con calma, con ojos, con zapatos,
40 con furia, con olvido,
paso, cruzo oficinas y tiendas de ortopedia,[17]
y patios donde hay ropas colgadas de un alambre[18]:
calzoncillos,[19] toallas y camisas que lloran
lentas lágrimas sucias.

1. ¿Cuál es el tema de este poema?
2. Una manera eficaz de presentar el tema es por una estructura paralela (como la repetición de una frase al principio de los versos). Halle usted ejemplos de esto.
3. ¿Cuáles son algunas de las cosas de la vida **cotidiana** (*daily*) que le dan **asco** (*disgust*) al poeta?
4. A pesar del estado **deprimido** (*depressed*) del poeta frente a este mundo desintegrado, hay en el poema una nota de humor. ¿Dónde se encuentra?
5. El poema está cargado de imágenes, símiles y metáforas. Escoja las que le parecen a usted las más **eficaces** (*effective*).

---

13. **aúlla en su transcurso** it howls as it goes
14. **como grietas** full of cracks
15. **azufre** sulphur
16. **ombligos** navels
17. **ortopedia** orthopedics
18. **alambre** wire
19. **calzoncillos** underpants

22

Gabriela Mistral

1889–1957

Gabriela Mistral, (seudónimo de Lucila Godoy Alcayaga), y compatiota de Pablo Neruda, nació en un pueblo en el norte de Chile, y como él, sirvió al gobierno en varios puestos diplomáticos por todo el mundo. Además, fue conferenciante (*lecturer*) en algunas universidades norteamericanas, también delegado a las Naciones Unidas, y ayudó a establecer UNICEF. Sin embargo, Mistral era ante todo poeta, la más destacada, como Neruda, de su país. Parece increíble que estos dos chilenos, casi contemporáneos, fueran recipientes del mayor premio literario: Mistral ganó el primer premio Nobel de literatura en Latinoamérica en 1945.

Quizás el tema central de la poesía de Gabriela Mistral pueda resumirse por la palabra *amor*: amor a la naturaleza, a un hombre, a los pobres, y amor de Dios. Se ve este tema repetidamente en los poemas de *Desolación* (1922), libro inspirado por la pérdida de los dos únicos hombres que ella había amado: el primero se suicidó y el segundo se casó con otra mujer. Los poemas de la primera parte del libro expresan su dolor y su desilusión angustiosa en lenguaje llano, sin adorno. Otros poemas se dirigen a los niños; en éstos la poeta revela su anhelo (*longing*) frustrado por la maternidad en versos tiernos (*tender*), con pasión y amor. Los tres poemas que siguen son de *Desolación*.

Los sonetos de la muerte

A good deal of Gabriela Mistral's poetry in *Desolación* dwells on suffering and loss. In this sonnet she stands by the grave of her beloved, with the resolve that she, and she alone, will join him.

Del nicho helado en que los hombres[1] te pusieron,
te bajaré a la tierra humilde y soleada.
Que he de dormirme en ella los hombres no supieron,
y que hemos de soñar sobre la misma almohada.

5 Te acostaré en la tierra soleada con una
dulcedumbre de madre para el hijo dormido,
y la tierra ha de hacerse suavidades de cuna[2]
al recibir tu cuerpo de niño dolorido.

Luego iré espolvoreando[3] tierra y polvo de rosas,
10 y en la azulada y leve polvoreda de luna,
los despojos livianos[4] irán quedando presos.
Me alejaré cantando mis venganzas hermosas,
¡porque a ese hondor recóndito[5] la mano de ninguna
bajará a disputarme tu puñado de huesos[6]!

1. ¿Cuántas sílabas hay en los versos de este soneto? ¿Cuál es la rima?
2. ¿Con qué sentimientos **hace frente** (*faces*) la poetisa a la sepultura de su amado?
3. En la segunda estrofa, ¿cuál es la imagen que destaca su **ternura** (*tenderness*) hacia el amado?
4. ¿Expresa la poetisa su sentimiento con un lenguaje tan "poético" como el de Neruda o de Darío, por ejemplo?

---

1. **los hombres** unfeeling, depersonalized people (perhaps pallbearers or grave-diggers)
2. **suavidades de cuna** as soft as a cradle
3. **espolvorear** to sprinkle
4. **los despojos livianos** your light (weightless) remains
5. **hondor recóndito** hidden depth
6. **tu puñado de huesos** your fistful of bones

La espera inútil

Once again the poet pours out her grief as she realizes that her beloved will never again walk with her.

Yo me olvidé que se hizo
ceniza[1] tu pie ligero,
y, como en los buenos tiempos,
salí a encontrarte al sendero.[2]

Pasé valle, llano y río   5
y el cantar se me hizo triste.
La tarde volcó[3] su vaso
de luz ¡y tú no viniste!

El sol fue desmenuzando[4]
su ardida y muerta amapola;   10
flecos de niebla temblaron
sobre el campo. ¡Estaba sola!

Al viento otoñal, de un árbol
crujió[5] el blanqueado brazo.
Tuve miedo y te llamé: 15
"¡Amado, apresura el paso!"

"Tengo miedo y tengo amor,
¡amado, el paso apresura!"
Iba espesando[6] la noche
y creciendo mi locura.   20

Me olvidé de que te hicieron
sordo para mi clamor[7];
me olvidé de tu silencio
y de tu cárdeno albor[8];

---

1. **se hizo ceniza** had become ashes
2. **sendero** path
3. **volcó** spilled out
4. **fue desmenuzando** was crumbling to shreds
5. **crujir** to creak
6. **Iba espesando** (Night) was closing in
7. **para mi clamor** to my outcry
8. **tu cárdeno albor** your livid pallor

25 de tu inerte mano torpe
ya[9] para buscar mi mano;
¡de tus ojos dilatados
del inquirir soberano[10]!

La noche ensanchó su charco
30 de betún[11]; el agorero
buho[12] con la horrible seda
de su ala rasgó el sendero.

No te volveré a llamar
que ya no haces tu jornada;
35 mi desnuda planta[13] sigue,
la tuya está sosegada.

Vano es que acuda[14] a la cita
por los caminos desiertos.
¡No ha de cuajar tu fantasma[15]
40 entre mis brazos abiertos!

1. En los primeros versos, ¿qué imagen nos informa que el amado se ha muerto?
2. Otra linda imagen describe el anochecer. ¿Cuál es?
3. ¿Qué significa "la noche ensanchó su charco de betún"?
4. ¿Le parece sincero el dolor de la poetisa, a pesar del lenguaje sencillo?

9. **torpe ya** slow now
10. **dilatados... soberano** staring wide with the supreme question
11. **ensanchó su charco de betún** broadened its pool of black pitch
12. **el agorero buho** the ill-omened owl
13. **planta** foot (carries on)
14. **que acuda** that I come
15. **No ha de cuajar tu fantasma** Your ghost will not be brought to life again

El niño solo

The poet's frustrated longing for motherhood is beautifully and simply expressed in this sonnet.

A Sara Hübner

Como escuchase[1] un llanto, me paré en el repecho[2]
y me acerqué a la puerta del rancho del camino.[3]
Un niño de ojos dulces me miró desde el lecho[4]
¡y una ternura inmensa me embriagó[5] como un vino!

La madre se tardó, curvada en el barbecho[6];   5
el niño, al despertar, buscó el pezón de rosa[7]
y rompió en llanto... Yo lo estreché contra el pecho,
y una canción de cuna me subió, temblorosa...

Por la ventana abierta la luna nos miraba.
El niño ya dormía, y la canción bañaba,   10
como otro resplandor, mi pecho enriquecido...

Y cuando la mujer, trémula, abrió la puerta,
me vería en el rostro tanta ventura cierta[8]
¡que me dejó el infante en los brazos dormido!

1. ¿Con qué imagen expresa la poeta su ternura en la primera estrofa?
2. ¿Cómo se explica que el niño está solo en la casa? ¿No siente la madre afecto por él?
3. ¿Qué ejemplo de la personificación hay en la tercera estrofa?
4. ¿Cómo demuestra la madre del niño su maternidad?
5. Analice Ud. la estructura del poema (rima y métrica). ¿De qué tipo de poema es este poema un buen ejemplo?

1. **Como escuchase** Upon hearing
2. **repecho** steep incline, hill
3. **rancho del camino** hut by the road
4. **lecho** bed
5. **embriagar** to intoxicate
6. **barbecho** fallow
7. **pezón de rosa** pink nipple
8. **tanta ventura cierta** such great happiness

23

Miguel Hernández

1910–1942

La obra más intensa, más apasionada que ha salido de la Guerra Civil española es la de Miguel Hernández. Nació en Orihuela, en la provincia de Alicante en el sureste de España. Sin apenas más instrucción que la primaria, el adolescente Miguel encontró en su sacerdote y luego en un amigo dos alentadores (*encouragers*) de una vocación poética. Para la edad de veinte años, Hernández ya estaba publicando sus poemas en Madrid, donde se hizo amigo del cónsul chileno, Pablo Neruda, y otros poetas como Antonio Machado y Juan Ramón Jiménez (Nobel, 1956). Durante la guerra Hernández fue partidario de los republicanos contra las fuerzas de Franco, y al final de la guerra, Hernández fue encarcelado. Los tres años del encarcelamiento consumieron la vida del poeta en 1942.

La experiencia horrorosa de la guerra y el dolor y el desánimo (*despondency*) al encontrarse separado de su mujer y su hijo explican los temas de su poesía como la fragilidad de la existencia humana, la agonía de la separación y la inminencia de la muerte. Estos "poemas de guerra" revelan sobre todo la identificación desoladora (*heartrending*) de Hernández con el sufrimiento de España.

La crueldad y la bestialidad de los soldados se destacan en el primer poema que sigue, tomado de su apasionada colección *El hombre acecha* (1937–1938). En el segundo poema que va a continuación, del libro *Cancionero y romancero de ausencias,* Hernández expresa con una pasión quieta y con ternura el dolor de estar separado de su familia, a quienes él sabe que no volverá a ver.

Canción primera

The cruelty of man and the horror of man against man are devastatingly portrayed in this poem.

Se ha retirado el campo
al ver abalanzarse
crispadamente al hombre.[1]

¡Qué abismo entre el olivo
y el hombre se descubre!   5

El animal que canta:
el animal que puede
llorar y echar raíces[2]
rememoró sus garras.[3]

Garras que revestía[4]   10
de suavidad y flores,
pero que, al fin, desnuda[5]
en toda su crueldad.
Crepitan[6] en mis manos.
Aparta[7] de ellas, hijo.   15
Estoy dispuesto a hundirlas,
dispuesto a proyectarlas,
sobre tu carne leve.

He regresado al tigre.
Aparta o te destrozo.   20
Hoy el amor es muerte,
y el hombre acecha[8] al hombre.

1. ¿Cuál es la metáfora predominante de este poema?
2. ¿Se puede sentir la emoción del poeta a pesar de la falta de mucho adorno en el lenguaje poético? ¿Dónde está bien expresada su emoción?
3. Explique el sentido de los versos 4–5 ("Qué abismo...").

1. **al ver abalanzarse... hombre** when it saw man, his body twitching, rush into it
2. **echar raíces** sink roots
3. **rememoró sus garras** remembered his claws
4. **revestía** that he disguised
5. **desnuda** lays bare; reveals
6. **crepitan** they (my claws) snap
7. **Aparta** (*the imperative*) Keep away
8. **acechar** to hunt

Aunque tú no estás

The poet, nearing death, pours his heart out thinking of his beloved, whom he will never see again. Their love is sufficient for the needs of the world, he says. The poet's anguish is evident in spite of the quiet tone of the poem.

Aunque tú no estás, mis ojos
de ti, de todo, están llenos.
No has nacido sólo a un alba,[1]
sólo a un ocaso[2] no he muerto.
5 El mundo lleno de ti
y nutrido el cementerio
de mí,[3] por todas las cosas,[4]
de los dos por todo el pueblo.[5]
En las calles voy dejando
10 algo que voy recogiendo:
pedazos de vida mía
perdidos desde muy lejos.
Libre soy en la agonía
y encarcelado me veo
15 en los radiantes umbrales,[6]
radiantes de nacimientos.
Todo está lleno de mí,
de algo que es tuyo y recuerdo
perdido, pero encontrado
20 alguna vez, algún tiempo.
Tiempo que se queda atrás
decididamente negro,
indeleblemente rojo,
dorado sobre tu cuerpo.
25 Todo está lleno de ti,
traspasado de tu pelo[7]:
de algo que no he conseguido[8]
y que busco entre tus huesos.

1. **sólo a un alba** just for one day
2. **sólo a un ocaso** just for one nightfall
3. **nutrido el cementerio de mí** the cemetery has enough nourishment with me
4. **por todas las cosas** for all its needs
5. **de los dos... pueblo** with the two of us it has all the people

6. **en los radiantes umbrales** by doorsteps full of light
7. **traspasado de tu pelo** permeated with your hair
8. **de algo... conseguido** with something out of my reach

1. ¿Es la forma del poema la de soneto o de romance? Explique usted.
2. ¿Cuál es el tema del poema?
3. Explique cómo los umbrales de las casas pueden ser "radiantes" (v. 15–16).
4. Hay una juxtaposición de los colores negro, rojo y dorado en los versos 22–24. ¿Qué simbolizan?

24

Rosario Castellanos

1925–1974

Escritora de muchas voces —poeta, ensayista, novelista, diplomática, profesora— Rosario Castellanos fue una de las poetas más admiradas no sólo de México sino de toda Latinoamérica. El hilo central de su poesía es su denuncio de la injusticia en contra de la mujer y el mito de su inferioridad en la cultura masculinista mexicana. En efecto, su tesis para la licenciatura (MA) en filosofía, titulada *Sobre cultura femenina,* fue llamada "el punto de partida para el movimiento feminista contemporáneo en México."

Los primeros años de Castellanos transcurrieron en el estado meridional de Chiapas, donde su padre era un terrateniente (*landowner*) rico. Sin embargo, en una colección temprana de su poesía, la joven poeta expresa su indignación contra la explotación de los indios. Cuando su padre perdió todas sus tierras por la reforma agraria de México, la familia se trasladó a la capital. El casamiento de Rosario en 1958 fue un fracaso que resultó en divorcio. Los poemas de *Vívida luz* y *Materia memorable* reflejan esas experiencias de dolor, soledad y rechazo, temas que aparecen a lo largo de toda su poesía.

Rosario Castellanos conocía bien la obra poética extranjera; una poeta favorita era Emily Dickinson, algunos de cuyos poemas Castellanos tradujo. En 1971 fue nombrada embajadora mexicana a Israel, y al año siguiente ella compiló todos sus poemas en un volumen, *Poesía no eres tú.* El tema más predominante, al lado de los ya dichos, es la muerte, una presencia constante, casi obsesiva. Y en 1974, a la edad de cuarenta y nueve años, Rosario Castellanos perdió la vida en un simple accidente en su casa en Tel Aviv.

Malinche¹

Desde el sillón de mando² mi madre dijo: "Ha muerto."

Y se dejó caer, como abatida,³
en los brazos del otro, usurpador, padrastro⁴
que la sostuvo no con el respeto
que el siervo⁵ da a la majestad de reina   5
sino con ese abajamiento mutuo⁶
en que se humillan ambos, los amantes, los cómplices.⁷

Desde la Plaza de los Intercambios⁸
mi madre anunció: "Ha muerto."

La balanza   10
se sostuvo⁹ un instante sin moverse
y el grano de cacao¹⁰ quedó quieto en el arca¹¹
y el sol permanecía en la mitad del cielo
como aguardando un signo
que fue, cuando partió como una flecha,   15
el ay agudo de las plañideras.¹²

"Se deshojó¹³ la flor de muchos pétalos,
se evaporó el perfume,
se consumió la llama de la antorcha.

Una niña regresa, escarbando,¹⁴ al lugar   20
en el que la partera depositó su ombligo.¹⁵
Regresa al Sitio de los que Vivieron.

---

1. **Malinche** *was Cortés' Indian interpreter and mistress, whose name in Mexican folk history and language is synonymous with betrayal. Actually, it was she who was betrayed when her own family sold her into slavery before she was given to Cortés as a gift.*
2. **el sillón de mando** the throne of command
3. **abatida** shaken, crushed
4. **padrastro** stepfather
5. **el siervo** a servant
6. **abajamiento mutuo** mutual shame
7. **se humillan... cómplices** in which lovers and accomplices both grovel
8. **Intercambios** Exchanges
9. **La balanza se sostuvo** the scale remained motionless
10. **el grano de cacao** the chocolate bean
11. **el arca** the bin
12. **el ay agudo de las plañideras** the sharp wail of the mourners
13. **Se deshojó** (the flower) Was stripped of
14. **escarbando** scratching up the earth
15. **la partera... ombligo** the midwife buried her navel

Reconoce a su padre asesinado,
ay, ay, ay, con veneno, con puñal,
25   con trampa[16] ante sus pies, con lazo de horca.[17]

Se toman de la mano y caminan, caminan
perdiéndose en la niebla."

Tal era el llanto y las lamentaciones
sobre algún cuerpo anónimo; un cadáver
30   que no era el mío porque yo, vendida
a mercaderes, iba como esclava,
como nadie, al destierro.[18]

Arrojada, expulsada
del reino, del palacio y de la entraña tibia[19]
35   de la que me dio a luz en tálamo legítimo[20]
y que me aborreció[21] porque yo era su igual
en figura y en rango
y se contempló en mí y odió su imagen
y destrozó el espejo contra el suelo.

40   Yo avanzo hacia el destino entre cadenas[22]
y dejo atrás lo que todavía escucho:
los fúnebres rumores con los que se me entierra.[23]

Y la voz de mi madre con lágrimas ¡con lágrimas![24]
que decreta mi muerte.

1. ¿Quién es la persona que está hablando? ¿De qué está lamentando?
2. ¿Cuál es la clase social de los personajes?
3. ¿Cuál es la atmósfera creada en la estanza que empieza "La balanza" (verso 10)?
4. ¿A qué se refieren los versos 17–19? (**Se deshojó la flor...**)
5. Explique Ud. en pocas palabras la razón por el tratamiento cruel de la narradora.
6. ¿Presenta la poeta a Malinche como traidora que merece su castigo?

16. **trampa** trap
17. **lazo de horca** noose
18. **al destierro** into exile
19. **entraña tibia** warm belly
20. **me dio a luz en tálamo legítimo** bore me in legitimate marriage bed
21. **aborreció** hated

22. **cadenas** chains (*i.e.,* as she goes off into slavery)
23. **los fúnebres... entierra** the funeral murmurs with which I am buried
24. **¡con lágrimas!** with tears! (*emphasizing the hypocrisy of her mother*)

Jornada de la soltera[1]

Da vergüenza[2] estar sola. El día entero
arde un rubor[3] terrible en su mejilla.
(Pero la otra mejilla está eclipsada.)

La soltera se afana en quehacer[4] de ceniza,
en labores sin mérito y sin fruto;　　　　　　　　　　　　　　5
y a la hora en que los deudos[5] se congregan
alrededor del fuego, del relato,[6]
se escucha el alarido[7]
de una mujer que grita en un páramo[8] inmenso
en el que cada peña,[9] cada tronco　　　　　　　　　　　　　10
carcomido de incendios,[10] cada rama
retorcida[11] es un juez
o es un testigo sin misericordia.

De noche la soltera
se tiende sobre el lecho de agonía.[12]　　　　　　　　　　　15
Brota[13] un sudor de angustia a humedecer las sábanas
y el vacío se puebla
de diálogos y hombres inventados.

Y la soltera aguarda, aguarda, aguarda.

Y no puede nacer en su hijo, en sus entrañas,[14]　　　　　20
y no puede morir
en su cuerpo remoto, inexplorado,
planeta que el astrónomo calcula,[15]
que existe aunque no ha visto.

1. **Jornada de la soltera** The Spinster's Day
2. **Da vergüenza** It's shameful
3. **arde un rubor** a deep flush burns on one cheek
4. **se afana... ceniza** busies herself with chores of ashes
5. **los deudos** relatives
6. **del relato** around a story
7. **el alarido** the howl
8. **páramo** plain, highland
9. **peña** rock
10. **carcomido de incendios** fire-eaten
11. **retorcida** twisted
12. **se tiende... agonía** she lies on her deathbed
13. **Brota... sábanas** There emerges a sweat of anxiety that moistens the sheets
14. **sus entrañas** her womb
15. **calcula** knows (that it exists)

25 Asomada[16] a un cristal opaco la soltera
    —astro[17] extinguido— pinta con un lápiz
    en sus labios la sangre que no tiene.

Y sonríe ante un amanecer sin nadie.

1. ¿Quién es la soltera: cualquier mujer o la poeta misma?
2. Si es la poeta, ¿por qué está escrito el poema en la tercera persona? ¿Está mitigado así su propio sufrimiento?
3. ¿Hay testigos de la tormenta de la soltera? Explíquese.
4. ¿Está sola la soltera al acostarse?
5. La soltera aguarda (el verbo se repite tres veces). ¿Qué aguarda?
6. ¿Qué metáfora astronómica emplea la poeta para referirse a la soltera?
7. Explíque el último verso.

16. **Asomada** Looking into   17. **astro** star

Glossary of Literary Terms

Alliteration (aliteración). The repetition of a sound or group of sounds.
"To sit in solemn silence in a dull, dark dock."
"Ya se oyen los claros clarines".

Antithesis (antítesis). The arrangement of words to emphasize contrast and give the effect of balance.
"Fools rush in where angels fear to tread."
"Los que quieren no pueden y los que pueden no quieren".

Blank verse (verso blanco). Verse without rhyme.

Image or Imagery (imagen) in poetry. The poet is a maker not only of verbal music but also of pictures (images) in words. Instead of presenting the symbol of a thing, the poet describes and makes us see and hear and feel the thing itself.

Irony (ironía). The use of words with humorous or satirical intention so that the meaning is the direct opposite of what is actually said. Irony also implies the simulated adoption of another's point of view for the purpose of ridicule and sarcasm.

Magic realism (realismo mágico). A common literary phenomenon characterized by the incorporation of fantastic or mythical elements matter-of-factly in otherwise realistic fiction.

Metaphor (metáfora). A figure of speech in which a word or phrase denoting one kind of action or object is used in place of another to suggest a likeness or analogy between them (as in "the ship plows the seas" or "a volley of oaths"). Unlike the simile, which compares two essentially unlike things and often is introduced by *like* or *as* ("my love is like a rose"), the metaphor would imply the comparison by saying "my love is a rose."

Paradox (paradoja). A statement that seems contradictory, unbelievable, or absurd but that may actually be true in fact. Something inconsistent with common experience, or a person inconsistent or contradictory in character or behavior.
"Es una paradoja que el más pobre es el que más gasta (*spends*)".

Parody (parodia). Treating a serious subject in a nonsensical manner in an attempt at humor or ridicule.

Personification (personificación). A figure of speech in which a thing, quality, animal, or idea is represented as a person.

Satire (sátira). A literary work in which vices, follies, stupidities, abuses, etc., are held up to ridicule and contempt.

Simile (símil). See "Metaphor."

Vocabulary

The following are not included in the vocabulary: a small number of easily recognizable cognates; many expressions occurring only once and already translated in a footnote; articles, pronouns, numerals, days, and months; most diminutives; adverbs ending in -mente; and the feminine forms of most adjectives. Gender is not indicated for masculine nouns ending in -o or for feminine nouns ending in -a, -dad, -ión, -tad, -tud.

The following abbreviations are used: *adj.*, adjective; *adv.*, adverb; *Amer.*, American; *coll.*, colloquial; *excl.*, exclamation; *f.*, feminine gender; *inf.*, infinitive; *m.*, masculine gender; *mus.*, music; *n.*, noun; *prep.*, preposition; *theat.*, theatrical; *v.*, verb.

A

abajo down, below; *excl.* down with!
abanico fan
abatido dejected
abatimiento depression, dejection
abeja bee
abogado lawyer
abrasar to burn
abrazo hug, embrace
abrigo coat
abrir to open
absorber to absorb
abstraído absorbed
abuelo grandfather
abulia apathy
aburrimiento boredom
aburrir to bore; –**se** to get bored
abusar to go too far, to impose, to violate
acabar to finish, to end; –**se** to come to an end
acallar to quiet
acariciar to caress; to love
acaso perhaps; **por** — by chance
aceite *m.* oil
aceituna olive
acelerar to accelerate
acento accent, tone
acera sidewalk
acerca de about, concerning
acercar to bring near, to bring closer (together); –**se a** to approach
acertar to guess right, to be right; — **a** + *inf.* to succeed in; to happen to

aclarar to clear, to make clear
acodar to lean the elbow upon
acomodarse to comply, to adapt oneself
acomodo affluent
acompañante *m.* companion, attendant
acompañar to accompany
acontecimiento event, happening
acordar to agree; –**se de** to remember
acordeón *m.* accordion
acostar to put to bed; –**se** to go to bed, to lie down
acostumbrar to accustom, to be accustomed
actitud attitude
acto act
actriz actress
actual present, at the present time
actualidad present time; **en la** — at the present time
actuar to act
acudir to come, to come up
acuerdo agreement; **estar de** — to agree
adelantarse to move forward
adelante forward; *excl.,* go ahead!; come in!
además besides, moreover
adentro inside
adivinar to guess, to figure out
admirar to admire; to surprise; –**se** to wonder
adorar to adore
adornar to adorn
adquirir to acquire
advertir to notice, to observe; to advise; to warn

afectar to affect
afecto affection, love
afición fondness, taste, inclination
aficionado fond (of), devoted (to)
afilado sharp
afirmar to affirm, to assert
afligir to afflict, to distress, to grieve
afrenta affront
afueras *f.* outskirts, suburbs
agacharse to squat, to crouch
agarrar to grasp, to seize
agenda notebook
ágil agile
agitar to shake, to stir, to wave
agonizar to be dying
agradar to please
agradecer to be grateful (for), to thank (for)
agravar to aggravate, make worse
agregar to add
aguantar to endure, to tolerate
aguardar to await
agudo sharp, acute
agujero hole
ahí there
ahogar to choke, to suffocate; to drown
ahogo *m.* shortness of breath, suffocation;
  tightness (of the chest, etc.); sorrow,
  affliction
ahora now; **hasta —** see you soon
ahorrar to save
aire *m.* air, importance
ala wing
alambre *m.* wire
álamo poplar
alargar to lengthen; to stretch
alarmarse to become alarmed
alcance: al — de within reach of
alcanzar to reach; **— a + *inf.*** to manage to
aldea village
aldeano *adj.* village, rural, county; villager
alegre gay, happy
alegría joy, happiness
alejar to remove to a distance, to put aside
alemán German
alfombra rug
algo something, somewhat
alguacil officer, constable
alguno some, someone, any
alianza alliance

aliar to ally; **–se** to join, become allied with
aliento breath
alimentar to feed, to nourish
alinear to line up
alivio relief
allá there; **por —** thereabouts, over there;
  más — de beyond
alma soul
almacén store
almendro almond tree
almohada pillow
almorzar to eat lunch
alquilar to rent
alrededor around; **— de** around, about;
  a su — around one; *n. pl.* outskirts
alterar to alter, to change
altivo proud, haughty
alto tall, high; **en lo —** at the top, on top
  (of); **en —** raised
altozano hillock, knoll
altura height
alumbrar to light, to light up
alumno pupil
alzar to raise, to lift
amable friendly, kind, amiable
amado *m.f.* beloved, loved one
amamantar to breast-feed
amanecer *m.* dawn, daybreak; **al —** at
  daybreak; *v.* to dawn, to awaken
amante lover; *adj.* fond, loving
amapola poppy
amargar to spoil; to embitter
amargo bitter, dolorous
amargura bitterness
amarillento yellowish
amarillo yellow
amarrar to moor, to tie up
ámbar amber; dark orange-yellow color
ambicionar to be ambitious for, to strive for
ambiente *m.* atmosphere, environment;
  place, area
amenazar to threaten
amistad friendship
amo master
amonestar to admonish
amoroso amorous, loving, affectionate
amplio ample, full
añadir to add
anarquista anarchist

ancho wide

anciano old, ancient

andaluz Andalusian

andar to go, to walk, to travel; to be (*e.g.,* healthy)

anden *m.* platform

anécdota anecdote

ángulo angle, corner

angustia anguish

anhelar to yearn, desire

anhelo yearning, longing

animar to animate, to enliven

ánimo spirit, courage

año year

anónimo anonymous letter

anormal abnormal

anotar to write down, to make note of

ansiedad *f.* anxiety, worry

ansioso anxious

ante before

anteayer day before yesterday

antebrazo forearm

anteojos eyeglasses

antes before, rather

antiguo ancient, old, former

antojarse to fancy, to feel like; to consider

antorcha torch

anunciar to announce; to advertise

apacible peaceful, tender

apagar to put out, to extinguish; to soften (colors)

aparecer to appear

aparición appearance; specter, ghost

apartar to push away, to take aside; **–se** to move away, to withdraw

aparte aside (remark)

apenas scarcely, hardly

apetecer to long for

apetecible tempting, attractive

apetito appetite

aplastar to flatten; to crush

aplaudir to applaud

aplicado industrious

apoderar to empower; **–se de** to seize

apogeo peak, height

apoyar to lean; to rest; to help, aid

apreciar to appreciate; to appraise

aprender to learn

apresurado hurried, quick

apretar to squeeze; to press; to tighten

aprieto jamming, crush, difficulty

aprobar to approve

aprovechar to profit by, to make good use of

aproximarse to come near

aptitud aptitude

apurar to empty, to drain; to consume; **–se** to hurry

árabe Arab; Arabic

árbol *m.* tree

arboleda grove

arcaico archaic, old

arder to burn

ardiente burning, ardent

argentino silvery

argumentar to argue; to dispute

arma arm, weapon; **— de fuego** firearm

armario closet

arqueado bowed

arquitecto architect

arrancar to tear away, to pull out

arrastrar to drag

arreglar to adjust; to arrange; to fix

arrepentir to repent; **–se** to repent, to regret

arriba above, upstairs

arrimarse a to lean against

arrodillarse to kneel down

arrojar to throw

arruga wrinkle, crease, fold

arrugar to wrinkle; to crease

arruinar to ruin, to destroy

artesano artisan, laborer

articular to articulate, to utter

artículo article

arzobispado archbishopric

asar to roast

ascensor elevator

ascetismo asceticism

asegurar to assure; to assert

asemejarse to be alike

asesinar to murder, to assassinate

asesinato murder

así thus, so; **— que** as soon as, as; so that

asignatura course (in school curriculum)

asimismo likewise, also

asir to seize, to grasp; **–se** to take hold

asistir to assist; **— a** to attend

asociar to associate; to take as partner

asomar to show, to stick out, to appear; –se a to peep into

asombro fear; amazement; wonder

aspirante applicant, candidate

aspirar to draw in; to inhale

asunto matter, business, affair

asustado frightened

asustar to frighten; –se to be or become frightened

atacar to attack

ataque *m.* attack

atar to tie

atardecer *m.* late afternoon; *v.* to draw towards evening

atención attention; **llamar la** — to attract attention

atender to attend, to attend to, to take care of; to pay attention to

atener to abide, to depend; –se a to abide by, to rely on

atento attentive

aterrar to terrify

atónito astounded, amazed

atormentar to torment

atractivo attractiveness, charm

atraer to attract

atrapar to catch

atrás back; **hacia** — backwards

atravesar to cross, to go through

atrever to dare; –se a + *inf.* to dare to

atrevido bold, daring

atropellar to knock down, to run over

atroz atrocious

aturdido amazed, stunned

augurio augury, omen

aun (aún) even, still, yet

aunque although, even though

aurora aurora, dawn

ausencia absence

ausente absent

austero austere

autoridad authority, power

auxilio help

avanzar to advance

avaro miser

aventurarse to risk, to take a chance on

avergonzar to shame, to embarrass; –se to be ashamed

averiguar to find out, to ascertain

ávidamente avidly

avidez *f.*: **con** — avidly, eagerly

avisar to advise; to inform

¡ay! ¡alas!; ¡ay de mí! woe is me!

azafranado saffron

azahar *m.* orange flower

azar *m.* chance, hazard; **al** — at random

azorar to upset, to disturb

azul blue

B

bailar to dance

bajar to go down; to lower

bajo low; *prep.* under; *adv.* below

bala bullet

balancear to rock, to swing; –se to rock

balazo shot, bullet

balcón *m.* balcony, large window

banano banana tree

bañar to bathe, to dip

banco bench

bandeja tray

bandera flag

bandido bandit

bando flock, band

bandó a part in the hair; hair

bandolero brigand, robber, highwayman

baño bath

banqueta stool

baranda railing

barato cheap

barba beard

bárbaro barbarous, wild

barca boat

barco ship

barrio suburb, quarter, district

barrote thick bar

basar to base

bastante enough; rather

bastar to suffice, to be enough

bastón cane, walking stick

bebida drink

beca scholarship

bello beautiful

bendecir to bless

bendito blessed

beneficio benefit

benigno benign, mild

besar to kiss

biblia Bible
biblioteca library
bien well; very; **más —** rather; *m. pl.* riches
bigote *m.* moustache
billete *m.* bill; ticket
blanco white
blandir to brandish
blandura softness, gentleness
blanquecino whitish
bloquear to block; to stick (tight)
boca mouth
bocado morsel, mouthful
boda marriage, wedding
boina beret
bolsa purse, bag
bolsillo pocket, (small) bag
bombero fireman
bondad kindness, **tener la —** (de) please
bonito pretty
boquiabierto open-mouthed
bordar to embroider
borde *m.* edge, shore
borracho drunk
borrar to erase, to rub out
bosque *m.* forest, woods
bostezar to yawn
botella bottle
botica pharmacy
botón button; stem (of a watch)
boxeador *m.* boxer
boxear to box
bravo brave, excellent; fierce
brazo arm, bough (tree)
breve brief, small, short
brillante shining, bright, brilliant
brillar to gleam, to shine
brío spirit, energy
brisa breeze
broma joke, jest
bronce *m.* bronze
brote *m.* bud (of trees, etc.)
bruja witch
brusco brusque, sudden
Bruselas Brussels
brutalidad brutality, stupidity
bruto uneducated, brutish, stupid, rough
bueno good, fine, O.K.; well, then
buey *m.* ox, steer
bufanda scarf, muffler

burgués bourgeois, middle-class
burla ridicule, joke, jest; trick, deception; **hacer — de** to make fun of
burlador deceiver, trickster
buscar to seek, to look for; **en busca de** in search of
búsqueda search
butaca armchair, easy chair
buzón mailbox, letter-drop

C

caballería cavalry; chivalry
caballero knight, nobleman, gentleman
caballo horse
cabaña cabin, hut
cabecilla leader
cabellera head of hair
cabello hair
caber to have room for, to fit; to befall; to remain
cabeza head
cabo end; **al —** finally
cada each, every
cadáver *m.* corpse
caer to fall; **-se** to fall down
café *m.* coffee; café
cafetería bar, restaurant
caja box
cajón *m.* chest, drawer, desk
cala cove, inlet
calentar to heat, to warm
caliente warm, hot
callar to be quiet; to keep silent
calle *f.* street
calleja side street, alley
calor *m.* heat, warmth
calvo bald
calzada street, road
calzado wearing shoes
calzar to put shoes on
cama bed
cámara camera
cambiar to change; to exchange
cambio change, exchange; **en —** on the other hand; **a —** in exchange
caminar to walk; to move; to go
camino path, road, journey; **— de** on the way to
camión truck, van

camisa shirt; — **de dormir** nightshirt
campamento camp, encampment
campana bell
campanilla little bell; bellflower
campesino farmer, peasant
campo field; country, countryside
canción song
caníbal cannibal
cansado tired
cansar to tire; –se to be or get tired
cantar to sing; *m.* song
cantidad quantity
cantimplora canteen
cañuela fescue grass
caos *m.* chaos
capa cape
capataz *m.* overseer, foreman
capaz capable
capitán *m.* captain
capricho caprice, whim
cara face
carácter *m.* character
característico characteristic
caramba *excl.* confound it! gracious!
carbón *m.* coal
cárcel *f.* jail
carcelero jailer
cárdeno purplish, livid
carecer to lack
carente lacking
carga load, burden; cargo
cargar to load, to carry
cargo cargo, blame, charge
caricia caress; **hacer caricias** to pat
cariciar (acariciar) to love; to caress
caridad charity, love
cariño love, affection
carne *f.* meat, flesh
carnoso fleshy
caro dear, expensive
carrera race, course, career, road, running
carretera highway, road
carro cart, carriage; car *Amer.*; tank
carta letter, playing card
cartel *m.* sign, poster
cartera wallet; briefcase; bag
cartero mailman, postal clerk
casa house, firm
casar to marry; –se to marry, to get married

casi almost
caso case, thing, situation; **hacer — a** to heed, to pay attention to
castigo punishment
castillo castle
casualidad chance; **por —** by chance
caudillo leader, chief
causa cause; **a — de** because of
causar to cause
cautivo captive
cebolla onion
ceder to yield
cegador blinding
cegar to blind
cejar to draw back, to slacken
celebrar to celebrate; to welcome; to be glad
celos *m. pl.* jealousy; **tener —** to be jealous
celoso jealous
cementerio cemetery
cemento cement, concrete
cena supper
cencerro little bell cowbell
cenicero ashtray
centavo cent
céntimo cent (one hundredth of a peseta)
céntrico downtown, centric
cepillo brush
cerca near, nearby; **— de** near, close to; closely
cercano near, close
cerco fence; hoop, circle
cerradura lock, bolt
cerrar to close
certero sure, accurate, certain
certeza certainty
cerveza beer
cesar to cease, stop; **— de + *inf.*** to stop (doing something)
cesto(a) basket
champaña champagne; **vino de —** champagne
charco pool, puddle
charlar to chat, to talk
chico child, youngster, lad; *coll.* "old boy"; *adj.* small
chillar to shriek
chimenea chimney, fireplace
chismorrear to gossip
chispa spark
chocar to shock; **— con** to collide with
chofer *m.* driver

chorro stream; gush
chupar to suck
churro fritter
cicatriz *f.* scar
ciego blind; blind person
cien (ciento) hundred
ciencia science, knowledge; **a — cierta** with certainty
cierto sure, certain; **por —** surely; **de —** certainly
cifra cipher, figure
cintura waist
cinturón *m.* belt
circulación traffic
círculo circle
circundar to walk around
cita reference, quotation; appointment
ciudad city
ciudadano citizen
clamar to exclaim, to cry out
clarear to light, to give light to
claro clear, bright, light (in color); obvious; of course; **a las claras** clearly
clase *f.* class, kind
clavar to stick, to nail
cliente *m.* client, customer
clientela clientele, customers
clima *m.* climate, weather
cobarde coward
cobrar to collect; to recover
coche *m.* car, automobile
coche-cama *m.* sleeping car (train)
cochino dirty, filthy
cocina kitchen, cuisine
codiciar to covet
codo elbow
coger to pick; to seize, to grasp; to take; to come upon
coincidir to coincide; to meet
cojear to limp
coleccionista *m.* collector
cólera anger
colgar to hang
colina hill
collar *m.* necklace
colmar to heap up; to fill
colocar to place, to put; **–se** to gather
colonia colony
colorado red

combate *m.* combat
combatir to combat, to fight
comedor dining room
comentario commentary
comenzar to begin
comer to eat
comercio trade, commerce
cometer to commit
cómico comical, ludicrous
comida meal, food
comienzo beginning
como like, as, as if, ¿cómo? how?; ¡cómo! what!
Cómoda bureau, chest of drawer
compañero companion, friend, schoolmate
compañía company, society
comparar to compare
compasión compassion, sympathy
compasivo compassionate
compatriota compatriot; countryman
competir to compete
complacer to please, to humor
completo complete; **por —** completely
complicar to complicate
cómplice *m. f.* accomplice
componer to repair
comportar to tolerate; **–se** to conduct oneself, to act
comprar to buy
común common
con que and so, so then
concebir to conceive
conceder to grant
concentrar to concentrate
conciencia conscience; consciousness, awareness; **a —** willingly
concluir to conclude
concretar to make concrete; to explain
concurrir to gather; to come together
concurso contest
condena sentence (*for a crime*)
condenar to condemn, to damn; to convict
condición condition, state, status
conducir to lead, to conduct; to drive
confesar to confess
confiado trustworthy; confiding
confianza confidence
confiar to entrust
confundir to confuse
congelarse to congeal; to freeze

congregar to gather together
conjetura conjecture
conjeturar to guess
conjunto whole, aggregate; *adj.* united, connected
conmover to disturb, trouble; to move
conmovido moved, stirred
cono cone
conocedor (de) expert in, familiar with; *m.* connoisseur, expert
conocer to know; to distinguish
conocimiento knowledge; consciousness
conquista conquest
consagrar to consecrate
consciente conscious
consecuencia consequence
conseguir to obtain, to get
consejo advice; council
consentir to consent; — **en** to consent to
conservar to conserve, to keep
considerar to consider
constante constant
constar to be clear; — **de** to consist of
constituir to constitute; to establish
constructor *m.* builder
consuelo consolation
consultar to consult; to advise
consumar to consummate
consumición drink, food
contar to count; to relate, to tell; — **con** to count on
contemplar to contemplate; to witness, to see
contener to contain
contestar to answer
continuar to continue
continuo continuous; **de** — continuously
contra against, versus
contrabando contraband, smuggling
contraer to contract
contrapunto counterpoint; contest
contrariar to annoy; to contradict
contrario contrary, opposite; **de lo** — on the contrary
contribuir to contribute
convaleciente convalescent
convencer to convince
conveniente suitable, fit, advantageous
conversar to converse
convertir to convert

convidar to invite
convivir to live together, to be compatible
copa cup, drink, glass; treetop
copiar to copy, to imitate
copla ballad, popular song
copo (snow) flake
coquetear to flirt
corazón *m.* heart
corbata tie
cordón *m.* shoelace
coro chorus
coronar to crown; to cap
coronel *m.* colonel
corredor *m.* hall, corridor
corregir to correct
correo mail; **echar al** — to mail
correr to run; to travel; — **mucho mundo** to travel a lot
corretear to run about
corrida course, race; — **de toros** bullfight
corriente current (month, year, etc.)
corriente *adj.* common, ordinary; running; *f.* current, stream; **estar al** — **de** to know, to keep up with
corro circle, ring
cortar to cut
corte *f.* court
corto short
cosa thing; — **de** about
cosecha harvest
costa cost; coast, shore
costar to cost
costumbre *f.* custom, habit; **de** — usual
crear to create
crecer to grow, to increase
crecido large, big, full-fledged
creer to believe; to think
creíble credible, believable
crepúsculo twilight, dusk
creyente believer
criada/o servant
criar to raise, bring up
criatura creature; infant
cristal *m.* crystal, pane of glass, mirror, eyeglass
cristiano Christian
Cristo Christ
crítico critic; *adj.* critical
crónica chronicle; article
cruz *f.* cross

cruzar to cross; to crossbreed
cuaderno notebook
cuadra stable; (city) block
cuadro painting, portrait
cuajar to take shape
cual like, as, as if
cualidad quality
cualquiera some, any; anyone
cuando when; de — en —, de vez en — from time to time
cuanto as much as, whatever, all that which; (plural) those who; en — as soon as; unos cuantos some few; en — a as for, with regard to
cuartear to quarter; to split
cuarto room; quarter
cubano Cuban
cubierta cover; deck (of a ship)
cubierto covered
cubrir to cover
cucharilla teaspoon
cuchillo knife
cuello neck, collar
cuenta bill, account; bead, darse — de to realize
cuento short story
cuerda string, rope; spring (of a watch)
cuerno horn
cuero leather, rawhide
cuerpo body; corps
cuidado care; con — carefully
cuidar to be careful, to take care (of)
culebra snake
culpa fault, guilt; echar la — a to blame
culpable guilty, blamable
cultivar to cultivate
culto cult
cultura culture
cumplir to execute (a task); to fulfill
cuna cradle
cura cure, care; *m.* priest
curar to cure, to heal; to recover
curiosidad curiosity; tener — to be curious
cursar to study
curso course

D

dama lady
dañar to injure, to harm

daño *m.* injury, harm
Danubio Danube river
dar to give; to strike (the hour); — con to come upon; –se to occur; — a to face; — lo mismo to be the same
dato fact; datum
debajo de beneath, under
deber to owe; to have to; *n.* duty
debido just, reasonable, proper
débil weak
decepcionar to disappoint
decidir to decide; –se to decide, to be determined
decisivo decisive
declinación fall
dedicar to devote; to dedicate
dedo finger
defender to defend
defensa defense
defraudar to disappoint, to cheat
dejar to leave, to abandon; –se to allow oneself; — de + *inf.* to cease, to stop; no — de + *inf.* to not fail to; — plantado to jilt
delantal *m.* apron
delante before, in front; por — de in front of; — de in front of
delantero front
deleitar to delight, please
deletrear to spell
delgado thin, slender
delicioso delicious, delightful
demás other, rest of, lo — the rest
demasía excess; en — too much, excessively
demasiado too; too much
demócrata democratic
demorar to delay; to linger
demostrar to demonstrate, prove; to teach
denotar to denote, to indicate
dentro inside, within; — de inside (of)
denunciar to denounce, accuse; to report (a crime)
departamento apartment; room
depender (de) to depend (on)
derecha right hand, right side; a la — to the right, on the right
derecho right, straight; *m.* right, privilege
derramar to pour out, to scatter, to spill

derribar to overturn; to bear down (on), demolish, knock down

derrota defeat

derrumbar to crumble, to collapse

desacuerdo discord, disagreement

desafiar to challenge, to defy

desagradable disagreeable

desagrado displeasure

desahogo unburdening, relief

desaire *m.* rebuff, snub

desamparar to abandon, forsake

desaparecer to disappear

desarrollo development

desayunar to breakfast; –se to have breakfast

descalzo barefoot

descansar to rest

descartar to put aside, to discard

descender to descend

descolgar to take down

desconcertar to disconcert, to disturb

desconfianza distrust

desconfiar (de) to distrust, to doubt, to suspect

desconocer not to know, not to recognize

desconocido unknown; unknown person

descontar to discount; to deduct

descubrir to discover, to uncover; –se to take off one's hat

desde since, from, after; — **que** since

desdén *m.* disdain, scorn

desdentado toothless

desdicha misfortune

desdichado wretch, unfortunate person

desear to want, to desire

desempeñar to fulfill, carry out

desengaño disappointment

desesperarse to despair

desespero despair; impatience

desfilar to march, to file by

desgracia misfortune, disgrace; **por —** unfortunately

desgraciado unfortunate, unlucky

deshacer to undo, to destroy

deshojar to tear leaves off or out

desierto deserted; *m.* desert

deslumbar to dazzle

desmán *m.* excess, mishap

desnudar to undress, to bare

desnudo naked, bare

despachar to dispatch, send, get rid of

despacho office, study

despacio slow, slowly; **despacito** (*dim.*) very slowly

despacioso sluggish, slow

despavorido terrified, frightened

despedirse to leave, to say goodbye

despertar to waken –se to wake up

despreciar to despise; to scorn; to rebuff

desprecio scorn; contempt

despreocupado unworried, unconcerned

después after, later

destacar(se) to stand out

destello sparkle, flash

destino destination; destiny, fate

destrozar to destroy, to break to pieces, to shatter

desuso disuse, obsolescence

desván *m.* attic, garret

desvelo wakefulness (because of anxiety, concern, etc.), torment

detalle *m.* detail

detener to stop, to hold back, to check; –se to stop

determinado definite, specific

detrás de behind

deuda debt

devastador devastating, crushing

devoción devotion

devolver to return

devoto devout, devoted

día *m.* day; **de —** in the daytime

diablo devil

diálogo dialogue

diamante *m.* diamond

dibujo drawing, portrayal

dicha happiness, good fortune

dicho saying

dichoso happy, fortunate

diente *m.* tooth

dificultar to make difficult

difuso diffused

digno worthy

Dios *m.* God; **por —, Dios mío** for heaven's sake, goodness, etc.

dirección address; direction

director *m.* director, editor, manager

dirigir to turn, to direct; –se to go

discípulo disciple, pupil

disculpar to excuse, pardon; **–se** to apologize
discurso discourse, speech
disfrazar to disguise
disgusto displeasure, annoyance
disimulo furtiveness; **con —** furtively, unobserved
disminuir to diminish
disolver to dissolve
disparar to shoot, to fire (a gun)
disparo shot (of a gun)
disperso dispersed, scattered
displicente disagreeable, peevish
disputar to dispute, to debate; to argue over
distinguir to distinguish; **–se** to be different
distraer to distract; **–se** to amuse oneself
distraído absent-minded
diván *m.* couch, sofa, divan
diverso different, varied
divertido amusing
divertir to amuse; **–se** to have a good time
divino divine
divisar to see, to perceive
doblar to turn (a corner); to fold, to bend
docena dozen
dócil docile
documental *m.* documentary film
doler to hurt, to grieve; **–se** to be sorry, to be distressed
dolor *m.* pain, grief; **— de cabeza** headache
dolorido sorrowful, painful
doloroso painful, pitiful
domicilio residence
dominar to dominate, to control
domingo Sunday
dominio dominion, self-control
donde where
dormir to sleep
dorso back
dote *f.* dowry
drama *m.* play, drama
duda doubt
dueño owner, proprietor
dulce sweet, gentle, pleasant, soft
dulcedumbre *f.* sweetness, gentleness
dulzura sweetness, gentleness
duradero lasting
durar to last
dureza harshness, hardness
duro hard, harsh; *m.* coin worth five pesetas

E

ea *excl.* hey!
echar to throw, to hurl, to lie down; **echarle a uno en cara** to accuse, reproach; **— a** to start to, to begin; **— al correo** to mail
eco echo
edad *f.* age; era, epoch
edén *m.* Eden (biblical and figurative)
edificio building, edifice
efectivamente really, actually
efecto effect; **en —** indeed, as a matter of fact
eficacia effectiveness
eficaz effective
ejemplar *m.* copy (of book, newspaper)
ejemplo example; **por —** for example
ejercer to exercise
ejercicio exercise
ejército army
elaborado elaborated, wrought
elegir to choose, to elect
elevar to elevate; **–se** to rise, to ascend
embajador *m.* ambassador
embargo embargo, restriction; **sin —** nevertheless
emborrachar to intoxicate, to get drunk
embustero liar
emoción emotion
emotivo emotive, emotional
empedrado paved
empeñarse (en) to insist (on)
empezar to begin
empleado employee, clerk
emplear to employ; to use
empleo use; job
empujar to push, to impel
enamorado *m.* lover, suitor
enamorar to enamor, to inspire love in; **–se** to fall in love
encaje *m.* lace; inlay
encantador enchanting, charming
encantar to delight, charm
encanto charm, fascination, delight
encargar to entrust, to order; **–se de** to take charge of, to be entrusted with
encarnado red; **ponerse —** to blush
encender to light
encendido bright, inflamed red
encerrar to shut in, to lock up, to confine
encierro confinement, prison

encima above; **por — de** over; in addition
encontrar to find
encuentro meeting, encounter
enderezar to straighten
enemigo enemy
enérgicamente energetically
enfadar to annoy, to anger; **–se** to get angry
enfermar to get sick
enfermedad sickness, illness
enfocar to focus
enfrentar to face
enfrente in front, opposite; **de —** opposite
enfriarse to go cold
engañar to deceive, to cheat
engaño deceit, fraud, mistake
enjugar to dry
enloquecer to drive crazy, to madden
enmienda correction, amends
enojado cross, angry
enrojecer to redden, to blush; **–se** to turn red
enrollar to roll up, to wind
ensalada salad
ensayo essay, rehearsal
enseñanza teaching, instruction, education
enseñar to teach; to show
ensombrecer to darken; **–se** to become sad, to grow dark
ensueño dream, daydream
entender to understand; to believe; **–se con** to get along with, to get to know
enterar to inform, to acquaint, to advise; **–se** to find out, to become aware
enternecimiento pity, compassion
entero entire, whole
enterrar to bury
entonces then; **para —** by that time; **en ese —** at that time
entrada entrance; admission ticket
entrar to go in, to enter
entre between, among
entregar to deliver, to hand over
entrever to glimpse; to suspect
entristecer to sadden; **–se** to become sad
enviar to send
envidia envy
envidiable enviable
envidioso envious
envolver to wrap; to wrap up
época epoch, era

equivocación mistake
equivocarse to be mistaken, to make a mistake
errabundo wandering
errante wandering, roving
errar to wander
escalar to climb, to scale
escalera stairway, stair, ladder
escalón *m.* step, rung
escandalizar to scandalize, offend, shock; **por —** for creating a disturbance
escándalo noise, uproar; scandal
escapar to save, to escape; **–se a** to escape from (a person)
escaso scant, scarce, few
escena scene, incident, episode
escoger to choose, select
esconder to hide, to conceal
escondrijo hiding place
escribir to write; **— a máquina** to type
escritor *m.* writer
escrupuloso scrupulous
escrutar to scrutinize
escuchar to listen to
escudo coat of arms, escutcheon
escuela school
esforzar to strive
esfuerzo effort
esmeralda emerald
eso that; **— de** that business (matter) of; **— de** about
espacio space
espada sword
espalda back
espanto fear
espantoso fearful, frightful
especialidad specialty
especie kind, sort, species
espectáculo spectacle
espectador *m.* spectator
espejo mirror
esperanza hope
esperar to hope; to wait; to expect
espeso thick
espiar to spy; to be on the lookout for
espíritu *m.* spirit, ghost
espuela spur
espuma foam
esquina corner

establecer to establish
establecimiento establishment; place of business
estación station; season
estacionar to park (a car); **–se** to park
estadística statistics
estado state
estafar to defraud, to cheat
estallar to burst
estancia ranch; stay; room
estar to be; **— por** to be in favor of
estatua statue
estilo style
estimular to stimulate
estirar to stretch (out)
estómago stomach
estorbar to hinder, to obstruct
estrechar to tighten; to hug, to squeeze
estrecho narrow, close
estrella star
estremecer to shake, tremble
estrépito din, deafening noise
estrofa stanza
estudiante student
estudio study
estupefacto dumbfounded, stupefied
estúpido stupid
estupor *m.* stupor, amazement, dumbfoundedness
etapa step; stage
evanescente disappearing, like vapor
evitar to avoid; to prevent
evocador evocative
exacto exact, faithful, complete
exagerar to exaggerate
exasperar to exasperate
excesivo excessive
excitar to arouse, to excite
exigir to require, to demand, to ask
existir to exist
éxito end, success
experiencia experience, experiment
experimentar to undergo
explicación explanation
explicar to explain
explotar to exploit; to explode
exponer to expose
expulsar to expel, to expulse, to drive out
exquisito exquisite, excellent

éxtasis *m.* ecstasy, rapture
extender to stretch out; to spread
externo external, outside
extinción extinction
extranjero foreign, foreigner; **por el —** abroad
extraño strange, rare
extravagante foolish, wild, extravagant
extremado extreme, excessive

F
facción feature (facial)
fácil easy, loose, wanton
falda skirt, fold, slope
fallar to fail, to give way
fallecer to die
falso false
falta lack, mistake; **hacer —** to need, to be necessary
faltar to need, to lack; **¡No faltaba más!** That's the limit! The very idea!
fama fame, reputation
familiar domestic, homelike, familiar, plain; *n. m.* member of a family
fantasma *m.* phantom, ghost
farmacia pharmacy, drugstore
farol *m.* street lamp
farsa farce, absurdity
fascinar to fascinate
fase *f.* phase
fastidiar to annoy; to bore; to trouble
fatalidad *f.* death, fatality; fate, destiny
fatalista fatalist, fatalistic
fatigado fatigued, tired
fe *f.* faith
fealdad *f.* ugliness
febril feverish
fecha date
felicidad happiness
felicitar to congratulate
feliz happy
feo ugly
feria fair; market; deal, agreement
feroz ferocious
ferrocarril *m.* railroad, railway
fértil fertile
fichero filing cabinet
fiebre *f.* fever
fiel faithful
fiera wild animal

fiereza fierceness

fiesta feast, festival, festivity, celebration

figura figure, face, countenance

figurar to figure; to represent; –se to imagine

fijarse en to notice

fijo fixed

fila row, line

filósofo philosopher

fin *m.* end; al — finally; por — finally; al — y al cabo after all; al — de cuentas after all

final *m.* end

finca property, farm

fino fine, delicate, thin, slender

firma signature

firme firm, hard

fisionómico facial

flaco weak, thin

fleco fringe, edge; fleck

flor *f.* flower, blossom; en — in bloom

florecer to flower, to bloom

florido flowery, elegant

flotar to float

follaje foliage, leaves

fondo back, depth, bottom, background

forastero outsider, stranger

forma form, way

fortaleza strength, fortitude

fotografía photograph; hacer — to photograph

fotógrafo photographer

fracaso failure, collapse

frágil fragile, frail

francés French, Frenchman

franco frank, open

frasco bottle, flask

frase *f.* phrase, sentence

fray brother (religious)

frecuente frequent

freír to fry

frente *f.* forehead; brain; — a — face to face; — a in front of

fresco fresh, cool; *n.* fresh air, coolness

frotar to rub

frustrar to frustrate, to thwart

fuego fire

fuelle *m.* bellows

fuente *f.* fountain

fuera out, outside; de — outside; por — on the outside

fuerte strong, severe

fuerza force, strength, power; a — de by dint of; a la — of necessity

fugar to flee

fugitivo fugitive, fleeting

fulgor *m.* brilliance, flash

fumar to smoke

función function; show, performance

funcionar to function, to work

fundir to fuse, to blend, to unite; to cast (metal)

fúnebre funereal, gloomy

fusil *m.* gun

G

gabardina gabardine; raincoat

gabinete cabinet; study

galería hall

gallego native of Galicia, province of Spain

gallina hen; *m. f.* a chickenhearted person

gana desire; tener ganas de + *inf.* to feel like

ganancia gain, advantage

ganar to gain; to win; to make (money)

ganoso eager, desirous

garaje garage

garganta throat

gastar to spend; to waste; to wear out

gato cat

género kind, sort, genre

genio temperament, genius, talent

gente *f.* people, servants, retinue

gesto grimace, gesture

gigante giant; gigantic

gitano gypsy

gobierno government

golondrina swallow

golpe *m.* knock, blow; golpecito (*dim.*) tap; de un — suddenly

golpear to hit, to strike; to pound

gordo fat, greasy, coarse; *n.* first prize

gorra cap

gorrión *m.* sparrow

gota drop

gozar to enjoy; — de to enjoy

grabar to engrave

gracia gracefulness, elegance, graciousness; charm

gracioso attractive, witty, amusing, charming

grande big, large; great; *n.* grandee

granizo hail

grato pleasing

grave grave, serious

gris gray

gritar to cry out, to shout, to scream

griterío shouting

grosero coarse, crude

grueso thick, heavy, big

guapo pretty; handsome

guardar to keep; to hide

guardia *m. f.* to guard, policeman; **de —** on guard duty

guerrero warrior, soldier

guía guide; **— de teléfonos** telephone directory

guiar to guide

guisar to cook

guitarra guitar

gustar to be pleasing

gusto pleasure, taste; **a —** to one's liking, at ease

H

habanero of, from Havana

haber to have; **hay, había, hubo,** etc. there is (are), there was (were), etc.; **— que +** *inf.* to be necessary (impersonal); **— de +** *inf.* to be (supposed) to; **he aquí** here is, this is; **no hay de qué** you're welcome

hábil clever, skillful, able

habitación room

habitar to inhabit, live in; to occupy

habladuría gossip, rumor

hace ago

hacer to do, to make; **— de** to act as, to play (a role); **–se** to become; **hacérsele a uno . . .** to seem . . . to one

hacia to, toward

hambre *f.* hunger; **pasar —** to go hungry

harapo rag

hartar to satiate; to gratify; **–se de** to be satiated, to be bored

hasta *adv.* even; *prep.* until, to, up to

hay there is (are); **¿Qué —** ? What's the matter?

he aquí here is, behold

hechicero sorcerer; bewitching, enchanting

hechizar to bewitch, cast a spell on; to enchant, delight

hecho fact, deed, event

helado icy

helar to freeze

helecho fern

henar *m.* hayfield

heredar to inherit

herir to hurt, to wound

hermoso beautiful

héroe *m.* hero

heroico heroic

hiedra ivy

hierro iron

hígado liver

hija daughter, child; **hijo** son, child

hilo thread; trickle

hinchar to swell

hinojos de — on one's knees

hipnotizar to hypnotize

hipócrita hypocritical; *m.f.* hypocrite

historia history, story

hocico snout, nose (animal)

hogar *m.* hearth; home, house

hoja leaf, blade; page, sheet of paper

¡hola! hello! also, a shout to draw someone's attention

hombro shoulder

honrar to honor

hora hour; **a primera —** very early

horno oven

horroroso horrid, horrible

hostil hostile

hueco hollow

huerta vegetable garden

huerto orchard, garden

hueso bone

huésped *m. f.* guest; lodger; host

huevo egg

huir to flee

humanidad humanity

humedad humidity, dampness

húmedo wet, damp

humilde humble

humillar to humiliate, to humble

humo smoke

hundir to sink; to overwhelm; to destroy

I

idioma *m.* language, dialect
ídisch Yiddish
iglesia church
ignominia ignominy
ignorar to be ignorant of, not to know
igual equal, same; — **que** like; **de — a —** as equal(s)
igualar to equalize, to make equal
igualdad equality
iluminado lighted
ilustre distinguished, illustrious
imitar to imitate
impacientarse to grow impatient
impedir to prevent, to hinder
imperativo imperative; dictatorial
impermeable *m.* raincoat
impertinencia impertinence
importar to be important, to matter
impregnar to impregnate, saturate
impresión impression, idea
impresionar to make an impression; to impress
impulso impulse, movement
inasequible inaccessible
incapaz incapable
incendio fire
incertidumbre *f.* uncertainty
inclinar to incline; to bow; to slope; to induce
incluso *adv.* even; besides; including
incómodo uncomfortable
incomprensión incomprehension
inconveniente *m.* obstacle, difficulty; **tener — en** to object, to mind
incorporación association
incorporarse to sit up; — **a** to join
increíble incredible
incrustar to encrust
inculpar to blame, to accuse
indeciso undecided
indefectible unfailing, indefectible
indemnización indemnity
índice *m.* index finger; index
indigno unworthy, contemptible
indio Indian
inequívoco unequivocal, unambiguous
inescrutable inscrutable
inesperado unexpected
inexplicable unexplainable, inexplicable

infantil infantile, childlike
infeliz unfortunate, unhappy; *n.* poor soul, wretch
inferior inferior, lower
ínfimo small, infinitesimal
infinito infinite
infligir to inflict
influir to influence; — **en** to have an influence on
información information; report, investigation
informar to inform; to advise; to report
informe *m.* report
infortunio misfortune
ingenio talent, skill
ingenuidad ingenuousness
ingerir to take in, swallow
Inglaterra England
inglés Englishman
ingratitud ungratefulness
ingresar to enter
inmejorable unsurpassable, excellent
inmensidad immensity, infinity
inmóvil motionless
inquietar to disturb, worry
inquirir to inquire, investigate
inseguro uncertain, shaky
insinuar to insinuate; to interrupt
inspirar to inspire; to instill; **–se en** to be inspired by
instinto instinct
inteligencia intelligence, understanding
intenso intense, deep
intentar to attempt, to try; to intend
intento intent, purpose; attempt
interesar to interest; **–se** to be interested in
interpretar to interpret; to play (a role)
interrogar to interrogate, to ask
interrumpir to interrupt
intervenir to intervene
íntimo intimate
intrépidò bold
intrigar to intrigue, puzzle, fascinate
introducir to introduce; to lead in
inundación flood, inundation
inútil useless
inventar to invent
investigación investigation
invierno winter

ir to go; **¡vamos!** come on, let's see; **no les va bien** things aren't going well with them; **— de visita** to pay a visit
ira anger
ironía irony
irreal unreal
irritado irritated, irritable
irrumpir to burst in
isla island
izquierdo left; **a la izquierda** to the left, on the left

J
jabón *m.* soap
jaca pony
jamás ever, never
japonés *m.* Japanese
jaqueta jacket
jardín *m.* garden
jefe *m.* chief
jinete *m.* horseman, rider
jornada day's journey, walk; day
joven young
joya jewel
judío Jewish; *m.* Jew
juego game
juez *m.* judge
jugar to play; **–se** to gamble, to risk
juguete *m.* toy
juicio judgment, wisdom; **a su —** in one's opinion
juntar to join, to bring together, to gather up
junto next; joined, united
jurar to swear
justo just; exact, correct
juvenil juvenile, youthful
juventud *f.* youth

L
laberinto labyrinth
labio lip
ladear to tilt; to lean
lado side, direction; **de un —** on the one hand
ladrar to bark
ladrido bark (of dog)
ladrillo brick
lago lake
lágrima tear
lamentable lamentable

lamentarse to lament, to wail
lamer to lick
lance *m.* critical moment, incident, episode, event
lanzar to throw; to hurl; **–se** to dash
largo long, abundant; **a lo — de** through, in the course of; **pasar de —** to pass along
lástima pity; **es una —** it's a pity
latido beat, throb
latino Latin
latir to beat, to throb
lavabo washroom, lavatory
lavar to wash
lealtad loyalty
lector *m.* reader
lectura reading
leer to read
lejano distant
lejos far off; **a lo —** in the distance
lengua language; tongue
lenguaje *m.* language, idiom, speech
lente *m. f.* lens
lento slow
león *m.* lion
letra letter, handwriting
levantar to raise; **–se** to get up
leve light, slight
libertad liberty, freedom
librar to free, liberate; **–se de** to get rid of
librería bookstore
librero bookseller
ligero light, slight, graceful
limpiabotas shoeshine boy (man)
limpiar to clean
límpido limpid
limpio clean, pure; *m.* a (shoe) shine
linaje *m.* lineage, offspring
lindo pretty
línea line
lirio iris, lily
listo ready; clever
literario literary
litro liter
llama flame
llamar to call; to knock
llanto weeping, crying
llanura plain
llave *f.* key
llegada arrival

llegar to arrive; — **a** + *inf.* to get to, to succeed in
llenar to fill; to satisfy
lleno full
llevar to carry, to take, to keep, to wear (clothes); **–se** to get along; to take away; — **a cabo** to carry out
llorar to cry
llover to rain
lluvia rain
lo de the matter of
lobo wolf
localizar to localize; to locate
loco mad
locura madness
lodo mud
lógica logic
lograr to get, to obtain; to succeed
Londres London
lotería lottery
luchar to struggle; to fight
lucir to shine
luego then, well then, next, soon, afterward; — **que** as soon as; **desde** — of course, naturally
lugar *m.* place; **tener** — to take place; **en primer** — first, in the first place
lujo luxury; **de** — luxurious, deluxe
luminoso luminous
luna moon; — **de miel** honeymoon
luz *f.* light, learning

M
malestar *m.* uneasiness
machete *m.* machete; cane knife
macizo flower bed, clump, mass
madera wood, timber, lumber
madrugada dawn
maduro mature
maestro teacher, master
magnífico magnificent
majestuoso majestic
mal badly; *m.* evil, harm, wrong
maldito cursed
malentendido misunderstanding
malgastar to spoil, ruin
malhumorado ill-humored, peeved
malo bad
maltratar to mistreat

mamar to suck, to nurse
manchar to spot, to stain
mandar to order, to send
mandato mandate, command
manejar to manage; to handle
manera manner, way; **de una** — in a way; **a** — **de** like
manía mania, fixed idea
mano *f.* hand; **darse la** — to shake hands
manojo bunch
manosear to finger, to handle
manso gentle; tame; soft
manta blanket
mantel *m.* tablecloth
mantener to maintain, to keep; **–se** to stay, to keep
manto cloak, mantle
mantón *m.* shawl
mañana morning; tomorrow; **muy de** — very early
máquina machine; typewriter; — **de escribir** typewriter; **por** — mechanicall
maravilla wonder, marvel; **hacer —s** to do wonders
maravilloso marvelous, wonderful
marcar to mark; to stress
marcha walk, step, march; departure; **poner en** — to start, to go
marchar to go; to run; **–se** to go, to leave
mareo seasickness, dizziness
marfil *m.* ivory
margen *m.* edge, border
marido husband
marinero seaman, sailor
mármol marble
mas but
más more; — **bien** rather; **por** — **que** + *subjunctive* no matter how much; **no...** — **que** only . . .
masa mass, common people
masaje *m.* massage
máscara mask
materia matter; material; subject
material material, physical
matrimonio marriage; married couple
mayor greater, greatest
mayoría majority
mecánico mechanical
mecer to swing; to rock

mediano moderate, medium

medianoche *f.* midnight

médico doctor

medio means, way; environment; half, middle, midway; **por —** in between

mediodía noon

meditación meditation

meditar to meditate

mejilla cheek

mejoría improvement

melancólico sad, melancholy

melifluo mellifluous

mencionar to mention

mendigo beggar

menor least; minor

menos less, fewer, least; except; **(por) lo —** at least; **cuando —** at least

mensaje *m.* message, errand

mentir to lie

menudo small; **a —** often

mercado market

merecer to deserve, to merit

mesa table

meter to put, to place

método method

metro meter; subway

mezcla mixture, blend

miedo fear; **tener —** to be afraid

mientras while, as long as, meanwhile; **— tanto** in the meantime

milpa cornfield

millón *m.* million

mimoso pampered, spoiled; loving

ministerio ministry

minúsculo small

minuto minute

mirada look, glance

mirar to look at; to look

misa mass (church)

miserable miserable, wretched, mean

miseria wretchedness, poverty

misericordia mercy

mismo same, very, self; **lo — que** the same as

misterio mystery

misterioso mysterious

mitad half

mitigar to mitigate, to allay

moda fashion, mode, style

modesto modest

modo way, manner; **de — que** so that; **de un —** in (such) a way; **de este otro —** something else; **de malos modos** in an unfriendly way; **de todos modos** at any rate

modular to modulate

mojar to wet, to soak, to moisten

moler to grind; to consume; to waste

molestar to disturb, to bother; **—se en** to take the trouble to

molesto annoying; disturbed

momento moment; **por momentos** at any moment; **de un — a otro** at any moment

moneda coin

monja nun

monótono monotonous

montaña mountain

montar to mount, to ride

monte *m.* mountain, woods

moral moral, ethical

morder to bite

moreno dark

moribundo dying

morir(se) to die

mortificar to mortify, to torment

mosca fly

mostrador *m.* counter, bar

mostrar to show

movedizo moving, shaky

mover to move

muchedumbre *f.* crowd, mob

mudo silent

mueble *m.* piece of furniture

muela molar

muerte *f.* death

mujer woman, wife

multitud multitude

mundo world, globe; **correr —** to travel

muñeca doll; wrist

muralla wall

murmullo murmur

murmurar to murmur, to whisper; to gossip (about)

muro wall

músico musician

N

nacer to be born

nada nothing; **— más que** nothing but

nadar to swim, to float

nadie nobody
naranja orange
nariz *f.* nose, nostril
narrador *m.* narrator
narrar to narrate
naturaleza nature
naturalidad naturalness
navegar to sail
Navidad Christmas
necedad foolishness, stupidity
necesidad necessity
necesitado needy, poor person
necesitar to need, to necessitate; — **de** to
  have need of
negar to deny, to refuse; **–se a** to refuse
negocio business, deal
negocios business
negro black; **en negrita** boldface
nervioso nervous
nevar to snow
nevera icebox, refrigerator
ni neither, nor, not even
niebla fog, mist
nieto grandson, grandchild
nieve *f.* snow
ninguno no, none, no one
niña child, girl, darling
nobleza nobility
noche *f.* night; **de —** at night
Nochebuena Christmas Eve
nombre *m.* name
noreste northeast
Noruega Norway
notar to notice
noticia news, notice, information
novedad something new, change
novela novel, story
novia sweetheart, fiancée, bride
novio sweetheart, fiancé, groom
nube *f.* cloud
nublado cloudy
nuevamente again
nuevo new; **de —** again
número number; issue (of a publication);
  extraordinario special issue

O
obedecer to obey
objetivo objective

obligar to oblige
obra work, writings
obrar to work; to perform, to execute
obrero worker
obstinarse to be obstinate; to persist
ocasión occasion, opportunity
océano ocean
ocultar to conceal
ocupar to occupy; **–se de** to be busy with, to
  pay attention to
ocurrir to occur, to happen; **–sele a uno** to
  occur (to one)
odiar to hate
odio hate, hatred
ofender to offend, to bother
oficial *m. f.* officer
oficina office; **— de correos** post
  office
oficio work, occupation, office, function
ofrecer to offer
ofrecimiento offer
ofrenda offering
oído ear
oír to hear; **— hablar de** to hear about;
  — decir que to hear that
ojeada glance
ojo eye
ola wave
oler to smell; **— a** to smell of or like
olivar *m.* olive grove
olor *m.* odor
olvidar to forget
olvido forgetfulness, oblivion
operar to operate
opuesto opposite
orden *m.* order, sequence; *f.* command;
  por— in order
ordenar to order
oreja ear; flange
orgullo pride
orgulloso proud, conceited
orientar to orient, orientate
orilla edge, border; bank, shore
oro gold
orquesta orchestra
oscuridad darkness, obscurity
oscuro dark; **a oscuras** in darkness
otoño fall, autumn
otorgar to grant

otro other, another
óxido oxide; rust

P
paciencia patience
paciente patient
padecer to suffer from; to put up with
paganizar to paganize
pagar to pay
país *m.* country
paisaje *m.* landscape, countryside
paja straw
pájaro bird
palabra word
palacio palace
palco box (seat)
palidecer to turn pale
palidez *f.* paleness, pallor
pálido pale
paliza beating
palma palm (tree); palm (of hand)
palo stick; whack, blow; pole
palpar to touch, to feel, to grope
pan *m.* bread
pánico panic
paño cloth
pantalón trousers
pañuelo handkerchief, shawl
Papa Pope
papel *m.* paper; role, part
paquete *m.* package, bundle
par *m.* pair, couple
para for, by; — **sí** to oneself; — **con** with regard to
paradero whereabouts
paradoja paradox
paraguas *m.* umbrella
paraíso paradise
parar to stop; **–se a** + *inf.* to stop (doing something)
pardo brown, dark gray
parecer to seem, to appear; **parecerse a** to resemble; **a su** — in your opinion; **¿Qué (tal) le parece...?** What do you think (of) . . . ?; **al** — apparently
parecido resembling, like, similar
pared *f.* wall
pareja pair, couple
pariente *m. f.* relative

parlamentario parliamentary
párpado eyelid
parque *m.* park
párrafo paragraph
parroquiano parishioner; customer
parte *f.* part; **por otra** — on the other hand; **de vuestra** — on your part; **la mayor** — **de** most of
particular particular, special, peculiar
partida departure
partir to leave, to set out; to divide, to split
parto childbirth
pasado past
pasajero fleeting, transitory
pasar to pass, to spend, to happen; **¿Qué le pasa?** What's the matter?; **pase** come in
pasear to stroll, to walk; to ride, **–se** to take a walk, to stroll
paseo walk, ride, stroll; **dar un** — to take a ride
pasillo hall
paso step, footstep
pastel *m.* pastry, cake
pata paw, hoof
paterno paternal
patético pathetic
patrón *m.* landlord; owner; boss
pavonear to deceive; **–se** to strut, show off
pavoroso frightful
paz *f.* peace
pecado sin
pecho breast, chest, heart
pedazo piece
pedir to ask, to request
pedregoso stony, rocky
pegar to strike, beat
peinar to comb; **–se** to comb one's hair
peldaño step
pelear to fight, quarrel
película film
peligro danger
peligroso dangerous
pellejo skin
pelo hair; **tomar el** — to make fun of, to kid
peluquería barbershop
pena pain, hardship, sorrow
pender to hang; to dangle
péndulo pendulum
penetrar to penetrate, to enter

pensamiento thought
pensar to think
péñola pen, quill pen
peor worse, worst
pequeño small
pera pear
percibir to perceive
perder to lose
peregrinación pilgrimage; course of life
perezoso lazy
perfecto perfect
perfilar to profile; to outline
periódico newspaper
periodista *m. f.* newspaperman, journalist
permanecer to remain
permiso permission; con — excuse me
permitir to permit
perplejo perplexing
perra female dog; — suerte hard luck
perro dog
perseguir to pursue
persiana venetian blind
personaje *m.* character (in a play, story)
perspectiva perspective, prospect
pertenencias belongings
pertinaz persistent
perturbar to disturb
pesadilla nightmare
pesado heavy
pesar *m.* grief; a — de in spite of
pesar to weigh; to cause regret, sorrow
pescador fisherman
pescar to fish, to fish for
peso weight; sin — limp; Spanish-American monetary unit
pestaña eyelash
pétalo petal
Petrarca Petrarch (1304–1374), great Italian poet and humanist
pez *m.* fish
piadoso pious, merciful
picadura bite, prick
picar to prick, to bite; to burn
pie *m.* foot; en — standing, up and about; de — standing
piedad piety; pity, mercy
piedra stone, rock
piel *f.* leather; skin
pierna leg

pieza piece, musical composition; room; play (theater), part
pintar to paint; to portray
pintoresco picturesque
pirámide *f.* pyramid
pisar to step on
piso floor, story (of a building)
pitillo cigarette
placer *m.* pleasure
planchar to iron
plantado: dejar — to jilt, to leave in the lurch
plata silver; money
plato dish, plate; course (meal)
playa beach
plaza square
plebiscito plebiscite
pleno full
pliego sheet of paper
plomar to seal with lead
pluma pen; feather
pobreza poverty
poco little; pocos few; al — soon
poderoso powerful, mighty
poesía poetry
policía police; *m.* policeman
polonés Polish; *m.* Pole
polvareda cloud of dust
polvo dust
pólvora gunpowder
polvoriento dusty
poner to put; –se a + *inf.* to begin to, to start to; –se to become; –se de pie to stand up
por by, for, through, along, because of; — si in case
porfía obstinacy, persistence
pormenor *m.* detail
portera janitress
porvenir *m.* future
posar to perch, to put; to put down
poseer to possess
postal *f.* postcard
postrar to prostrate; to weaken, to exhaust
práctica practice, skill, experience
pradera meadow, pastureland
prado meadow
precio price
precipitadamente hastily, hurriedly
precisamente precisely; at the same time

preciso necessary, precise
predilecto favorite
predominar to predominate, to stand out
preferible preferable
preguntar to ask
premio prize, award
prender to grasp
prensa press (newspaper)
preocupación preoccupation, worry
preparativo preparation
presenciar to be present at
presentar to present; to appear
presión pressure
preso arrested, imprisoned; *n.* prisoner
prestar to lend; to render, to do
prestigio prestige
pretender to pretend to, to claim; to try to;
  to try to get, to seek; to want
pretensión presumption, effort
pretexto pretext, excuse
prevalecer to prevail
prever to foresee
primavera Spring
primero first, in the first place
primitivo primitive; original
primo cousin
príncipe *m.* prince
principiar to begin
pro profit, benefit; **en — de** in favor of
probar to prove; to test; **—se** to try on
procesión procession
proceso trial
procurar to strive for; to try
profano profane; worldly
profundo profound, deep
progresar to progress
prohibir to prohibit, to forbid
promesa promise
prometer to promise
prominente prominent, outstanding
promontorio promontory
pronto soon; **de —** suddenly
pronunciar to pronounce; to deliver (a speech)
propiedad property
propietario owner
propio own, proper; same; himself, herself,
  etc; characteristic, suitable
proponer to propose
proporcionar to furnish

propósito purpose, intention
prorrumpir to burst, burst out
protagonista *m. f.* protagonist, principal
  character
proteger to protect
provinciano provincial
próximo next, near, close
proyectar to project
prueba proof; test, trial
psicología psychology
público public, people
pueblo town, village; people, nation
puente *m.* bridge
puerta door
puerto port, mountain pass
pues then, well; well then
puesto stand, booth; place, post; **— que** since
pulsera bracelet
pulso pulse
punta point, tip
punto point, dot; **a — de** on the point of
puñal *m.* dagger
pupila pupil (of the eye); eye
puro pure

Q

que who, whom, which, that; for, because
quebradizo brittle, fragile
quebrantar to break
quedar(se) to remain, to stay
queja complaint, moan, lament
quejar to complain, to lament; **–se de** to
  complain about, of
quemar to burn
querer to wish, to want; to love; **— decir** to
  mean
querido dear
queso cheese
quitar to remove, to take away; to clear
quizá(s) perhaps

R

raíz *f.* root
rama branch
ramo branch, cluster, bouquet
ranilla sole (fish)
rapidez speed
rápido swift, rapid
raro rare, strange, odd

rasgar to scrape; to tear
rasgo trait, characteristic
rastro trail
rato (short) time, while; **a ratos** from time
  to time
raya stripe, stroke, line
rayo beam, ray of light; lightning;
  thunderbolt
raza race, lineage
razón reason; **tener —** to be right
razonable reasonable
razonar to reason
reaccionar to react
realidad reality; **en —** really, truly
realizar to realize, to fulfill; to perform
reaparecer to reappear
rebaño herd, flock
recelo fear, misgiving
rechazar to reject, refuse
recién recently; **— casado** newlywed
reciente recent
recobrar to recover
recoger to pick up, to gather; to remove
recomendar to recommend
recompensa reward, recompense
reconocer to recognize; to examine
reconocimiento examination; recognition
recordar to remember
recorrer to run over; to go through;
  to cover
recorrido route; run (of trolley, bus)
recostar to incline, to lean; to place; **–se**
  to lean, sit back; to recline
recreo recreation; recess (school)
recto straight, right, honest
recuerdo memory, remembrance
red *f.* net, netting; grating
redactar to edit; to write; to draw up
redactor *m.* editor, writer
redondel *m.* circle
redondo round
reemplazar to replace
referir to relate, to tell, to refer; **–se** to refer
reflejar to reflect
reflexionar to reflect
reformar to reform; to mend; to improve
refrescar to refresh
refugiar to take refuge
refulgir to shine

regalar to give; to treat
regalo present, gift
regar to water
regazo lap
regenerar to regenerate
regla rule
regocijarse to rejoice
regordete (**–ta**) chubby, plump
regresar to return
regreso return
regular fair, so-so; regular
rehusar to refuse, to reject
reina queen
reinar to rule, to reign
reino kingdom
reír to laugh
relajar to relax
relámpago lightning
relatar to relate, to narrate
relato story, narration
releer to read again, reread
religioso religious
reloj *m.* watch, clock
relucir to shine
remediar to remedy; to help; to prevent
remedio remedy; help; **no tener —** to be
  unavoidable
remordimiento remorse
remoto remote
rencor rancor, animosity
rendir to subdue; to surrender; **–se** to yield
renglón *m.* line (of writing or print)
reñir to quarrel
reojo: de — askance
reparar (**en**) to notice
repartidor distributor, sorter
repasar to pass again; to review
repente *m.* sudden start; **de —** suddenly
repetir to repeat
replicar to answer
reponerse to recover
reportero reporter
reposo repose, rest
representar to represent; to act; to play
reprimenda reprimand
reprimir to repress
reproche *m.* reproach
repugnancia repugnance, antipathy
resbaladizo slippery

residencia residence, home
residir to reside
resistir to resist; to bear; to withstand
resonar to resound
respaldo back
respecto relation, respect; — a with respect to
respeto respect
respetuoso respectful
respiración breathing
respirar to breathe
resplandor *m.* light
responder to answer; to correspond
resto rest, remainder
resuelto resolute, determined, quick
resultar to result; to turn out to be
resumir to sum up
retardar to slow down
retener to retain; to hold back
retirar(se) to retire, to withdraw
retorno return
retrasar to delay, to put off
retrato portrait, photograph
reuma *m. f.* rheumatism
reunir to unite, to gather
reventar to smash; to burst
reverente reverent
revés *m.* back
revisar to examine; to revise
revista magazine
revolar to flutter; to fly
revolotear to flutter, to flit
revolución revolution
rey *m.* king
rezar to pray
ridículo ridiculous; en — ridiculous
rincón *m.* corner
río river
risa laugh, laughter
ritmo rhythm
rito ritual
robar to steal
roca rock
roce *m.* rubbing, contact
rodar to roll; to rotate
rodear to surround, to encircle
rodeo detour, evasion
rodilla knee
rogar to ask; to beg
rojizo reddish

rojo red
romano Roman
romper to break; to tear
ronco hoarse, raucous
rondar to go around; to prowl
ropa clothes
rosa rose
rosal *m.* rosebush
rostro face
roto torn
rotundo resounding
rozar to rub, to graze
rubio blond, fair, light
ruego request, entreaty
rufián *m.* scoundrel, ruffian
rugir to roar, to bellow
ruido noise
ruidoso noisy
ruiseñor *m.* nightingale
rumor *m.* rumor, murmur, sound
Rusia Russia

S

sábana sheet
saber to know; — de to learn, to hear from
sabio wise, learned; *m.* learned man,
   scholar
sabor *m.* taste
sabroso delicious, luscious
sacar to take out, to draw out; to bring forth
sacerdote *m.* priest
saciar to satisfy, satiate
saco sack; jacket
sacrificio sacrifice
sacro sacred
sacudir to shake
sagrado sacred, holy
sala living room, drawing room
salida exit, departure, way out
salir to leave, to go out
salon *m.* large hall or room
salpicar to spatter, to sprinkle
saltar to leap, to jump, to skip
salud *f.* health
saludable healthful
saludar to greet, to hail
salvar to save
sanar to heal, to cure; to recover
sangrar to bleed

sangre *f.* blood
sangriento bloody
sano sound, healthy, good
santidad holiness
santo saintly; a saint
satisfecho satisfied; conceited
secar to dry
seco dry
secreto secret
sed *f.* thirst
seda silk
seducir to seduce; to tempt, entice
seductor seducer; *adj.* seductive, captivating
seguida succession, series; **en —** immediately
seguir to follow; to continue
según according to
segundo *adj. n.* second
seguridad surety, safety, confidence
seguro sure, safe, certain; **de —** surely
selecto select, choice
sellar to seal; to stamp; to close
sello stamp
selva forest
semana week
semblante *m.* face; look, appearance
sembrar to sow, to seed; to scatter
semejante similar; such
semejanza similarity
semioculto half-hidden
sencillo simple; single
senda path
seno chest, bosom, breast
sensación sensation
sensible sensitive; perceptible
sensitivo sensitive; sensual
sensual sensual; sensuous
sentar to seat; **–se** to sit down
sentencia judgment, verdict
sentido meaning
sentimiento feeling
sentir to feel; to regret
seña sign, mark
señal *f.* signal, sign
señalar to show, to point out
señor sir, lord; gentleman; master
señorial seignorial, noble
señorita mistress
señorito master
separar to separate

sepultura grave
ser *v.* to be; **sé** be (*imperative*);
— **de** to become (of) *n. m.* being, person
sereno serene, calm; sober
seriedad seriousness
serio serious; **en —** seriously
servicio service
servir to serve; — **para** to be used for;
para —le at your service
severidad severity
sexo sex
sí yes; indeed (adds emphasis to a verb)
siempre always
sierra mountain range
siglo century
significación significance
significado significance, meaning
significar to signify, to mean, to indicate;
to be worth
significativo significant
signo sign, symbol
siguiente following
sílaba syllable
silbar to whistle
silbido whistle
silla chair; saddle
sillón *m.* armchair, easy chair
simbolista symbolist
simbolizar to symbolize
simétrico symmetrical
simpatía sympathy, liking, friendliness,
congeniality; **tener grandes —s**
to get along
simpático likeable, pleasant
simplicidad simplicity
sin without
sincero sincere
siniestro sinister
sino but (rather)
sintético synthetic
siquiera even, scarcely; **ni —** not even
sirvienta *f.* servant
sistema *m.* system
sitio place, location
situar to situate
soberbio proud, arrogant, presumptuous;
superb
sobra *f.* extra, excess; **de sobras** more than
enough; superfluous

sobre on, above; *n. m.* envelope
sobremanera exceedingly
sobresaliente outstanding
sobrevivir to survive
socorro aid, help
sofocar to suffocate, to smother; to choke, to stifle; to extinguish
sol *m.* sun
solar solar
soldado soldier
soledad solitude, loneliness
soler to be accustomed to
solicitar to solicit, to ask
solicitud solicitude
solidaridad solidarity
solitario solitary, alone
solo alone, single, only, sole
sólo only
soltar to let loose, to let go
soltero unmarried person
sombra shade, darkness, shadow; ghost
sombrero hat
sombrío somber, dark, gloomy
someter to submit; to subject
sonar to sound; to ring
soneto sonnet
sonreír to smile
sonriente smiling
sonrisa smile
sonrojo blush
soñar to dream; — **con** to dream of or about
soplar to blow
sopor *m.* drowsiness; stupor, lethargy
soportar to support; to bear, to endure; to put up with
sorbo sip
sórdido sordid, dirty
sordo deaf
sorprender to surprise
sorpresa surprise
sosegado calm, peaceful, still
sospecha suspicion
sospechar to suspect, to be suspicious
sostener to support, hold up, sustain
suave smooth, soft, mellow, suave, gentle
subir to go up; to take up
súbito sudden; **de** — suddenly
subjetivo subjective
suceder to happen

suceso event
sucio dirty
sudar to perspire
sudor perspiration, sweat
sueco Swedish
sueldo salary, pay
suelo ground, floor
sueño dream, sleep
suerte *f.* luck, fortune; soft, kind
sufrir to suffer, to endure
sugerir to suggest
suicidarse to commit suicide
suicidio suicide
sujetar to fasten, to hold
sumergir to submerge, to submerse
suntuoso sumptuous
supersticioso superstitious
suplicar to entreat, implore
suponer to suppose
supremo supreme
supuesto past participle of **suponer**; **por** — of course; — **que** inasmuch as
surco furrow, rut
surgir to spring up, come forth
suspirar to sigh
sustantivo substantive, noun
sustituir to substitute, to replace
sutil subtle, thin, cunning, keen

T

taberna tavern, saloon
tabernero saloonkeeper
tabla board, plank
táctica tactics
tal such, so, as; — **cual** as such; just as; — **vez** perhaps; **un** — a certain
taller *m.* workshop
tamaño size
tampoco neither, nor
tan so; **tan...como...** as . . . as . . .
tanto so much; **en** — while; **tanto...como** as much . . . as . . . both . . . and . . . **por lo** — therefore
tapar to cover
tardar to delay; to be late; — **en** + *inf.* to be long in
tarde *f.* afternoon; **buenas tardes** good afternoon, good-bye; *adv.* late
tarea task, job

tarima platform
tarjeta card
taza cup
techo roof; ceiling
telegrama *m.* telegram, dispatch; **poner un —** to send a telegram
telón *m.* (*theat.*) curtain
tema *m.* theme; matter
temblar to tremble
tembloroso trembling
temor *m.* fear
temperatura temperature
temporal *m.* storm
temprano early
tenacidad tenacity, firmness
tendencia tendency
tender to spread, to stretch, to reach out; **— a + *inf.*** to tend to; **–se** to lie down
tenderete *m.* stall
tendero shopkeeper
tener to have; **— calor** to be warm; **— curiosidad** to be curious; **— frío** to be cold; **— hambre** to be hungry; **— horror a** to have a horror of, to be horrified; **— inconveniente** to object; **— la bondad** please; **— miedo** to be afraid; **no — remedio** to be unavoidable; **— razón** to be right; **— reparo** to be bashful; **— sed** to be thirsty; **— por costumbre** to be one's custom
teniente *n.* lieutenant
tenso tense, taut
tentación temptation
tentador tempting; tempter
teñir to dye; to shine, to polish; to color
terminar to end, to finish
término end; term
termómetro thermometer
terneza tenderness
terraza terrace; veranda
tertulia social gathering
tesoro treasure
testigo witness
tibio lukewarm, tepid
tiempo time, weather; a time; **al poco —** soon, shortly; **al mismo —** at the same time; **¿Qué tal — hace?** What's the weather like?; **de — a —** from time to time
tienda store, tent, shop
tierno tender, delicate

tierra land, ground, earth, dirt
timbre *m.* stamp, seal; bell; timbre (*mus.*)
tinta ink
tintero inkwell
tío uncle
tiovivo merry-go-round
típico typical
tipo type, kind; model; (*coll.*) fellow, guy
tirar to throw, to draw, to pull; **— a** to resemble, to approach; **— de** to pull out; to shoot (a gun)
tiritar to shiver
titular to entitle
título title
toalla towel
tocar to touch; to ring (a bell); to play (an instrument); **tocarle a uno** to be one's turn, to fall to one's lot
todavía still, yet
todo all, everything; **— el mundo** everybody; **del —** completely
tomar to take, to buy, to have (beverage); **— a mal** to take offense at
tono tone
tonto foolish, stupid; *m. f.* fool, dolt
torcer to twist
torerillo young bullfighter
torero bullfighter
tormenta storm, tempest
tornar to return, to turn; **— a + *inf.*** to do again
torno turn; **en — de** around; **en —** all around, about
toro bull
torpe stupid, dull, slow
torre *f.* tower
torrencial torrential
torrente *m.* torrent, avalanche
toser to cough
tostadura sunburn
tostar to burn; to tan
trabajar to work
trabajo work; job; difficulty; **costar —** to take a lot of effort, to be hard
tradicional traditional
traducir to translate
traer to bring
tragar to swallow, to drink
trágico tragic

trago swallow, drink
traición betrayal
traje *m.* suit; dress
trama plot
tramar to plan; to weave
trance *m.* critical moment
tranquilizar to calm
tranquilo calm, quiet
transcurrir to pass
transeúnte *m.* passerby, pedestrian
transmitir to transmit
transparente transparent
transponer to transpose
tranvía trolley car
tras behind, beyond; after
traslúcido translucent
trastornar to upset, to disturb
tratar to treat; to handle; –se de to be a
　question of, to deal with
trato treatment, dealing, association
través misfortune, reversal; a — de through
travieso mischievous
tregua truce
triángulo triangle
triste sad
tristeza sadness
triunfar to triumph
triunfo triumph
tronco trunk
tropezar to hit, to stumble; — con to run
　into, to encounter
trote *m.* trot
trueno thunder
tumba tomb, grave
tumbo tumble
túnica tunic
turbador disturbing
turbar to disturb, to trouble
turbio turbid, cloudy, muddy
turquesa turquoise
Turquía Turkey

U
úlcera ulcer
últimamente lately, recently
último last, latest
ultraje *m.* outrage; humiliation
ulular to howl
único unique, only, sole

unir to unite, to join
uña fingernail
usado worn out; used, secondhand
usar to use
utilizar to utilize, to use

V
vaca cow
vaciar to empty
vacilar to hesitate; to sway; to flicker (light)
vacío empty; *m.* emptiness
vago vague; lazy
vagón *m.* railroad car
valer to be worth, to cost; — la pena to be
　worthwhile; — más to be better
valeroso valiant
valiente bold, brave
valle *m.* valley
valor *m.* value, worth, validity; courage,
　fortitude
vanidad vanity
vano vain; en — in vain
vapor steam, vapor; mist; a todo — at full
　steam
variar to vary, to change
vario various, varied
vasco Basque
vaso glass
vasto vast, huge
¡vaya! well! look here! what (a)!
vecino neighbor, resident, tenant
vega plain
vegetal vegetal; *m.* vegetable (plant)
vehículo vehicle
vela vigil; candle
velocidad speed
veloz swift, rapid, fast
vena vein
vendedor seller
vender to sell
veneno poison
vengarse to take revenge
vengativo avenging, vengeful
venir to come; — bien to suit, to fit
ventaja advantage, gain, profit
ventana window; ticket window
ventilador *m.* fan
ventura happiness, luck
venturoso lucky, successful, prosperous

ver to see; **a —** let's see
veraneo summer outing, vacation
verano summer
veras: de — really
verdad truth; **de —** real
verdadero true, real, actual
verde *adj. n.* green
verdura verdure, greenness; *pl.* vegetables, greens
vergüenza shame, embarrassment
verosímil likely, plausible
verso verse, poetry
vértigo vertigo, dizziness
vespertino evening
vestíbulo vestibule, lobby
vestido clothing; suit, dress
vestir to dress; **–se** to get dressed
vez *f.* (a) time; **de una —** once and for all; **en — de** instead of; **tal —** perhaps; **hacer las veces de** to serve as; **a veces** at times; **de — en cuando** from time to time; **cada — más** more and more; **una y otra —** repeatedly
vía road, way; **— férrea** railway track
viajar to travel
viaje *m.* trip, voyage, travel
viajero traveler
vibrar to vibrate
vicio vice, bad habit
víctima victim
vida life
vidrio glass, window
viejo old
Viena Vienna
viento wind
vientre *m.* belly; womb
vigilar to watch (over), to guard
vino wine

violar to violate, to rape
violencia violence
virgen new, chaste
virtud virtue, power, habit, disposition
virtuoso virtuous
visita visit; **hacer una —** a to pay a visit to, to visit
vista view, sight, scene; **de —** by sight
vistazo glance
visto evident, obvious; **por lo —** evidently, obviously
viudo widower
vivaracho vivacious, lively
vivir to live; **¡Viva!** long live!
vivo alive, lively, vivid
vociferar to yell
volar to fly
voluntad will
volver to return; to turn; **— a +** *inf.* to do something again; **— en sí** to regain consciousness; **–se** to turn into, to become; to turn around
voto vote
voz *f.* voice, shout, cry; **en — alta** out loud
vuelo flight
vuelta turn, return; **dar vueltas** to turn, to circle, to walk around; **dar la — a** to take a walk around; **con —** return (something borrowed)
vulgar common, vulgar, coarse

Y

ya already, now; **— no** no longer; **— que** since, inasmuch as
yerba grass

Z

zapato shoe

TEXT CREDITS

"El limpiabotas," by Pedro Espinosa Bravo, from *El viejo de las naranjas* (1960). Reprinted by permission of Pedro Espinosa Bravo.

"Feliz Navidad, señor Ballesteros," by Mercedes Salisachs. Reprinted by permission of Confederación Española de Cajas de Ahorro.

"La casa de azúcar," by Silvina Ocampo. © Herederos de Silvina Ocampo.

"Los fracasados," by Marco Denevi. Reprinted by permission of Marco Denevi.

"Una bonita combinación," © Mercedes Abad, 1989, from *Felicidades conyugales* (Tusquets Editores, 1989). Reprinted by permission of Tusquets Editores.

Adolfo Bioy Casares, "Una aventura," de la obra *Historias de Amor.* © Herederos de Adolfo Bioy Casares, 1972.

"Una carta a Dios," by Gregorio López y Fuentes, from *Cuentos campesinos de México* (Editorial Cima, 1940). Reprinted by permission of Lic. Ángel López Oropeza.

José Donoso, "Una señora," texto perteneciente a la obra *Cuentos.* © Herederos de José Donoso, 1970.

"El almohadón de plumas," by Horacio Quiroga. Copyright and permission by Editorial Losada, S.A., Buenos Aires, 1997.

"Continuidad de los parques," by Julio Cortázar, from *Final del juego,* © Julio Cortázar, 1956, and Heirs of Julio Cortázar.

"El criado de don Juan," by Jacinto Benavente, from *Obras completas,* Madrid, 1946. Reprinted by permission of D. Leopoldo López-Casero y Muñoz and Ediciones Aguilar, S.A.

"La siesta del martes," by Gabriel García Márquez, from *Los funerales de la Mamá Grande,* © Gabriel García Márquez, 1962.

"Ensayo de comedia," by Marina Mayoral, from *Morir en sus brazos y otros cuentos.* Reprinted by permission of Marina Mayoral and RDC Agencia Literaria S.L.

"El limo del Almendares," by Lydia Cabrera, from *Cuentos negros de Cuba* (Editorial Icaria, 1989). Reprinted by permission of Professor Isabel Castellanos.

"Final absurdo," by Laura Freixas, from *Asesino en la muñeca,* 1988. Reprinted by permission of Laura Freixas.

"Una venganza," by Isabel Allende, cuento incluido en la obra *Cuentos de Eva Luna.* © Isabel Allende, 1990.